MEXICO, 1910

MÉXICO BÁRBARO

John Kenneth Turner

MÉXICO BÁRBARO

 COLOFÓN S.A.

Primera reimpresión: 2012

© Colofón S.A. de C.V., 2008
Franz Hals núm. 130
Alfonso XIII, 01460
México, D.F.

ISBN: 978-968-867-123-8

Prohibida su reproducción por cualquier medio mecánico o electrónico sin la autorización escrita de los editores.

Impreso en México

Capítulo I

LOS ESCLAVOS DE YUCATÁN

¿Qué es México? Los norteamericanos comúnmente llaman a México "nuestra república hermana". La mayoría de nosotros la describimos vagamente como una república muy parecida a la nuestra, habitada por gente un poco diferente en temperamento, un poco más pobre y un poco menos adelantada, pero que disfruta de la protección de leyes republicanas; un pueblo libre en el sentido en que nosotros somos libres.

Algunos que hemos visto el país a través de la ventanilla del tren, o que lo hemos observado un poco en las minas o haciendas, describimos esta tierra al sur del río Bravo como regida por un paternalismo benevolente, en el que un hombre grande y bueno todo lo ordena bien para su tonto pero adorado pueblo.

Yo encontré que México es un país con una Constitución y leyes escritas tan justas en general y democráticas como las nuestras; pero donde ni la Constitución ni las leyes se cumplen. México es un país sin libertad política, sin libertad de palabra, sin prensa libre, sin elecciones libres, sin sistema judicial, sin partidos políticos, sin ninguna de nuestras queridas garantías individuales, sin libertad para conseguir la felicidad. Es una tierra donde durante más de una generación no ha habido lucha electoral para ocupar la Presidencia; donde el Poder Ejecutivo lo gobierna todo por medio de un ejército permanente; donde los puestos políticos se venden a precio fijo. Encontré que México es una tierra donde la gente es pobre porque no tiene derechos; donde el peonaje es común para las grandes masas y donde existe esclavitud efectiva para cientos de miles de hombres. Finalmente, encontré que el pueblo no adora a su presidente; que la marea de la oposición, hasta ahora contenida y mantenida a raya por el ejército y la policía secreta, llegará pronto a rebasar este muro de contención. Los mexicanos de todas clases y filiaciones se hallan acordes en que su país está a punto de iniciar una revolución en favor de la democracia; si no una revolución en tiempo de Díaz, puesto que éste ya es anciano y se espera que muera pronto, sí una revolución después de Díaz.

Mi interés especial en el México político se despertó por primera vez a principios de 1908, cuando establecí contacto con cuatro revolucionarios mexicanos que entonces se hallaban encerrados en la cárcel municipal de los Angeles, California. Eran cuatro mexicanos educados, inteligentes, universitarios todos ellos, que estaban detenidos por las autoridades de los Estados Unidos bajo la acusación de planear la invasión de una nación amiga, México, con una fuerza armada desde territorio norteamericano.

¿Por qué unos hombres cultos querían tomar las armas contra una república? ¿Por qué necesitaron venir a los Estados Unidos a preparar sus maniobras militares? Hablé con esos detenidos mexicanos. Me aseguraron que durante algún tiempo habían agitado pacíficamente en su propio país para derrocar sin violencia y dentro del marco constitucional a las personas que controlaban el Gobierno.

Pero por esto mismo –declararon– habían sido encarcelados y sus bienes destruidos. La policía secreta había seguido sus pasos, sus vidas fueron amenazadas y se había empleado toda clase de métodos para impedirles continuar su trabajo. Por último, perseguidos como delincuentes más allá de los límites nacionales, privados de los derechos de libertad de palabra, de prensa y de reunión, privados del derecho de organizarse pacíficamente para promover cambios políticos, habían recurrido a la única alternativa: las armas. ¿Por qué deseaban derrocar a su gobierno? Porque éste había dejado a un lado la Constitución; porque había abolido los derechos cívicos que, según consenso de todos los hombres ilustrados, son necesarios para el desarrollo de una nación; porque había desposeído al pueblo de sus tierras; porque había convertido a los trabajadores libres en siervos, peones de ellos en verdaderos esclavos.

–¿Esclavitud? ¿Quieren hacerme creer que todavía hay verdadera esclavitud en el hemisferio occidental? –respondí burlonamente– ¡Bah! Ustedes hablan como cualquier socialista norteamericano. Quieren decir "esclavitud del asalariado", o esclavitud de condiciones de vida miserables. No querrán significar esclavitud humana.

Pero aquellos cuatro mexicanos desterrados insistieron:

–Sí, esclavitud –dijeron–, verdadera esclavitud humana. Hombres y niños comprados y vendidos como mulas, exactamente como mulas tales pertenecen a sus amos: son esclavos. ¿Seres humanos comprados y vendidos como mulas en América? ¡En el siglo XX! Bueno –me dije–, si esto es verdad, tengo que verlo.

Así fue como, a principios de septiembre de 1908, crucé al río Bravo en mi primer viaje, atravesando las garitas del México Viejo.

En este mi primer viaje fui acompañado por L. Gutiérrez de Lara, mexicano de familia distinguida, a quien también conocí en Los Angeles. De Lara se oponía al Gobierno existente en México, hecho que mis críticos han señalado como prueba de parcialidad en mis investigaciones. Por el contrario, yo no dependí de De Lara ni de ninguna otra fuente interesada para obtener información, sino que tomé todas las precauciones para conocer la verdad exacta, por medio de todos los caminos posibles. Cada uno de los hechos fundamentales apuntados respecto a la esclavitud en México los vi con mis propios ojos o los escuché con mis propios oídos, casi siempre de labios de personas quizás inclinadas a empequeñecer sus propias crueldades: los mismos capataces de los esclavos.

Sin embargo, en favor del Señor De Lara debo decir que me prestó ayuda muy importante para recoger materiales. Por su conocimiento del país y de la gente, por su simpática sociabilidad y, sobre todo, por sus relaciones personales con valiosas fuentes de información en todo el país –con personas bien enteradas–, estuve en condiciones de observar y oír cosas que son casi inaccesibles para la investigación ordinaria.

¿Esclavitud en México? Sí, yo la encontré. La encontré primero en Yucatán. La península de Yucatán es un recodo de la América Central que sobresale en dirección nordeste, en dirección a la Florida. Pertenece a México, y su área de unos 120 mil Km^2 está dividida casi por igual entre los Estados de Yucatán y Campeche y el territorio de Quintana Roo.

La costa de Yucatán, que comprende la parte central norte de la península, se halla casi a 1,500 kilómetros directamente al sur de Nueva Orleans. La superficie del Estado es casi toda roca sólida, tan dura que, en general, es posible plantar un árbol sin que primero se haga un hoyo, volando la roca, de modo que puedan desarrollarse las raíces.

El secreto de estas condiciones peculiares reside en que el suelo y el clima del norte de Yucatán se adaptan perfectamente al cultivo de esas resistentes especies de plantas centenarias que producen el henequén o fibra de sisal. Allí se halla Mérida, bella ciudad moderna con una población de 60 mil habitantes, rodeada y sostenida por vastas plantaciones de henequén, en las que las hebras de gigantescos agaves se extienden por muchos kilómetros. Las haciendas son tan grandes que en cada una de ellas hay una pequeña ciudad propia, de 500 a 2,500 habitantes según el tamaño de la finca, y los dueños de estas grandes extensiones son los principales propietarios de los esclavos, ya que los habitantes de esos poblados son todos ellos esclavos. La exportación anual de henequén se aproxima a 113,250 tons. La población del Estado es alrededor de 300 mil habitantes, 250 de los cuales forman el grupo de esclavistas; pero la mayor extensión y la mayoría de los esclavos se concentra en las manos de 50 reyes del henequén. Los esclavos son más de 100 mil.

Con el propósito de conocer la verdad por boca de los esclavistas mismos, me mezclé con ellos ocultando mis intenciones. Mucho antes de pisar las blancas arenas de Progreso, el puerto de Yucatán, ya sabía cómo eran comprados o engañados los investigadores visitantes; y si éstos no podían ser sobornados, se les invitaba a beber y a comer hasta hartarse, una vez así halagados les llenaban la cabeza de falsedades y los conducían por una ruta previamente preparada. En suma: se les engañaba tan completamente que salían de Yucatán con la creencia, a medias, de que los esclavos no eran tales; que los 100 mil hambrientos fatigados y degradados peones eran perfectamente felices y vivían tan contentos con su suerte que sería una verdadera vergüenza otorgarles la libertad y la seguridad que corresponden, en justicia, a todo ser humano.

El papel de la farsa que desempeñé en Yucatán fue el de un inversionista con mucho dinero que quiere colocarlo en propiedades henequeneras. Como tal, los reyes del henequén me recibieron calurosamente. En verdad fui afortunado al llegar al Estado en esa época, pues antes del pánico de 1907 era política bien entendida y unánimemente aprobada por la Cámara Agrícola, organismo de los agricultores, que no debía permitirse a los extranjeros conocer el negocio del henequén. Esta actitud se debía a que las utilidades eran enormes y los ricos yucatecos querían "cortar el bacalao" para ellos solos; pero, especialmente, por el temor de que por mediación de los extranjeros fueran conocidas en el mundo todas sus fechorías.

El pánico de 1907 arruinó el mercado del henequén por algún tiempo. Los henequeneros eran un grupo de pequeños Rockefeller, pero necesitaban dinero en efectivo y estaban dispuestos a aceptarlo del primero que llegase. Por esto mi imaginario capital era el "ábrete sésamo" para entrar en su grupo y en sus fincas. No sólo discutí con los reyes mismos cada una de las fases de la producción del henequén, sino que mientras quedaba libre de su vigilancia observé las condiciones normales de la vida de millares de esclavos.

El principal entre los reyes del henequén de Yucatán es Olegario Molina, ex gobernador del Estado y secretario de Fomento de México. Sus propiedades, tanto en Yucatán como en Quintana Roo, abarcan más de 6 millones de has.: un pequeño reino.

Los 50 reyes del henequén viven en ricos palacios en Mérida y muchos de ellos tienen casas en el extranjero. Viajan mucho, hablan varios idiomas y con sus familias constituyen una clase social muy cultivada. Toda Mérida y todo Yucatán, y aun toda la península, dependen de estos 50 reyes del henequén. Naturalmente, dominan la política de su Estado y lo hacen en su propio beneficio. Los esclavos son: 8 mil indios yaquis, importados de Sonora; 3 mil chinos (coreanos) y entre 100 y 125 mil indígenas mayas, que antes poseían las tierras que ahora dominan los amos henequeneros.

Seguramente el pueblo maya representa casi el 50% de la población yucateca, y aun la mayoría de los 50 reyes del henequén son mestizos de maya y español. Los mayas son indígenas aunque no "indios" en el sentido norteamericano común de esta palabra. No son como los de los Estados Unidos y se les llama así tan sólo porque habitaban en el hemisferio occidental cuando llegaron los europeos. Los mayas tenían una civilización propia cuando los españoles los "descubrieron", y se sabe que su civilización era tan avanzada como la de los aztecas del centro de México o la de los incas del Perú.

Los mayas son un pueblo singular. No se parecen a ningún otro pueblo del mundo; ni a los demás mexicanos; ni a los norteamericanos; ni a los chinos; ni a los hindúes; ni a los turcos. Pero puede uno imaginarse que la fusión de estos cinco pueblos tan diferentes podía formar un pueblo como el maya. No son altos de estatura; pero sus facciones son finas y sus cuerpos dan una fuerte impresión de gracia y elegancia: piel aceitunada, frente alta, rostro ligeramente aquilino. En Mérida, las mujeres de todas clases usan blancos vestidos amplios y sin cintura, bordados en el borde inferior de la falda y alrededor del escote con colores brillantes: verde, azul o rojo. Durante las noches, siempre tibias, una banda militar ejecuta piezas de música, y cientos de graciosas mujeres y niñas, vestidas de ese modo tan atrayente, se mezclan entre las fragantes flores, las estatuas artísticas y el verdor tropical de la plaza principal.

Los hacendados no llaman esclavos a sus trabajadores; se refieren a ellos como "gente" u "obreros", especialmente cuando hablan con forasteros; pero cuando lo hicieron confidencialmente conmigo me dijeron; "Sí, son esclavos". Sin embargo, yo no acepté ese calificativo a pesar de que la palabra esclavitud fue pronunciada por los propios dueños de los esclavos. La prueba de cualquier hecho hay que buscarla no en las palabras, sino en las condiciones reales. Esclavitud quiere decir propiedad sobre el cuerpo de un hombre, da al poseedor el derecho de aprovechar lo que produzca ese cuerpo, matarlo de hambre, castigarlo a voluntad, asesinarlo impunemente. Tal es la esclavitud llevada al extremo; tal es la esclavitud que encontré en Yucatán. Los hacendados yucatecos no llaman esclavitud a su sistema; lo llaman servicio forzoso por deudas. "No nos consideramos dueños de nuestros obreros; consideramos que ellos están en deuda con nosotros. Y no consideramos que los compramos o los vendemos, sino que transferimos la deuda y al hombre junto con ella". Esta es la forma en que don Enrique Cámara Zavala, presidente de la Cámara Agrícola de Yucatán, explicó la actitud de los reyes del henequén en este asunto. "La esclavitud está contra la ley; no llamamos a esto esclavitud", me aseguraron una y otra vez varios hacendados.

Pero el hecho de que no se trata de servicio por deudas se hace evidente por la costumbre de traspasarse los esclavos de uno a otro año, no sobre la base de que los esclavos deben dinero, sino sobre el precio que en esta clase de mercado tiene un hombre. Al calcular la compra de una hacienda, siempre se tiene en cuenta el pago en efectivo por los esclavos, exactamente lo mismo que por la tierra, la maquinaria y el ganado. El precio corriente de cada hombre era de $400 y esta cantidad me pedían los hacendados. Muchas veces me dijeron: Si compra usted ahora, es una buena oportunidad. La crisis ha hecho bajar el precio. Hace un año era de mil pesos por cada hombre".

Los yaquis son transferidos en idénticas condiciones que los mayas –al precio de mercado de un esclavo– aunque todos los yucatecos saben que los hacendados pagan solamente $65 al Gobierno por cada yaqui. A mí me ofrecieron yaquis a $400, aunque no tenían más de un mes en la región y, por lo tanto, aún no acumulaban una deuda que justificarse la diferencia en el precio. Además, uno de los hacendados me dijo: "No permitimos a los yaquis que se endeuden con nosotros".

Sería absurdo suponer que la uniformidad del precio era debida a que todos los esclavos tenían la misma deuda. Esto lo comprobé al investigar los detalles de la operación de venta. Uno me dijo: "A usted le dan, con el hombre, la fotografía y los papeles de identificación y la cuenta del adeudo". "No llevamos rigurosa cuenta del adeudo –me dijo un tercero– porque no tiene importancia una vez que usted toma posesión del individuo". Un cuarto señaló: "El hombre y los papeles de identificación bastan; si el hombre se escapa, lo único que piden las autoridades, son los papeles para que usted lo recupere". Una quinta persona aseguró: "Cualquiera que sea la deuda, es necesario cubrir el precio de mercado para ponerlo libre".

Aunque algunas de estas respuestas son contradictorias, todas tienden a mostrar lo siguiente; la deuda no se tiene en cuenta una vez que el deudor pasa a poder del hacendado comprador. Cualquiera que la deuda sea, es necesario que el deudor cubra su precio de mercado para liberarse.

Aun así –pensé–, no sería tan malo si el siervo tuviera la oportunidad de pagar con su trabajo el precio de su libertad. Antes de la Guerra de Secesión, en los Estados Unidos, aun algunos de los esclavos negros, cuando sus amos eran excepcionalmente indulgentes, estaban en posibilidad de hacerlo así.

Pero encontré que no era ésa la costumbre. "Al comprar esta hacienda –me dijo uno de los amos– no tiene usted por qué temer que los trabajadores puedan comprar su libertad y abandonarlo. Ellos nunca pueden hacer eso".

El único hombre del país de quien oí que había permitido a un esclavo comprar su libertad, fue a un arquitecto de Mérida: "Compré un trabajador en mil pesos –me explicó–. Era un buen hombre y me ayudó mucho en mi oficina. Cuando consideré que me convenía, le fijé determinando sueldo a la semana y después de ocho años quedaron saldados los mil pesos y lo dejé ir, pero nunca hacen esto en las haciendas... nunca".

De este modo supe que el hecho de que sea por deudas el servicio forzoso, no alivia, las penalidades del esclavo, ni le facilita la manera de mantenerse, ni tampoco afecta las condiciones de su venta o la sujeción absoluta al amo. Por otra parte, observé que la única ocasión en que la deuda juega algún papel efectivo en el destino de los infortunados yucatecos, opera contra éstos en vez de actuar en su favor; por medio de las deudas, los hacendados de Yucatán esclavizan a los obreros libres de sus feudos para reemplazar a los esclavos agotados, desnutridos, maltratados y agonizantes en sus oficinas.

¿Cómo se recluta a los esclavos? Don Joaquín Peón me informó que los esclavos mayas mueren con más rapidez que nacen, y don Enrique Cámara Zavala me dijo que dos tercios de los yaquis mueren durante el primer año de su residencia en la región. De aquí que el problema del reclutamiento me pareciera muy grave. Desde luego, los yaquis llegaban a razón de 500 por mes; pero yo no creía que esa inmigración fuera suficiente para compensar las pérdidas de vidas. Tenía razón al pensar así, me lo confirmaron; pero también me dijeron que a pesar de todo, el problema del reclutamiento no era tan difícil como a mí me lo parecía.

–Es muy sencillo –me dijo un hacendado–. Todo lo que se necesita es lograr que algún obrero libre se endeude con usted, y ahí lo tiene. Nosotros siempre conseguimos trabajadores en esa forma.

No importa el monto del adeudo; lo principal es que éste exista, y la pequeña operación se realiza por medio de personas que combinan las funciones de prestamistas y negreros. Algunos de ellos tienen oficinas en Mérida y logran que los trabajadores libres, los empleados y las clases más pobres de la población contraigan deudas con ellos, del mismo modo que los "tiburones" agiotistas de los Estados Unidos convierten en deudores suyos a dependientes, mecánicos y oficinistas, aprovechándose de sus necesidades, y haciéndoles caer en la tentación de pedir prestado. Si estos dependientes, mecánicos y oficinistas norteamericanos residieran en Yucatán, en vez de verse tan sólo perseguidos por uno de esos "tiburones", serían vendidos como esclavos por tiempo indefinido, ellos y sus hijos, y los hijos de sus hijos, hasta la tercera o cuarta generación, o más allá, hasta que llegara el tiempo en que algún cambio político pusiera fin a todas las condiciones de esclavitud existentes en México.

Estos prestamistas y corredores de esclavos de Mérida no colocan letreros en sus oficinas, ni anuncian a todo el mundo que tienen esclavos en venta. Llevan a cabo su negocio en silencio, como gente que se encuentra más o menos segura en su ocupación, pero que no desea poner en peligro su negocio con demasiada publicidad, como sucedería en las casas de juego protegidas por la policía en alguna ciudad norteamericana. Los propios reyes del henequén me indicaron, casi siempre con mucha reserva, la existencia de estos "tiburones negreros"; pero otros viejos residentes de Yucatán me explicaron los métodos en detalle. Tuve la intención de visitar a uno de estos intermediarios y hablar con él acerca de la compra de un lote de esclavos; pero me aconsejaron que no lo hiciera, pues él no hablaría con un extranjero mientras éste no se hubiera establecido en la ciudad y probado en diversas formas su buena fe.

Estos hombres compran y venden esclavos, lo mismo que los hacendados. Unos y otros me ofrecieron esclavos en lotes de más de uno, diciendo que podía comprar hombres o mujeres, muchachos o muchachas o un millar de cualquier especie, para hacer con ellos lo que quisiera; y que la policía me protegería y me apoyaría para mantener la posesión de esos mis semejantes. A los esclavos no sólo se les emplea en las plantaciones de henequén, sino también en la ciudad, como sirvientes personales, como obreros, como criados en el hogar o como prostitutas. No sé cuántas personas en esta condición hay en la ciudad de Mérida, aunque los muchos relatos respecto al poder absoluto que se ejerce sobre ellos. Desde luego, su cantidad alcanza varios millares.

Así, pues, el sistema de deudas en Yucatán no sólo no alivia la situación del esclavo sino que la hace más dura. Aumenta su rigor, porque además de que no le ayuda a salir del pozo, sus tentáculos atrapan también al hermano. La parte del pueblo de Yucatán que ha nacido libre no posee el "derecho inalienable" de su libertad. Son libres sólo a condición de llegar a ser prósperos, pero si una familia, no importa lo virtuosa, lo digna o lo cultivada que sea, cae en el infortunio de que sus padres contraigan una deuda y no puedan pagarla, toda ella está expuesta a pasar al dominio de un henequenero. Por medio de las deudas, los esclavos que mueren son reemplazados por los infortunados asalariados de las ciudades.

¿Por qué los reyes del henequén llaman a este su sistema servicio forzoso por deudas, en vez de llamarlo por su verdadero nombre? Probablemente por dos razones: porque el sistema es una derivación de otros menos rígidos que era un verdadero servicio por deudas; y por el prejuicio contra la palabra esclavitud, tanto entre los mexicanos como entre los extranjeros. El servicio por deudas, en forma más moderna que en Yucatán, existe en todo México y se llama peonaje. Bajo este sistema, las autoridades policíacas de todas partes reconocen el derecho de un propietario para apoderarse corporalmente de un trabajador que esté en deuda con él, y obligarlo a trabajar hasta que salde la deuda. Naturalmente, una vez que el patrón puede obligar al obrero a trabajar, también puede imponerle las condiciones del trabajo, lo cual significa que éstas sean tales que nunca permitirán al deudor liberarse de su deuda.

Tal es el peonaje como existe por todo México. En último análisis, es esclavitud; pero los patrones controlan la policía, y la pretendida distinción se mantiene de todos modos. La esclavitud es el peonaje llevado a su último extremo, y la razón de que así exista en Yucatán reside en que, mientras en algunas otras zonas de México una parte de los intereses dominantes se opone al peonaje y, en consecuencia, ejerce cierta influencia que en la práctica lo modifica, en Yucatán todos los interesados que dominan la situación se dedican a la explotación del henequén, y cuanto más barato es el obrero, mayores son las utilidades para todos. Así, el peón se convierte en un esclavo.

Los reyes del henequén tratan de disculpar su sistema de esclavitud denominándolo servicio forzoso por deudas. "La esclavitud es contraria a la ley –dicen–. Está contra la Constitución". Cuando algo es abolido por la Constitución, puede practicarse con menos tropiezos si se le da otro nombre; pero el hecho es que el servicio por deudas es tan inconstitucional en México como la esclavitud. La pretensión de los reyes del henequén de mantenerse dentro de la ley carece de fundamento. La comparación de los siguientes dos artículos de la Constitución mexicana prueba que los dos sistemas se consideran iguales:

"Art. I, Frac 1. En la República, todos nacen libres. Los esclavos que entren al territorio nacional recobran, por ese solo hecho, su libertad, y tienen el derecho a la protección de las leyes".

"Art. V, Frac. 1 (reformado). A nadie se le obligará a prestar trabajos personales sin la justa remuneración y sin su pleno consentimiento. El Estado no permitirá el cumplimiento de ningún contrato, convenio o acuerdo que tenga por objeto la merma, pérdida o sacrificio, irrevocable, de la libertad personal, ya sea por motivos de trabajo, educación o votos religiosos. No se tolerará ningún pacto en que un individuo convenga en su proscripción o exilio".

De este modo el negocio de los esclavos en Yucatán, llámese como se le llame, siempre resulta inconstitucional. Por otra parte, si se va a tomar como ley la política del actual Gobierno, el negocio de la esclavitud en México es legal. En ese sentido, los reyes del henequén "obedecen la ley". El problema de si son justos o no, queda a juicio de los moralistas más sutiles. Cualquiera que sea su conclusión, acertada o errónea, no cambiará ni para bien ni para mal la lastimosa miseria en que encontré a los peones de las haciendas henequeneras de Yucatán.

Estos nunca reciben dinero; se encuentran medio muertos de hambre; trabajan casi hasta morir; son azotados. Un porcentaje de ellos es encerrado todas las noches en una casa que parece prisión. Si se enferman, tienen que seguir trabajando, y si la enfermedad les impide trabajar, rara vez les permiten utilizar los servicios de un médico. Las mujeres son obligadas a casarse con hombres de la misma finca, y algunas veces, con ciertos individuos que no son de su agrado. No hay escuelas para los niños. En realidad, toda la vida de esta gente está sujeta al capricho de un amo, y si éste quiere matarlos, puede hacerlo impunemente. Oí muchos relatos de esclavos que habían sido muertos a golpes; pero nunca supe de un caso en que el matador hubiera sido castigado, ni siquiera detenido. La policía, los agentes del ministerio público y los jueces saben exactamente lo que se espera de ellos, pues son nombrados en sus puestos por los mismos propietarios. Los jefes políticos que rigen los distritos equivalentes a los "condados" norteamericanos –tan zares en sus distritos como Díaz es el zar en todo

México–, son invariablemente hacendados henequeneros o empleados de éstos.

La primera noticia que tuve del castigo corporal a los esclavos, me la dió uno de los miembros de la Cámara, una persona grande, majestuosa, con aspecto de cantante de ópera, y con un diamante que deslumbra como un sol colgado en la dura pechera de su camisa. Me contó un relato, y mientras lo contaba, se reía. Yo también reí, pero de distinta manera, sin dejar de comprender que el relato estaba hecho a la medida para extranjeros:

–¡Ah!, sí, tenemos que castigarlos –me dijo el gordo rey del henequén–. Hasta nos vemos obligados a golpear a nuestros sirvientes domésticos en la ciudad. Es así su naturaleza, lo piden. Un amigo mío, un hombre muy afable, tenía una sirvienta que siempre estaba con el deseo de ir a servir a otra persona; por fin, mi amigo vendió a la mujer y algunos meses más tarde la encontró en la calle y le preguntó si estaba contenta con su nuevo amo. "Mucho, respondió ella, mucho. Es un hombre muy rudo y me pega casi todos los días".

La filosofía del castigo corporal me la explicó muy claramente don Felipe G. Cantón, secretario de la Cámara. "Es necesario pegarles; sí muy necesario –me dijo con una sonsisa–, porque no hay otro modo de obligarles a hacer lo que uno quiere. ¿Qué otro medio hay para imponer la disciplina en las fincas? Si no los golpeáramos, no harían nada".

No pude contestarle, No se me ocurrió ninguna razón que oponer a la lógica de don Felipe; pues, ¿qué puede hacerse con un esclavo para obligarle a trabajar sino pegarle? El jornalero tiene el temor a la desocupación o a la reducción del salario, amenaza que es mantenida sobre su cabeza para tenerlo a raya; pero el esclavo vería con gusto el despido, y reducir su alimentación no es posible porque se le mataría. Por lo menos tal es el caso en Yucatán.

Una de las primeras escenas que presenciamos en una finca henequenera fue la de un esclavo a quien azotaban: una paliza formal ante todos los peones reunidos después de pasar lista en la mañana temprano. El esclavo fue sujetado a las espaldas de un enorme chino y se le dieron 15 azotes en la espalda desnuda con una reata gruesa y húmeda, con tanta fuerza que la sangre corría por la piel de la víctima. Este modo de azotar es muy antiguo en Yucatán y es costumbre en todas las plantaciones aplicarlo a los jóvenes y también a los adultos, excepto los hombres más corpulentos. A las mujeres se las obliga a arrodillarse para azotarlas, y lo mismo suele hacerse con hombres de gran peso. Se golpea tanto a hombres como a mujeres, bien sea en los campos o al pasar lista en las mañanas. Cada capataz lleva un pesado bastón con el que pica, hostiga y golpea a su antojo a los esclavos. No recuerdo haber visitado un solo henequenal en que no haya visto esta práctica de picar, hostigar y golpear continuamente a la gente.

No vi en Yucatán otros castigos peores que los azotes; pero supe de ellos. Me contaron de hombres a quienes se había colgado de los dedos de las manos o de los pies para azotarlos; de otros a quienes se les encerraba en antros oscuros como mazmorras, o se hacía que les cayeran gotas de agua en la palma de la mano hasta que agrietaban. El castigo a las mujeres, en casos extremos, consistía en ofender su pudor. Conocí las oscuras mazmorras y en todas partes vi las cárceles dormitorios, los guardias armados y los vigilantes nocturnos que patrullaban los alrededores de la finca mientras los esclavos dormían. Por ejemplo, hablando de uno de los más ricos terratenientes de Yucatán, un profesionista me dijo:

—Un pasatiempo favorito de X consistía en montar en su caballo y presenciar la "limpia" (el castigo) de sus esclavos. Encendía su cigarro y cuando expulsaba la primera bocanada de humo el látigo mojado caía sobre las desnudas espaldas de la víctima. Seguía fumando tranquilamente, muy contento, al mismo tiempo que los golpes caían uno tras otro. Cuando, por fin, le aburría la diversión, tiraba el cigarro y el hombre del látigo dejaba de golpear.

A las grandes haciendas de Yucatán se llega por vías *Decauville* de propiedad privada, construidas y explotadas especialmente en interés de los reyes del henequén. La primera finca que visitamos es típica. Está situada a 20 kilómetros al Oeste de Mérida; tiene cerca de 3 mil has., 25% de ellas plantadas de henequén y el resto son terrenos pastales abandonados. En el centro de la hacienda está el "casco", que consiste en un patio en el que crece la hierba, alrededor del cual están los principales edificios: almacén, la desfibradora, la casa del administrador, la del mayordomo primero, las de los mayordomos segundos y la pequeña capilla. Detrás de estos edificios están los corrales, los secaderos de henequén, el establo, la cárcel dormitorio y finalmente, rodeando todo ello, las hileras de chozas de una sola pieza, en pequeños espacios de terreno, en las que viven los esclavos casados y sus familias.

En la hacienda encontramos unos 1,500 peones y cerca de 30 jefes de diversos trabajos; 30 de los esclavos eran coreanos, unos 200 yaquis y el resto mayas. Estos últimos, a mi modo de ver, se distinguían de los mayas libres que yo había visto en la ciudad, principalmente por sus vestidos y por su apariencia general de descuido y fatiga. Indudablemente eran de la misma pasta; sus vestidos eran pobres y estaban rotos; pero generalmente muy limpios. El vestido de las mujeres era de calicó, y la camisa y pantalón de los hombres de manta corriente, propia para los trópicos. Usan los pantalones recogidos en muchos casos hasta la rodilla. Sus sombreros son de palma, y siempre andan descalzos.

Unos 700 esclavos son hombres aptos para el trabajo, y el resto mujeres y niños; 380 de ellos están casados y viven con sus familias en chozas de una pieza, construidas sobre pequeños lotes de unos 50 metros cuadrados, que a pesar de ser pedregosos y estériles, sirven a mujeres y niños para cultivar algo. Además del producto de su pobre huerto, cada familia obtiene diariamente crédito en la tienda de raya por valor de 25 centavos en mercancías. No se les paga en dinero: todo es a crédito y este mismo sistema es el que prevalece en casi la mitad de las haciendas. La otra mitad se limita a entregar raciones, que viene a ser la misma cosa; pero algunos de los hacendados se apegan al sistema de crédito para mantener la apariencia de que pagan jornales. Inquirí sobre los precios de algunas mercancías de la tienda –maíz, frijol, sal, chile, manta y cobijas era todo lo que había en ellas– y noté que tales precios eran altos. No comprendo cómo una familia pudiera vivir con las mercancías que le daban por valor de los 25 centavos del día, sobre todo tratándose de gente que trabaja con intensidad.

Los esclavos se levantan cuando la gran campana del patio suena a las 3.45 de la mañana y su trabajo empieza tan pronto como pueden llegar a la labor. El trabajo en los campos termina cuando ya no se puede ver por la oscuridad, y en el "casco" prosigue a veces durante muchas horas de la noche.

La labor principal de la hacienda consiste en cortar las hojas de henequén y limpiar el terreno de las malas hierbas que crecen entre las plantas. A cada esclavo se le señala como tarea cierto número de corte de hojas o de plantas que tiene que limpiar, y la tendencia del patrón es fijar cuotas tan altas que el esclavo se vea obligado a llamar a su mujer y a sus hijos para que le ayuden; de esta manera, casi todas las mujeres y niños de la hacienda pasan una parte de la jornada en el campo. Las mujeres solteras están todo el día en el terreno de labor, y cuando un muchacho llega a los doce años, se le considera ya un hombre de trabajo y se le fija una cuota que tiene que cumplir por sí solo. Los domingos no trabajan los peones para su amo; pasan el tiempo ocupados en sus huertos, descansan o se visitan. Los domingos son los días en que los muchachos y muchachas se tratan y hacen sus planes para casarse. A veces se permite a los peones que salgan de la finca para visitar a los esclavos del vecino; pero nunca se les autoriza a casarse con gente de otras haciendas, porque eso ocasionaría que uno u otro de los propietarios tuviese que comprar a la mujer o al marido, lo cual crearía dificultades.

Tales son las condiciones que, en general, prevalecen en todas las fincas henequeneras yucatecas.

Pasamos dos días en la hacienda llamada San Antonio Yaxché y conocimos perfectamente su sistema de trabajo y su gente. Los propietarios de las grandes fincas no duermen en ellas ni tampoco los administradores; igual que los propietarios, los administradores tienen sus casas y oficinas en Mérida y visitan las haciendas solamente de dos a seis veces por mes. El mayordomo primero es por lo común la autoridad suprema de la finca; pero cuando el administrador llega, aquél se convierte en un personaje realmente insignificante.

Por lo menos así sucedía en San Antonio Yaxché. El mayordomo estaba obligado a inclinarse y a rendir homenaje a su jefe igual que los jefecillos menores; y a la hora de la comida, Manuel Ríos, el administrador, mi compañero –con mucho disgusto de Ríos, que lo veía como un subordinado– y yo, comíamos solos con gran ceremonia, mientras el mayordomo daba vueltas alrededor de la mesa, dispuesto a salir corriendo para cumplir al instante lo que le pidiéramos. En nuestra primera comida, que fue la mejor que probé en todo México, sentí un fuerte impulso de invitar al mayordomo a que se sentase y tomara algo; pero no lo hice, y después me alegré, porque antes de abandonar la hacienda me di cuenta de que hubiera cometido una terrible falta.

En los campos vimos cuadrillas de hombres y muchachos, unos chapodando las malas hierbas que crecen entre las gigantescas plantas y otros cortando con machetes las enormes pencas. La recolección de éstas se hace de modo continuo en los doce meses del año y durante este periodo se revisa cuatro veces cada planta. Suelen cortarse doce hojas, las más grandes, dejando las treinta más pequeñas para que crezcan durante tres meses. El obrero corta la hoja por su raíz; quita las espinas de los bordes; suprime la púa terminal; cuenta las hojas que quedan en la planta y las que se han cortado; las apila formando haces y, finalmente, lleva éstos hasta el extremo de su hilera, en donde los recogen vehículos tirados por mulas, los cuales ruedan sobre rieles desmontables.

Pude darme cuenta de que la tierra, quebrada y rocosa, daña mucho los pies; de que las pencas de henequén son espinosas y traidoras, y de que el clima es duro, cálido y sofocante, a pesar de que estábamos en la temporada allí considerada como fría. Los hombres, vestidos de andrajos y descalzos, trabajan sin descanso, con mucho cuidado y con la velocidad de los obreros destajistas mejor pagados. También trabajaban a destajo, y su premio consistía en librarse del látigo. Se veían aquí y allá mujeres y niños, y a veces niñas, que representaban ocho o diez años. La cuota diaria acostumbrada en San Antonio Yaxché es de dos mil hojas; pero me dijeron que en otras haciendas llega hasta tres mil.

Las hojas de henequén, una vez cortadas, se llevan a un gran edificio construido en medio del "casco" de la finca, donde se elevan por medio de un montacargas y se colocan en una banda móvil que las conduce a la desfibradora. Esta es una máquina con fuertes dientes de acero que raspan las gruesas hojas, de lo que resultan dos productos: un polvo verde, que es desperdicio, y largas fibras como cabellos de color verduzco, que es el henequén. La fibra se lleva en un tranvía al secadero, donde adquiere el color del sol. Después se transporta en el tranvía, se prensa en pacas, y pocos días o semanas más tarde, el observador podrá verla en progreso, el puerto de Yucatán, a unos 35 kilómetros al norte de Mérida, donde se cargan en un buque generalmente británico. Las Estados Unidos compran casi todo el henequén de Yucatán, del cual nuestro trust cordelero, considerado como afiliado a la Standard Oil absorbe más de la mitad. En 1908, el precio de la fibra de henequén en pacas era de ocho centavos por libra, y un tratante de esclavos me dijo que su costo de producción no era mayor de un centavo.

Cerca de la desfibradora vimos trabajando a muchos niños; en el patio de secado encontramos muchachos y hombres; estos últimos me impresionaron por su indiferencia y su aspecto macilento y febril, la explicación me la dio el capataz: "Cuando los hombres están enfermos, los dejamos trabajar aquí... –y agregó– ¡a media paga!"

Ese era, entonces, el hospital para los hombres. El de mujeres lo descubrimos en el sótano de uno de los edificios principales; se trataba de una hilera de estancias sin ventanas y con el piso de tierra, parecidas a calabozos; en cada una de ellas estaba acostada una mujer sobre una tabla sin siquiera una sábana que mitigara la aspereza. Más de 300 esclavos duermen en una gran construcción de piedra y argamasa, rodeada de un sólido muro de cuatro metros de alto, y con bardas rematadas por trozos de vidrio. A este recinto se entra tan sólo por una puerta, en la que hay un guardián armado de porra, sable y pistola. Tal era el dormitorio de los hombres solteros de la finca, mayas, yaquis y chinos, y también de los que trabajaban medio tiempo, esclavos a quienes se emplea sólo medio año, algunos de ellos casados, cuyas familias viven en pequeños poblados en los alrededores de la finca.

Los peones de temporada se encuentran solamente como en una tercera parte de las haciendas y es una clase de trabajadores que se ha creado enteramente por conveniencia de los amos. Se convierten en trabajadores de planta a voluntad de los amos y entonces se les permite que tengan a sus familias en la hacienda; están obligados a trabajar más de la mitad del año, si se les necesita, y durante el tiempo que no trabajan en la finca no se les deja buscar trabajo en otro lugar; generalmente su labor anual se divide en dos períodos; tres meses en la primavera y tres en el otoño, durante los cuales no pueden visitar a sus familias. Se les tiene siempre encerrados en las noches, se alimentan por cuenta de la finca y la cantidad de doce centavos y medio –un real– que se les acredita diariamente en entrega por pequeñas partes de sus familias para que éstas no mueran de hambre.

Con lo dicho se verá que la cantidad que se le acredita en un año al trabajador de medio tiempo, por seis meses de labor, es de $22.50, como pago total, que es con lo que la familia del esclavo cuenta para vivir en el año.

Es una sola habitación del edificio principal de San Antonio Yaxché, rodeado de la barda de piedra, encontramos más de trescientas hamacas casi tocándose unas a otras, que era el dormitorio de los peones de medio tiempo y de los solteros. Entramos en el recinto precisamente al atardecer, cuando los trabajadores, limpiándose de sudor de la frente, iban llegando. Detrás del dormitorio había media docena de mujeres que cocinaban en unas hornillas primitivas, los andrajosos trabajadores, como lobos hambrientos, hacían círculo alrededor de la sencilla cocina y extendían las manos sucias para recibir su cena como premio, que las pobres criaturas comían de pie.

Probé la cena de los esclavos. Es decir, tan sólo probé una parte de ella con la lengua; el resto fue con el olfato, ya que mi nariz me aconsejó no introducirla en la boca. La comida consistía en dos grandes tortillas de maíz, que es el pan de los pobres de México; una taza de frijoles cocidos, sin condimento, y un plato de pescado rancio que despedía tan gran hedor que durante varios días persistió en mi olfato, ¿cómo era posible que pudieran comer aquello? Puede ser que para variar una aburrida e inacabable serie de comidas, compuesta solamente de frijoles y tortillas, llegue un momento en que al más refinado paladar se le haga agua la boca con algo diferente, aunque este algo sólo sea un pescado cuyo hedor llegue hasta el cielo.

Frijoles, tortillas, pescado. "Supongo que por lo menos podrán vivir con eso –reflexioné–, siempre que en las otras dos comidas no les vaya peor".

–A propósito – dije, volviéndome al administrador que nos servía de guía–, ¿qué es lo que se les da en las otras dos comidas?

–¿Las otras dos comidas? –El administrador quedó perplejo–. ¿Las otras dos comidas? No hay más comidas. Esta es la única que se les da.

Frijoles, tortillas y pescado una vez al día, y doce horas de trabajo bajo el sol abrasador.

–Pero, no –rectificó el administrador–; se les da algo más, algo muy bueno, algo que pueden llevar al campo y comerlo cuando quieren. Aquí tiene usted.

Y cogió de una de las mesas de las mujeres una cosa del tamaño de dos puños y me la dio con aire de triunfo. Tomé en mis manos aquella masa redonda y húmeda, la pellizqué, la olí y la probé. Resultó ser masa de maíz medio fermentada y hecha bola con las manos. Esto era las otras dos comidas, el complemento de la subsistencia, de los frijoles, de las tortillas y del pescado podrido, que sostenía a los trabajadores durante todo el largo día.

Me dirigí a un joven maya que chupaba cuidadosamente una espina de pescado:

–¿Qué prefieres ser –le pregunté–, trabajador de medio tiempo o de tiempo completo?

–De tiempo completo –contestó rápidamente, y luego más bajo–. Nos hacen trabajar hasta que casi nos caemos y después nos despiden, para que nos pongamos fuertes otra vez. Si hicieran trabajar a los de tiempo completo como nos hacen trabajar a nosotros, se morirían.

—Venimos a trabajar voluntariamente —dijo otro joven maya—, porque el hambre nos obliga, pero antes de terminar la primera semana, quisiéramos escapar; por eso nos encierran en la noche.

—¿Por qué no se escapan cuando tienen ocasión de hacerlo? —pregunté—. Digo, cuando los sacan al campo.

El administrador se había apartado de nosotros para regañar a una de las mujeres.

—No tiene objeto —respondió el joven con seriedad—. Siempre nos agarran. Todos están contra nosotros y no hay dónde esconderse.

—Tienen nuestras fotografías —dijo otro—. Siempre nos encuentran y entonces nos dan una paliza. Cuando estamos aquí, queremos escapar; pero cuando nos llevan a la labor sabemos que la escapatoria es inútil.

Más tarde conocería lo admirablemente adaptado que está el territorio yucateco para impedir la huída de los fugitivos. En aquella losa caliza no crecen frutas ni hierbas silvestres comestibles. No hay manantiales, ni sitio donde una persona pueda cavar un pozo sin dinamita y un taladro para roca. De modo que todo fugitivo, con el tiempo, tiene que llegar a una finca o a la ciudad, y en un lugar u otro se le detiene para su identificación. Un trabajador libre que no lleve papeles para demostrar lo que es, está siempre expuesto a que lo encierren y a pasar grandes apuros para demostrar que no es esclavo fugitivo.

A Yucatán se le ha comparado con la Siberia rusa. "Siberia —me han dicho algunos refugiados políticos mexicanos— es un infierno congelado; Yucatán es un infierno en llamas". Pero yo no encontré muchos puntos en común entre los dos países. Es cierto que los yaquis son desterrados, en cierto sentido y, además, desterrados políticos; pero también son esclavos. Los desterrados políticos de Rusia no son esclavos. Según Kennan, se les permite llevar con ellos a sus familias, elegir su propia morada, vivir su propia vida, y a menudo se les entrega una cantidad mensual con la que se sostienen. Yo no puedo imaginar que la lejana Siberia sea tan mala como Yucatán.

El esclavo de Yucatán no tiene hora para la comida, como la tiene el obrero agrícola norteamericano. Sale al campo en la madrugada y come por el camino su bola de masa agria. Agarra su machete y ataca la primera hoja espinosa tan pronto como hay luz suficiente para ver las espinas, y no deja para nada el machete hasta el atardecer. Millares de grandes hojas verdes por día constituyen su "tarea", y además de cortarlas, recortarlas y apilarlas, las tiene que contar, lo mismo que el número de hojas que quedan en cada planta, procurando estar seguro de que no ha contado muchas de más o de menos. Se estima que cada planta produce treinta y seis pencas nuevas al año; doce de éstas, las más grandes, se cortan cada cuatro meses; pero cualquiera que sea el número de las que se corten, tienen que quedar exactamente treinta después del corte. Si el esclavo deja treinta y una o veintinueve, se le azota; si no llega a cortar dos mil se le azota; si no recorta bien la orilla de las hojas, se le azota; si llega tarde a la revista, se le azota; se le azota por cualquier otra falta que alguno de los jefes imagina que ha descubierto en su carácter o en su aspecto. ¿Siberia? A mi parecer, Siberia es un asilo de huérfanos comparada con Yucatán.

Una y otra vez comparé, en la imaginación, el estado de los esclavos de nuestros Estados del Sur, antes de la Guerra Civil, y siempre resultó, favorecido el negro. Nuestros esclavos del Sur estaban casi siempre bien alimentados; por regla general no trabajaban con exceso; en muchas de las plantaciones rara vez se les pegaba; de cuando en cuando era costumbre darles algo de dinero para pequeños gastos y se les permitía salir de la finca por lo menos una vez por semana. Estos, como los esclavos de Yucatán, eran ganado perteneciente a la finca; pero, a diferencia de aquéllos, se les trataba tan bien como al ganado. En el Sur, antes de la guerra, no había muchas plantaciones donde murieran más negros que nacían. La vida de nuestros esclavos negros no era tan dura, puesto que podían reír algunas veces..., y cantar. Pero los esclavos de Yucatán no cantan.

Nunca olvidaré mi último día en Mérida. Mérida es probablemente la ciudad más limpia y más bella de todo México. Podría resistir la comparación de su blanca hermosura con cualquier otra en el mundo. El municipio ha gastado grandes sumas en pavimentos, en parques y en edificios públicos, y por encima de todo eso, no hace mucho tiempo, los reyes del henequén juntaron una fuerte cantidad para mejoras extraordinarias. Mi última tarde de Yucatán la pasé recorriendo a pie o en coche el opulento barrio residencial de Mérida. Los norteamericanos podrán creer que no existe nada de arquitectura en esta pétrea península centroamericana; pero Mérida tiene sus palacios de un millón de dólares, como en Nueva York, y posee miles de ellos entre magníficos jardines.

¡Maravillosos palacios mexicanos! ¡Maravillosos jardines mexicanos! Un maravilloso parque de hadas nacido al conjuro de la esclavitud de mayas y de yaquis. Entre los esclavos de Yucatán hay diez mayas por cada yaqui; pero la historia de los yaquis es la que más llamó la atención. Los mayas mueren en su propia tierra, entre su propio pueblo, pero los yaquis son desterrados; éstos mueren en tierra extraña y mueren más aprisa y solos, lejos de sus familiares, puesto que todas las familias yaquis enviadas a Yucatán son desintegradas en el camino; los maridos son separados de las mujeres y los niños arrancados de los pechos de las madres.

CAPÍTULO II

EL EXTERMINIO DE LOS YAQUIS

Mi propósito auténtico al hacer el viaje a Yucatán fue averiguar qué sucedía con los indios yaquis de Sonora. Junto con toda la prensa mexicana que hemos vivido muchos años en nuestro tiempo al Sudeste y cerca de la frontera de México, ya sabía algo de los tratamientos de los yaquis en su Estado nativo, de los cuales, que se vean obligados a rebelarse, de la confiscación de sus propiedades, de los métodos de exterminio usados por el ejército, de la esclavitud de los elementos sensatos de Sonora, y finalmente, de la atroz orden del Presidente Díaz para que los yaquis fueran expulsados. Sabía que esta orden se estaba cumpliendo y que siempre las últimas recogidas cada mes para ser enviadas al otro lado. ¿Qué suerte les esperaba al final del camino? La respuesta siempre vaga e indefinida, nada satisfactoria. Aun los mexicanos mejor informados de la metrópoli no podían decirme nada. Después que los últimos yaquis embarcaban en el puerto de Veracruz caía el silencio. Por eso fui a Yucatán para presenciar, si era posible, el acto final del drama de la vida del yaqui... y lo presencié.

Se extermina a los yaquis, y rápidamente. No hay lugar a controversia a este respecto; la única decisión posible se refiere tan sólo si los yaquis merecen o no ser exterminados. Sin duda, es cierto que una parte de ellos se ha negado a aceptar el destino que el Gobierno les ha

Capítulo II

EL EXTERMINIO DE LOS YAQUIS

Mi propósito auténtico al hacer el viaje a Yucatán fue averiguar qué sucedía con los indios yaquis de Sonora. Junto con miles de norteamericanos que hemos vivido muchos años en nuestras regiones del Sudeste y cerca de la frontera de México, ya sabía algo de los sufrimientos de los yaquis en su Estado nativo, de los medios que se emplearon para obligarlos a rebelarse, de la confiscación de sus tierras, de los métodos de exterminio usados por el ejército, de la voz indignada de los elementos sensatos de Sonora, y finalmente, de la radical orden del Presidente Díaz para que los yaquis fueran deportados.

Sabía que esta orden se estaba cumpliendo y que cientos de familias eran recogidas cada mes para ser enviadas al exilio; pero, ¿qué suerte les esperaba al final del camino? la respuesta era siempre vaga, indefinida, nada satisfactoria. Aun los mexicanos mejor informados de la metrópoli no podían decirme nada. Después que los desterrados yaquis embarcaban en el puerto de Veracruz caía el telón tras de ellos. Fui a Yucatán para presenciar, si era posible, el acto final del drama de la vida del yaqui... y lo presencié.

Se extermina a los yaquis, y rápidamente. No hay lugar a controversia a este respecto; la única decisión posible se refiere tan sólo a si los yaquis merecen o no ser exterminados. Sin duda es cierto que una parte de ellos se ha negado a aceptar el destino que el Gobierno les señaló. Por otra parte, hay quienes afirman que los yaquis valen tanto como cualesquier otros mexicanos y merecen la misma consideración por parte de sus gobernantes.

El exterminio de los yaquis empezó con la guerra, y el fin de ellos se está cumpliendo con la deportación y la esclavitud.

Se llama indios a los yaquis, pero éstos como los mayas de Yucatán, no son "indios" en el concepto norteamericano. En los Estados Unidos no los llamaríamos indios, porque son trabajadores. Desde los tiempos más lejanos que se conocen de su historia, no han sido nunca salvajes; siempre fueron un pueblo agrícola; cultivan el suelo; descubrieron y explotaron minas; construyeron sistemas de regadío; edificaron ciudades de adobe; sostenían escuelas públicas, un gobierno organizado y una fábrica de moneda. Cuando llegaron los misioneros españoles poseían casi todo ese vasto territorio que se extiende al sur de Arizona y que hoy comprende el Estado de Sonora.

"Son los mejores trabajadores de Sonora", me dijo el coronel Francisco B. Cruz, el mismo hombre que tiene el encargo de deportarlos a Yucatán, y de quien me ocuparé más adelante. "Un trabajador yaqui vale por dos norteamericanos y por tres mexicanos", declaró E. F. Trout, un capataz minero de Sonora. "Es la gente más fuerte, más sobria y más digna de confianza que hay en México", señaló otro. "El Gobierno nos está quitando a nuestros mejores trabajadores y destruyendo la prosperidad del Estado", me confió uno más. "Dice el Gobierno que quiere abrir la comarca yaqui para colonizarla –me dijo S. R. DeLong, secretario de la Sociedad Histórica de Arizona *(Arizona Historical Society)* y viejo residente de Sonora–, pero mi opinión es que los propios yaquis son los mejores colonos que podrían encontrarse".

Tales opiniones se oyen con frecuencia en Sonora, en los Estados fronterizos y también se leen en publicaciones de la región. Verdaderamente, el yaqui tiene un admirable desarrollo físico. Durante mis viajes por México aprendí a reconocerlos a primera vista por sus anchos hombros, su pecho hondo, sus piernas nervudas y su cara curtida. El yaqui típico es casi gigante y su raza es de atletas. Acaso ésa sea la razón por la que no ha doblado la cabeza para someterse a la voluntad de los amos de México.

Los norteamericanos que son dueños de minas y de ferrocarriles en Sonora se quejan continuamente contra la deportación de los yaquis, debido a que éstos son muy buenos trabajadores. Otra opinión que he escuchado muchas veces entre los vecinos de la frontera señala el respeto que los llamados renegados o yaquis guerreros tienen por la propiedad de los norteamericanos y de otros extranjeros. Cuando los yaquis tomaron las armas por vez primera contra el Gobierno actual, hace unos 25 años, lo hicieron por causa de una ofensa recibida. Peleaban casi siempre a la defensiva y, arrojados a las montañas, se vieron obligados a abandonarlas y a merodear porque así lo exigía su estómago; pero durante muchos años todo el mundo sabía que rara vez atacaban ellos a los norteamericanos o a otros pueblos, sino tan sólo a los mexicanos. Por largo tiempo no cometieron desmanes en los ferrocarriles, ni contra los propietarios de ellos, que en Sonora han sido siempre norteamericanos.

El origen de los conflictos yaquis se atribuye generalmente a un plan elaborado por cierto número de políticos que tenían el propósito de apoderarse de las ricas tierras del sur de Sonora, las cuales eran propiedad de los yaquis desde tiempos inmemoriales. Durante los últimos 24 años, los únicos gobernadores de Sonora han sido Ramón Corral, vicepresidente de México, Rafael Izábal y Luis Torres. Estas tres personas han alternado en la gubernatura del Estado por más de una generación. Como no se efectuaron elecciones populares de ninguna clase, estos tres amigos no eran responsables absolutamente ante nadie, excepto el Presidente Díaz, y la autoridad de ellos en Sonora ha llegado a ser casi absoluta.

Se sabe que los yaquis tenían legítimos títulos sobre sus tierras cuando Corral, Izábal y Torres se presentaron en escena. En la época de la conquista española constituían una nación de cien mil a doscientas mil personas. Los españoles no pudieron subyugarlos completamente y después de 250 años de conflictos, llegaron a concertar con ellos la paz, en la que los yaquis cedieron una parte de su propiedad sobre el resto, en fe de lo cual el rey de España, les otorgó un título firmado por su augusta mano. Esto sucedió hace cerca de 150 años, y el título real fue respetado por los gobernantes y jefes de México hasta llegar a Díaz. Durante todo ese tiempo, los yaquis vivieron en paz con el mundo y se ganaron la reputación de gente pacífica, pero al Gobierno de Díaz tocó provocarlos a la guerra.

Durante estos años de paz, los yaquis vinieron a ser parte solidaria de la nación mexicana; vivían como los demás mexicanos; tenían sus propias granjas y sus propios hogares y pagaban impuestos como el resto de los mexicanos. Durante la guerra contra Maximiliano, enviaron soldados para ayudar a México, y muchos de ellos se distinguieron por su brillante actuación.

Pero los yaquis fueron incitados a la guerra. Los hombres que estaban a la cabeza del Gobierno de Sonora deseaban sus tierras y vieron una oportunidad de lucro cuando el Estado mandó un cuerpo militar; por eso hostilizaron a los yaquis. Enviaron supuestos agrimensores al valle del Yaqui para poner mojones en la tierra y decir a la gente que el Gobierno había decidido regalársela a unos extranjeros. Confiscaron 80 mil pesos que el jefe Cajeme tenía depositados en un banco; finalmente, enviaron hombres armados a arrestar a Cajeme; y, como no pudieron encontrarlo, prendieron fuego a su casa y a las de los vecinos y abusaron de las mujeres del pueblo no respetando siquiera a la mujer del propio Cajeme. Desde entonces los yaquis se vieron obligados a pelear.

A partir de ese día, hace 25 años, el Gobierno de México ha mantenido casi continuamente en el territorio un ejército contra este pueblo con un contingente que varía entre dos mil y seis mil hombres. En la lucha han muerto decenas de miles de yaquis y de soldados, y muchos centenares de aquéllos fueron ejecutados después de hechos prisioneros. A los pocos años de lucha, fue capturado el jefe Cajeme, al que ejecutaron públicamente delante de muchos yaquis que habían caído prisioneros con él. En seguida fue elegido jefe Tetabiate, también yaqui, para ocupar el lugar de Cajeme, y la lucha prosiguió. Finalmente, en 1894, de modo repentino, les arrebataron las tierras. Por decreto del

Gobierno federal se les quitaron las mejores y las traspasaron a un solo hombre, el general Lorenzo Torres, que hoy es jefe militar en Sonora y que por entonces era segundo en el mando. Al Gobierno se le señala como culpable de las más horribles atrocidades. Santa de Cabora, escritor mexicano, cita estos dos casos:

"El 17 de mayo de 1892, el general Otero, del Ejército mexicano, ordenó aprehender a los yaquis, hombres, mujeres y niños que había en la ciudad de Navojoa y colgó a tantos que agotaron las cuerdas disponibles, siendo necesario usar cada una de ellas cinco o seis veces".

"Un coronel del ejército, Antonio Rincón, en julio de 1892, tomó prisioneros a doscientos yaquis, hombres, mujeres y niños, y los embarcó en el cañonero *El Demócrata,* echándolos después al agua entre la desembocadura del río Yaqui y el puerto de Guaymas, pereciendo todos ellos".

En la frontera mexicana circuló la noticia de que un incidente similar al anterior había ocurrido en febrero de 1908. El coronel Francisco B. Cruz, que tenía a su cargo a los desterrados y que dice haber estado a bordo del cañonero y haber presenciado el incidente, me declaró, sin embargo, que esa noticia no era cierta. "Los yaquis se ahogaron –me dijo–, pero no fueron culpables las autoridades". Teniendo en cuenta que el Gobierno en esa época no mataba a los yaquis que podía aprehender y vender, la versión del coronel Cruz puede tomarse como correcta.

–Fue suicidio..., nada más que suicidio –aseveró el coronel–. Esos indios quisieron frustrar la ganancia que nos correspondía como comisión y por eso arrojaron a sus hijos al mar y saltaron tras de ellos. Yo estaba a bordo y lo vi todo. Oí un grito agudo y vi a algunos de los tripulantes corriendo hacia el lado de estribor. Algunos yaquis estaban en el agua. Entonces se oyó un grito del lado de babor y vi a los yaquis saltando sobre la borda por ese lado. Soltamos botes, pero fue inútil; todos se ahogaron antes que pudiéramos llegar hasta ellos.

"Todo soldado que mate a un yaqui –me dijo un médico militar que sirvió dos años en las tropas que combatían a los yaquis y a quien conocí en la ciudad de México– percibe una recompensa de cien dólares. Para probar su hazaña, el soldado tiene que presentar las orejas de su víctima. "Traed las orejas", es la orden de los oficiales. Con frecuencia he visto una compañía de soldados formados en una plaza y a algunos de ellos recibir cien dólares por un par de orejas.

"A veces son capturados pequeños grupos de indios y, cuando yo estaba en el ejército, era costumbre ofrecer a los hombres libertad y dinero si conducían a las tropas por los caminos escondidos de la montaña, en donde se hacían fuertes sus amigos. La alternativa era colgarlos, pero nunca vi que uno de estos cautivos fuera traidor. "Que me cuelguen", gritaban, y he visto a alguno de ellos correr, ponerse la cuerda alrededor del cuelo y pedir que la apretasen inmediatamente para no tener que soportar otra vez un insulto tan ruin". Tengo ante mí una carta firmada por G. G. Lelevier, antiguo miembro del Partido Liberal Mexicano y director de uno de sus periódicos en los Estados Unidos, de quien se dice que se puso después a favor de la causa del Gobierno. La carta dice, comentando una fotografía que muestra a un grupo de yaquis colgados de un árbol en Sonora:

"Esta fotografía se parece mucho a otra tomada en el río Yaqui cuando el general Ángel Martínez estaba al mando del ejército mexicano de ocupación. Este general tenía la costumbre de colgar gente porque no podía decirle dónde se encontraban en aquel momento los yaquis insurrectos, y llegó al extremo de lazar a las mujeres de los yaquis y colgarlas también. Así siguió hasta que el jefe de la comisión geográfica comunicó los hechos a la ciudad de México, amenazando con renunciar si continuaban esos procedimientos. Entonces fue retirado ese monstruo.

"Pero más tarde, el gobernador Rafael Izábal (debe haber sido en 1902) hizo una incursión en la isla Tiburón, donde se habían refugiado algunos yaquis pacíficos, y sin más trámites ordenó a los indios seris que le trajeran la mano derecha de cada uno de los yaquis que allí hubiera, con la alternativa para los seris de ser a su vez exterminados. El doctor Boido tomó una fotografía y en ella se podía ver al gobernador riéndose a la vista de un racimo de manos que le presentaban colgando del extremo de un palo. Esta fotografía llegó a publicarse en el periódico *El Imparcial* de la ciudad de México, haciendo escarnio de las hazañas del gobernador Izábal".

En 1898 se dotó por primera vez a las tropas del Gobierno con rifles *mauser* mejorados, y en ese año entraron en contacto y destruyeron a un ejército de yaquis en Mazacoba, contándose los muertos en más de mil. La guerra terminó empatada. Después ya no hubo grandes batallas; a los guerreros yaquis simplemente se les cazaba, y millares de ellos optaron por rendirse. Sus jefes fueron ejecutados, y a los que se habían rendido se les cedió para ellos y sus familias nuevo territorio más al norte donde se establecieron como si fuera tierra de promisión; pero resultó ser un desierto y uno de los lugares más inhóspitos de toda América; de modo que los yaquis se trasladaron a otros lugares del Estado, convirtiéndose algunos en obreros de las minas, otros encontraron empleo en los ferrocarriles y el resto como peones agrícolas. Parte de la tribu yaqui perdió su identidad y se mezcló con los pueblos cercanos; y es a estos yaquis pacíficos a los que se aprehende y se deporta a Yucatán.

Unos cuantos yaquis, quizá cuatro o cinco mil, han seguido luchando por sus tierras; situados en picos accesibles, se ha fortificado en lo alto de la sierra del Bacatete, que bordea lo que era antes su país. Por allí corren manantiales perennes de agua fresca, y en aquellos acantilados casi perpendiculares construyeron sus hogares, plantaron maíz, establecieron a sus familias y cantan, a veces, a los fértiles valles que una vez fueron suyos. Varios miles de soldados siguen persiguiéndolos y aunque los soldados no pueden llegar a esas alturas de la sierra, acechan a los indios en las cañadas y disparan contra ellos cuando bajan a comprar carne, telas u otros artículos que necesitan para su subsistencia.

Muchos pequeños grupos de estos llamados renegados han sido destruidos; otros han sido capturados y ejecutados. Han circulado rumores de paz que después se han desmentido, y se han celebrado conferencias de paz con el Gobierno, pero han fracasado porque los "renegados" no podían obtener la garantía de que no serían ejecutados o deportados después de rendirse. En enero de 1909, el gobernador Torres publicó oficialmente la noticia de que el jefe Bule y varios cientos de sus guerreros se habían rendido condicionalmente; pero algunos conflictos posteriores demostraron que el anuncio había sido prematuro. Hay por lo menos varios centenares de yaquis en los despeñaderos del Bacatete que se niegan a rendirse; están fuera de la ley, no tienen comunicación con el mundo, no tienen relación con el elemento pacífico de su raza que está disperso por todo el Estado de Sonora y, sin embargo, la existencia de este puñado de "renegados" es la única excusa que tiene el Gobierno para aprehender a pacíficas familias mexicanas y deportarlas a razón de quinientas por mes.

¿Por qué se hace sufrir a una porción de mujeres, de niños y de viejos, sólo porque algunos de sus parientes en cuarto grado están luchando allá lejos, en las montañas? El médico militar con quien hablé en México respondió a esta pregunta en términos muy enérgicos.

–¿La razón? –dijo–. No hay razón. Se trata solamente de una excusa, y la excusa es que los que trabajan contribuyen a sostener a los que luchan; pero si esto es verdad, lo es en mínima parte, pues la gran mayoría de los yaquis no se comunican con los combatientes. Puede haber algunos culpables, pero no se hace absolutamente ningún intento para descubrirlos, de manera que por lo que un puñado de yaquis patriotas estén acaso haciendo, se hace sufrir y morir a decenas de miles. Es como si se incendiase a toda una ciudad porque uno de sus habitantes hubiera robado un caballo.

La deportación de yaquis a Yucatán y a otras partes de México bajo el régimen esclavista empezó a tomar grandes proporciones cerca de 1905, comenzando en pequeña escala para aumentar después.

Finalmente, en la primavera de 1908, se publicó en periódicos norteamericanos y mexicanos una orden del Presidente Díaz disponiendo de modo terminante que todos los yaquis, dondequiera que se encontrasen, fueran hombres, mujeres o niños, deberían ser apresados por la Secretaría de Guerra y deportados a Yucatán.

Durante mis viajes a México inquirí muchas veces respecto a la autenticidad de esta noticia, y me la confirmaron plenamente. La confirmaron funcionarios públicos de la ciudad de México, y el coronel

Cruz, principal encargado de deportar a los yaquis, y es indudable que esa orden, cualquiera que fuera su procedencia, se cumplía. Se capturaban diariamente trabajadores yaquis en las minas, en los ferrocarriles y en las fincas –antiguos trabajadores que nunca habían tenido un rifle– mujeres, muchachos y niños, viejos o jóvenes, débiles o fuertes. Custodiados por soldados y rurales iban en grupos hacia el exilio. Y hay otros indígenas, además de los yaquis, que siguen el mismo camino: pimas y ópatas, otros indios mexicanos y cualquier gente de piel oscura, que por ser pobre e incapaz de defenderse, han sido capturados y fichados como yaquis y enviados a la tierra del henequén. ¿Cuál es allí su suerte? Esto es lo que fui a averiguar en Yucatán.

El secreto que está en la raíz de todo el problema yaqui me fue revelado y resumido en pocas palabras por el coronel Francisco B. Cruz, del ejército durante mi estancia en México.

Durante los últimos cuatro años, este oficial ha tenido a su cargo la deportación de todos los yaquis a Yucatán. Tuve la suerte de tomar pasaje en el mismo vapor que él al regresar de Puerto Progreso a Veracruz. Es un veterano del ejército, corpulento, agradable conversador, de unos sesenta años. La gente de a bordo nos destinó el mismo camarote, y como el coronel tenía algunos pases del Gobierno que esperaba venderme, pronto entramos en el terreno confidencial.

–Durante los últimos tres años y medio –me dijo–, he entregado exactamente en Yucatán quince mil setecientos yaquis; entregados fíjese usted, por que hay que tener presente que el Gobierno no me da suficiente dinero para alimentarlos debidamente y del diez al veinte por ciento mueren en el viaje. Estos yaquis –continuó– se venden en Yucatán a sesenta y cinco pesos por cabeza; hombres, mujeres y niños. ¿Quién recibe el dinero? Bueno, diez pesos son para mí en pago de mis servicios; el resto va a la Secretaría de Guerra. Sin embargo, esto no es más que una gota de agua en el mar, pues lo cierto es que las tierras, casas, vacas, burros, en fin, todo lo que dejan los yaquis abandonado cuando son aprehendidos por los soldados, pasa a ser propiedad privada de algunas autoridades del Estado de Sonora.

De manera que de acuerdo con lo que dice este hombre, que ya ha logrado para sí una fortuna de por lo menos $157 mil en este negocio, se deporta a los yaquis por el dinero que produce la maniobra: primero por el dinero que da la apropiación de sus bienes y segundo por el dinero obtenido con la venta de sus personas. Me aseguró que las deportaciones no cesarían mientras no se hubiera ganado el último centavo en el negocio. "El grupo de funcionarios que se ha alternado en el Gobierno de Sonora durante los últimos veinticinco años se cuidará de eso", agregó.

Estas pequeñas confidencias me las trasmitió el coronel simplemente como detalles de una charla interesante con un extranjero inofensivo. No tenía la idea de acusar a los funcionarios y ciudadanos cuyos nombres había mencionado. No expresó objeción alguna contra el sistema; más bien se vanagloriaba.

–En los últimos seis meses –me dijo el gordo coronel– he trasladado a tres mil yaquis a razón de quinientos mensuales. Esa es la capacidad de los barcos del Gobierno que navegan entre Guaymas y San Blas, pero confío en que para fin de año aumentará el número. Acabo de recibir órdenes de traer otros mil quinientos a Yucatán tan rápidamente como pueda. Ah, sí, debo hacer fortunita antes que este asunto termine, pues hay por lo menos cien mil yaquis más que trasladar. ¡Cien mil más disponibles! –repitió al oír mi exclamación–. Sí, cien mil, ni uno menos. Claro es que no todos son yaquis pero...

Y el principal delegado del Presidente Díaz para la deportación de la gente trabajadora de Sonora, meciéndose en el puente del barco de carga, me lanzó una sonrisa que era muy significativa, demasiado, sí, terriblemente significativa.

Capítulo III

EN LA RUTA DEL EXILIO

Los Yaquis que se dirigen a Yucatán, al llegar al puerto de Guaymas, Son., abordan un barco del Gobierno hasta el puerto de San Blas. Después de cuatro o cinco días de travesía, desembarcan y son conducidos a pie a través de una de las sierras más abruptas de México, desde San Blas a Tepic y desde Tepic a San Marcos. Tal vez en la línea recta, la distancia sea de poco más de 160 kilómetros, pero con los rodeos del camino se duplica la distancia y requiere de quince a veinte días de viaje. Se hace alto en unos campos de concentración a lo largo de la ruta, así como en las ciudades principales. Durante el camino se desintegran las familias; esto sucede principalmente en Guaymas, San Marcos, Guadalajara y la ciudad de México. Desde San Marcos, se lleva a estos infortunados por el Ferrocarril Central Mexicano hasta la ciudad de México, y desde ésta por la Ferrocarril Interoceánico hasta Veracruz. Aquí se les amontona en un barco de carga de la Companía Nacional, y al cabo de dos a cinco días desembarcan en Puerto Progreso, donde son entregados a los consignatarios que los esperan.

En el viaje a Yucatán, mi compañero L. Gutiérrez de Lara y yo vimos bandas de desterrados yaquis; los vimos en los encierros de los cuarteles del ejército en la ciudad de México; nos juntamos con una "cuerda" de ellos en Veracruz y, en fin, navegamos con ellos de Veracruz a Puerto Progreso.

Había 104 amontonados en la sucia bodega de popa del vapor carguero *Sinaloa*, en el cual embarcamos. Creíamos que sería difícil encontrar la oportunidad de visitar este antro infecto; pero afortunadamente nos equivocamos. Los guardias cedieron fácilmente a unas palabras amistosas, y apenas había iniciado el barco su marcha, mi compañero y yo estábamos sentados sobre unas cajas en la bodega, junto a un grupo de desterrados reunido alrededor de nosotros; algunos de ellos, ansiosos de tabaco, chupaban furiosamente los cigarrillos que les obsequiamos, y otros mordían silenciosamente plátanos, manzanas y naranjas que también les habíamos regalado.

Entre ellos había dos viejos de más de cincuenta años: uno era pequeño, de facciones agudas, hablador, vestido con un *overall* norteamericano, blusa de trabajo, zapatos, y sombrero de fieltro, y con fisonomía y maneras de un hombre civilizado; el otro era alto, silencioso, impasible, embozado hasta la barba con un sarape de colores vivos, única prenda útil que había logrado sacar de sus pertenencias cuando los soldados lo apresaron. Había allí también un magnífico atleta de menos de treinta años, que llevaba en brazos a una delicada niña de dos años; una mujer de cara agresiva, de unos cuarenta años, contra la cual se oprimía una de diez que temblaba y temblaba presa de un ataque de malaria; dos muchachos fornidos sentados en cuclillas al fondo, que sonreían medio atontados a nuestras preguntas; mujeres sucias, casi la mitad de ellas con niños de pecho; además había un asombroso número de criaturas regordetas, de piernas desnudas, que jugaban inocentemente en el suelo o nos miraban a distancia con sus grandes ojos negros.

—¿Revolucionarios? —pregunté al hombre con *overall* y blusa.

—No; trabajadores.

—¿Yaquis?

—Sí, un yaqui —dijo, señalando a su amigo el de la cobija—. Los demás somos pimas y ópatas.

—Entonces, ¿por qué están aquí?

—Ah, todos somos yaquis para el general Torres. El no hace distinción. Si uno es de tez oscura y viste como yo, es un yaqui para él. No investiga ni hace preguntas..., lo detiene a uno.

—¿De dónde es usted? —pregunté al viejo.
—La mayoría de nosotros somos de Ures. Nos capturaron durante la noche y nos llevaron sin darnos tiempo para recoger nuestras cosas.
—Yo soy de Horcasitas —habló el joven atleta con la niña en brazos—. Yo estaba arando en mi tierra cuando llegaron y no me dieron tiempo ni de desuncir mis bueyes.
—¿Dónde está la madre de la niña? —pregunté con curiosidad al joven padre.
—Murió en San Marcos contestó apretando los dientes— la mató la caminata de tres semanas por los montes. He podido quedarme con la pequeña... hasta ahora.
—¿Algunos de ustedes opusieron resistencia cuando los soldados llegaron a aprenderlos? —pregunté.
—No —dijo el viejo de Ures—. Nos entregamos pacíficamente; no tratamos de escapar. —Y continuó con la sonrisa—. Los oficiales tenían más trabajo cuidando de sus hombres, de sus soldados, para impedir que huyeran y desertaran, que con nosotros.
—Al principio éramos en Ures ciento cincuenta y tres —siguió el viejo—, todos trabajadores del campo. Trabajábamos para pequeños rancheros, gente pobre, que no tenía a su servicio más de media docena de familias.
Un día, un agente del Gobierno visitó la región y ordenó a los patrones que dieran cuenta de todos sus trabajadores. Los patrones obedecieron, pues no sabían de qué se trataba hasta pocos días después, cuando llegaron los soldados. Entonces se enteraron y se dieron cuenta de que la ruina era tanto para ellos como para nosotros. Suplicaron a los oficiales diciendo: "Este es mi peón, es un buen hombre; ha estado conmigo durante veinte años; lo necesito para la cosecha".
—Es verdad —interrumpió la mujer con la niña consumida por la fiebre—. Hemos estado con Garlos Romo durante veintidós años. La noche que nos capturaron éramos siete; ahora somos dos.
—Y nosotros hemos trabajado para Eugenio Morales dieciséis años —habló otra mujer.

—Sí —prosiguió el que llevaba la voz cantante—, nuestros patrones siguieron suplicando; pero fue inútil. Algunos nos siguieron todo el camino hasta Hermosillo. Eran Manuel Gándara, José Juan López, Franco Téllez, Eugenio Morales, los hermanos Romo, José y Carlos. Allí los puede usted encontrar y le dirán, que lo que decimos es cierto. Siguieron tras nosotros; pero fue inútil tuvieron que volver para buscar en vano trabajadores en nuestras casas vacías. Habíamos sido robados... y a ellos los habían despojado.

—Murieron en el camino como ganado hambriento —continuó el viejo de Ures—. Cuando uno caía enfermo nunca sanaba. Una mujer que estaba muy enferma cuando salimos, pidió que la dejasen, pero no quisieron. Fue la primera en caer; sucedió en el tren, entre Hermosillo y Guaymas.

—Pero la parte más dura del camino fue entre San Blas y San Marcos. ¡Aquellas mujeres con niños! ¡Era terrible! Caían en tierra una tras otra, dos de ellas ya no pudieron levantarse y las enterramos nosotros mismos, allí junto al camino.

—Había burros en San Blas —interrumpió una mujer—, y mulas y caballos. Oh, ¿cómo no nos dejaron montarlos? Pero nuestros hombres se portaron muy bien. Cuando se cansaban las piernecitas de los niños, nuestros hombres los cargaban en hombros. Y cuando las tres mujeres con embarazo muy adelantado no pudieron caminar más, nuestros hombres hicieron parihuelas de ramas, turnándose para cargarlas. Sí, nuestros hombres se portaron bien; pero ya no están aquí. Ya no los veremos más.

—Los soldados tuvieron que arrancarme de mi marido —dijo otra—, y cuando yo lloraba se reían. A la noche siguiente, vino un soldado y quiso abusar de mí; pero me quité los zapatos y le pegué con ellos. Sí, los soldados molestaban a las mujeres con frecuencia, especialmente la semana que estuvimos pasando hambre en la ciudad de México; pero siempre las mujeres los rechazaron.

—Yo tengo una hermana en Yucatán —dijo una joven de menos de veinte años—. Hace dos años se la llevaron. Tan pronto como lleguemos trataré de encontrarla. Nos acompañaremos mutuamente, ahora que me han quitado a mi marido. Dígame, ¿hace tanto calor en Yucatán como dicen? No me gusta el calor; pero si me dejan vivir con mi hermana, no me importa.

–¿A quién pertenecen todas estas criaturas, estos muchachos, todos del mismo tamaño? –pregunté.

–¡Quién sabe! –respondió una anciana–. Sus padres han desaparecido, lo mismo que nuestros niños. Nos quitan a nuestros hijos y nos entregan hijos extraños; y cuando empezamos a querer a los nuevos, también se los llevan. ¿Ve usted a esa mujer acurrucada allí con la cara entre las manos? le quitaron a sus cuatro pequeños en Guadalajara y no le han dejado nada ¿A mí? Sí, me quitaron a mi marido. En más de treinta años no nos habíamos apartado una sola noche; pero eso nada importa; ya no está. Pero acaso tengo suerte; todavía tengo a mi hija. ¿Cree usted que nos juntaremos con nuestros maridos de nuevo en Yucatán?

Cuando pasamos frente al faro de Veracruz, una ola impulsada por el viento norte se estrelló contra el costado del barco y el agua empezó a entrar a chorros por las ventanillas más bajas, inundando el alojamiento de los infelices desterrados; éstos salieron al puente, pero allí se encontraron con un aguacero que los hizo regresar a la bodega. Entre ésta y la popa, inundadas ambas, los exiliados pasaron la noche; y cuando en la mañana temprano navegábamos por el río Coatzacoalcos, me dirigí de nuevo a popa y los encontré tirados en el puente, todos ellos mojados y temblando, y algunos retorciéndose víctimas de fuerte mareo.

Navegaremos cuarenta y cuatro kilómetros aguas arriba del Coatzacoalcos, anclamos en la orilla, y pasamos un día embarcando ganado de la región para el mercado de carne de Nueva Orleans. Se pueden meter por el portillo del costado de un buque doscientos animales grandes en el término de dos horas; pero estos toros eran salvajes como lobos, y había que medio matar a cada uno antes que consintieran en recorrer la estrecha pasarela. Una vez a bordo, colocados a ambos lados del barco, luchaban pateaban y mugían como sirenas de vapor; varios rompieron las reatas que les habían amarrado a la cabeza y destruyeron la débil valla colocada para impedir que invadieran otras secciones del puente. En un espacio libre de la popa, rodeados en tres lados por los inquietos y mugidores animales, estaba el alojamiento de los yaquis. No había más elección que quedarse allí y correr el riesgo de verse pisoteado, o salir al puente superior al aire libre. Durante los siguientes cuatro días del viaje, uno de los cuales ocupamos en espera que pasara un "norte", los yaquis prefirieron el puente.

Por fin llegamos a Puerto Progreso. Al tomar el tren para Mérida vi cómo metían a nuestros compañeros de viaje en los coches de segunda clase. Bajaron en la pequeña estación de San Ignacio, y tomaron rumbo a una hacienda perteneciente al gobernador Olegario Molina, y ya no los vimos más.

Pronto me enteré en Yucatán de lo que hacían con los desterrados yaquis. Estos son enviados a las fincas henequeneras como esclavos exactamente en las mismas condiciones que los cien mil mayas que encontramos en las plantaciones. Se les trata como muebles; son comprados y vendidos, no reciben jornales; pero los alimentan con frijoles, tortillas y pescado podrido. A veces son azotados hasta morir. Se les obliga a trabajar desde la madrugada hasta al anochecer bajo un sol abrasador, lo mismo que a los mayas. A las familias desintegradas al salir de Sonora, o en el camino, no se les permite que vuelvan a reunirse. Una vez que pasan a manos del amo, el Gobierno no se preocupa por ellos ni los toma ya en cuenta; el Gobierno recibe su dinero y la suerte de los yaquis queda en manos del henequenero. Vi a muchos yaquis en Yucatán; hablé con ellos, y vi cómo los azotaban. Una de las primeras cosas que presencié en una hacienda yucateca fue cómo apaleaban a un yaqui. Se llamaba Rosanta Bajeca.

El acto estaba teatralmente preparado, aunque quizá no de modo intencional. Eran las 3.45 de la madrugada, inmediatamente después de pasar lista los peones. Estos formaron frente a la tienda de la finca, bajo los débiles destellos de las linternas, colocadas en la parte superior de la fachada, que alumbraban apenas las oscuras fisonomías y las siluetas de un blanco sucio. Había 700 hombres. De cuando en cuando, la luz de las lámparas era un poco más viva y llegaba hasta los altos árboles tropicales que, muy próximos entre sí, rodeaban al patio en cuyo suelo crecía hierba. Bajo las linternas, y dando frente a la andrajosa horda, estaban el administrador, el mayordomo primero y los jefes menores, así los mayordomos segundos, el *mayocol* y los capataces.

—¡Rosanta Bajeca!

Este nombre, gritado por la voz del administrador, hizo salir del grupo a un joven yaqui de cuerpo regular, nervudo, de facciones finas, cabeza bien formada sobre hombros cuadrados, con quijada prominente y firme, y ojos oscuros y hondos que lanzaban miradas rápidas de uno a otro lado del círculo que lo rodeaba, como las lanzaría un tigre al que se hiciera salir de la selva para caer en medio de varios cazadores.

—¡Quítate la camisa! —ordenó ásperamente el administrador. Al oír estas palabras, el jefe y los capataces rodearon al yaqui. Uno de ellos alargó el brazo para arrancarle la prenda; pero el yaqui rechazó la mano que se acercaba y con la rapidez de un gato, eludió un palo que por el otro lado se dirigía a su cabeza. Fue un instante nada más; con el odio reflejado en sus ojos mantuvo a raya al círculo que lo rodeaba; pero con un movimiento de conformidad los hizo retirarse un poco y de un solo tirón se quitó la camisa por la cabeza, dejando al desnudo su bronceado y músculo torso, descolorido y marcado con cicatrices de anteriores latigazos.

Sumiso, pero digno, se mantuvo allí como un jefe indio cautivo de los de hace un siglo, esperando con desprecio ser torturado por sus enemigos.

Los esclavos presentes miraban con indiferencia. Era un pelotón de trabajadores, alineados de seis en fondo, sucios, con calzones de manta que les llegaban apenas a los tobillos y enrollados a la altura de la rodilla; camisas del mismo material, con muchos agujeros que dejaban ver la bronceada piel; piernas desnudas; pies descalzos; deteriorados sombreros de palma que sostenían respectivamente en la mano... Era un grupo zarrapastroso que trataba de ahuyentar el sueño y parpadeaba ante las débiles linternas. Había allí tres razas; el maya de aguda faz y alta frente, aborigen de Yucatán; el alto y recto chino y el moreno y fuerte yaqui de Sonora.

A la tercera orden del administrador salió de entre los esclavos espectadores un gigantesco chino. Agachándose, cogió de las muñecas al silencioso yaqui y en un instante estaba derecho con el yaqui sobre sus espaldas, tal como carga a un niño cansado alguno de sus mayores.

Nadie había en todo aquel grupo que no supiera lo que se preparaba; pero sólo cuando un capataz alcanzó una cubeta que estaba colgada a la puerta de la tienda se notó cierta tensión de nervios entre aquellos 700 hombres. El extraordinario verdugo, llamado *mayacol*, un bruto peludo de gran pecho, se inclinó sobre la cubeta y metió las manos hasta el fondo en el agua. Al sacarlas, las sostuvo en alto para que se vieran cuatro cuerdas que chorreaban, cada una de ellas como de un metro de largo. Las gruesas y retorcidas cuerdas parecían cuatro hinchadas serpientes a la escasa luz de las lámparas; y a la vista de ellas, las cansadas espaldas de los 700 andrajosos se irguieron con una sacudida; un involuntario jadeo se escuchó entre el grupo. La somnolencia desapareció de sus ojos. Por fin estaban despiertos, bien despiertos.

Las cuerdas eran de henequén trenzado, apretadas, gruesas y pesadas, propias para el fin especial a que las dedicaban. Una vez mojadas, para hacerlas más pesadas y cortantes, resultaban admirablemente ajustadas para el trabajo de "limpia", como se denomina al castigo corporal en las haciendas de Yucatán.

El velludo *mayacol* escogió una de las cuatro, dejó las otras y retiró la cubeta, mientras el enorme chino se colocaba en tal forma que el desnudo cuerpo de la víctima quedase a la vista de sus compañeros. El drama era viejo para todos ellos, tan viejo que los ojos estaban cansados de verlo tantas veces; pero, a pesar de todo, no podía dejar de impresionarlos. Cada uno de los peones sabía que le llegaría su hora, si es que no les había llegado ya, y ninguno tenía suficiente fuerza de ánimo para dar la espalda al espectáculo.

Deliberadamente el *mayacol* midió la distancia y con igual deliberación alzó en alto el brazo y lo dejó caer rápidamente; el látigo silbó en el aire y cayó con un sonido seco sobre los hombros bronceados del yaqui.

El administrador, un hombre pequeño y nervioso que no cesaba de hacer gestos, aprobó con un movimiento de cabeza y consultó su reloj; el mayordomo, grandote, impasible, sonrió levemente; la media docena de capataces se inclinaron en su ansiedad un poco más hacia el suelo; el pelotón de esclavos se movió como empujado por una fuerza invisible, y dejaron escapar un segundo suspiro, doloroso y agudo, como aire que se escapaba de una garganta cortada.

Todos los ojos eran atraídos por esa escena a la incierta luz del amanecer; el gigante chino, ahora un poco inclinado hacia adelante, con el cuerpo desnudo del yaqui sobre sus hombros; las largas, desiguales y lívidas cicatrices que señalaban los golpes de la cuerda mojada; el lento, deliberadamente lento *mayacol;* el administrador con el reloj en la mano, indicando su aprobación; el sonriente mayordomo; los absortos capataces.

Todos contuvieron la respiración en espera del segundo golpe. Yo contuve la mía, por momentos que me parecieron años, hasta que creí que la cuerda no caería más. Sólo cuando vi la señal que el administrador hizo con el dedo, supe que los golpes se medían con reloj; y sólo hasta después de terminado el espectáculo supe que, para prolongar la tortura, el tiempo señalado entre cada golpe era de seis segundos.

Cayó el segundo latigazo, y el tercero, y el cuarto. Los contaba al caer con intervalos de siglos. Al cuarto azote, la fuerte piel bronceada se cubrió de pequeños puntos escarlata que estrellaron y dejaron correr la sangre en hilillos. Al sexto, la reluciente espalda perdió su rigidez y empezó a estremecerse como una jalea. Al noveno azote... un gemido nació en las entrañas del yaqui y encontró salida al aire libre. Pero ¡qué gemido! Aún lo puedo oír ahora; un gemido duro, tan duro como si su dureza la hubiera adquirido al pasar a través de un alma de diamante.

Por fin, cesaron los azotes, que fueron quince. El administrador, con un ademán final, guardó su reloj; el gigante chino soltó las manos con que sujetaba las morenas muñecas del yaqui y éste cayó al suelo como un costal. Quedó allí por un momento, con la cara entre los brazos y con su estremecida y ensangrentada carne al descubierto, hasta que un capataz se adelantó y le dio un puntapié en el costado. El yaqui levantó la cabeza, dejando ver un par de ojos vidriosos y una cara contorsionada por el dolor. Un momento después ya se había levantado e iba con pasos vacilantes a reunirse con sus compañeros. En ese momento se rompió el silencio y la ansiedad de 700; se agitaron las filas y se elevó un rumor de palabras entre toda aquella muchedumbre. La "limpia" especial de aquella mañana había terminado y cinco minutos más tarde, el trabajo diario de la finca había dado comienzo.

Naturalmente, yo hice algunas preguntas acerca de Rosanta Bajeca para averiguar qué delito había cometido para merecer quince azotes con la cuerda mojada. Confirmé que hacía un mes que estaba en Yucatán y sólo tres días que lo habían llevado al campo con una cuadrilla de macheteros para cortar pencas de henequén. la cuota regular exigida a cada esclavo era de dos mil pencas diarias, y a Bajeca le concedieron tres días para que adquiriera la destreza necesaria para cortar esa cantidad de hojas; pero él no había cumplido. Esa era la causa de los azotes. No había cometido ninguna otra falta.

Me extraña –le hice notar a un capataz– que este yaqui no se soltase de la espalda del chino. Me extraña que no pelease. Parece un hombre valiente: tiene aspecto de luchador.

El capataz se sonrió.

–Hace un mes peleaba –fue su respuesta–, pero un yaqui aprende muchas cosas al mes de estar en Yucatán. A pesar de todo, hubo un momento en que creíamos que este perro no aprendería nunca. De vez en cuando nos llega alguno de esa laya; nunca aprenden; no valen el dinero que se paga por ellos.

–Cuénteme algo acerca de éste –le urgí.

–Luchó, eso es todo. El día que llegó, se le puso a trabajar cargando atados de hojas en el montacargas que las sube a la desfibradora. El mayordomo, sí, el mayordomo primero pasó por allá y pinchó al hombre en el estómago con el bastón. Medio minuto después, doce de nosotros estábamos luchando para arrancar a ese lobo yaqui de la garganta del mayordomo. Lo dejamos sin comer durante un día y después lo sacamos para hacerle una "limpia"; pero peleó con uñas y dientes hasta que un capataz lo derribó a golpes con el contrafilo del machete. Después de eso, probó la cuerda diariamente durante algún tiempo: pero todos los días, por lo menos durante una semana, se resistía como loco hasta que besaba la tierra bajo el golpe de una cachiporra. Pero nuestro *mayocol* nunca falló. Ese mayacol es un genio. Conquistó al lobo. Estuvo manejando la cuerda hasta que ese terco se sometió, hasta que se arrastró sollozante, "en cuatro patas", a lamer la mano del hombre que le había pegado.

Durante mis viajes en Yucatán, muchas veces me había llamado la atención el carácter tan humano de la gente a quien el gobierno mexicano llama yaquis. Los yaquis son "indios", no son blancos; pero cuando se conversa con ellos en un lenguaje mutuamente comprensible, queda uno impresionado por la similitud de los procesos mentales del blanco y del moreno. Me convencí pronto de que el yaqui y yo nos parecíamos más en la mente que en el color. También llegué a convencerme de que las ligas familiares del yaqui significan tanto para él como las del norteamericano para éste. La fidelidad conyugal es la virtud cardinal del hogar yaqui, y parece que no es por causa de alguna antigua superstición tribal, ni por enseñanzas de los misioneros, sino por una ternura innata que se dulcifica a medida que pasan los años, hacia la compañera con quien ha compartido la carne, el abrigo y la lucha por la vida, las alegrías y las tristezas de la existencia.

Una y otra vez presencié demostraciones de ello en el viaje al exilio en Yucatán. La mujer yaqui siente tan hondo que le arrebaten brutalmente a su niño como lo sentiría una mujer norteamericana civilizada. Las fibras del corazón de la esposa yaqui no son más fuertes contra una separación violenta e inesperada de su esposo que las de una refinada señora de un dulce hogar norteamericano.

El gobierno mexicano prohíbe el divorcio y, por lo tanto, volverse a casar en sus dominios; pero para el hacendado yucateco todo es posible. Para una mujer yaqui, un hombre asiático no es menos repugnante que para una mujer norteamericana; sin embargo, una de las primeras barbaridades que el henequenero impone a la esclava yaqui que acaba de ser privada de su marido legal a quien ama es obligarla a casarse con un chino y vivir con él.

Lo hacemos así –me explicó uno de los hacendados– para que el chino esté más satisfecho y no tenga deseos de escaparse. Y, además, sabemos que cada niño que nazca en la finca *algún día puede valer de quinientos a mil pesos en efectivo.*

La mujer blanca culta moriría de vergüenza y de horror en tal situación; pues así les sucede a las mujeres morenas de sonora. Un personaje de la categoría de don Enrique Cámara Zavala, presidente de la Cámara Agrícola de Yucatán y agricultor millonario me dijo:

–Sí los yaquis duran el primer año, generalmente se adaptan bien y son buenos trabajadores; pero el mal está en que *por lo menos dos tercios de ellos mueren en los primeros doce meses.*

En la finca de uno de los más famosos reyes del henequén encontramos unos doscientos yaquis. Un treinta y tres por ciento de éstos estaban alojados junto a un numeroso grupo de mayas y chinos; enteramente separados de ellos, en una hilera de chozas nuevas de una sola pieza rodeada cada una de un pequeño pedazo de tierra sin cultivar, descubrimos a las mujeres y a los niños yaquis.

Las mujeres se hallaban sentadas en cuclillas en el suelo desnudo, o avivando el fuego de hornillas con unas ollas, al aire libre. Ni vimos hombres entre ellas, ni yaquis ni chinos, porque sólo hacía un mes que todos ellos habían llegado de Sonora.

En una de las casas vimos hasta catorce personas alojadas. Había una mujer de más de 50 años, en cuyo rostro se reflejaba la fuerza de un jefe indio y cuyas palabras iban directas a su objeto como flechas al blanco. Había otra, de tipo hogareño, agradable, de cara ancha, marcada de viruelas, de palabras amables y cuyos ojos se iluminaban amistosamente a pesar de sus penas. Había otras dos que vigilaban su hornilla y se limitaban a escuchar. También se encontraba allí una muchacha quinceañera, casada hacía cuatro meses, pero sola ahora; era notablemente bonita, de grandes ojos y boca fresca, sentada con la espalda apoyada en la pared, que no dejó de sonreír... hasta que rompió a llorar. Una mujer enferma estaba tendida en el suelo y se quejaba débilmente, pero no llegó a levantar la mirada. Además, había allí ocho niños.

–La semana pasada éramos quince –dijo la de tipo hogareño–, pero una ya se ha ido. Nunca recuperan la salud.

Estiró una mano y dio un leve golpecito en la cabeza de la hermana que estaba tendida en el suelo.

–¿Todas ustedes eran casadas? –pregunté.

–Todas –asintió la anciana con cara de jefe indio.

–¿Y dónde están ahora sus maridos?

–¿Quién sabe? –dijo; y nos miró al fondo de los ojos tratando de adivinar el motivo de nuestras preguntas.

–Yo soy pápago –les aseguró De Lara–. Somos amigos.

–Ustedes no están trabajando –les hice notar–. ¿Qué es lo que hacen?

–Morimos de hambre –contestó la vieja.

–Nos dan una vez por semana... para todas –explicó la hogareña, al tiempo que señalaba con la cabeza tres pequeños pedazos de carne (que costarían menos de cinco centavos de dólar en los Estados Unidos) acabados de llegar desde la tienda de la finca–. Aparte de eso, solamente nos dan maíz y frijoles, ni siquiera la mitad de lo que necesitamos.

–Somos como cerdos; nos alimentan con maíz comentó la más vieja–. En Sonora nuestras tortillas son de trigo.

–¿Por cuánto tiempo las tendrán a ración de hambre? –les pregunté.

–Hasta que nos casemos con chinos –espetó la anciana inesperadamente.

–Sí –confirmó la de aspecto casero–. Ya nos han traído a los chinos dos veces, los han alineado ante nosotros y nos han dicho: "A escoger un hombre". Ya van dos veces.

–¿Y por qué no han elegido ustedes?

Esta pregunta la contestaron varias de las mujeres a coro. Con palabras y gestos expresaron su aversión a los chinos, y con trémula sinceridad nos aseguraron que todavía no habían olvidado a sus maridos.

–Yo les supliqué que me dejasen ir –dijo la anciana–. Les dije que era demasiado vieja, que era inútil, que mis años como mujer ya habían pasado, pero me contestaron que yo también tenía que elegir. No me quieren dejar libre; dicen que tengo que escoger, lo mismo que las demás.

–Ya nos han alineado dos veces –reiteró la mujer de tipo hogareño–, y nos han dicho que teníamos que elegir; pero no queremos hacerlo. Una de las mujeres escogió a uno, pero cuando vio a las demás mantenerse firmes, lo rechazó. Nos han amenazado con la cuerda, pero hemos seguido resistiendo. Dicen que nos van a dar una última oportunidad y si entonces no escogemos, ellos lo harán por nosotras. Si no consentimos, nos llevarán al campo y nos harán trabajar, y nos azotarán como a los hombres.

–Y ganaremos un real por día para vivir –dijo la anciana–; doce centavos diarios, y los alimentos en la tienda son dos veces más caros que en Sonora.

–El próximo domingo, por la mañana, nos harán escoger –repitió la mujer hogareña–. Y si no escogemos...

–El domingo pasado azotaron a esa hermana –dijo la más vieja–. Juró que nunca elegiría y la azotaron igual que azotan a los hombres. Ven, Refugio, enseña tu espalda.

Pero la mujer que estaba cerca del fuego, se encogió y ocultó su cara con mortificación.

–No, no –protestó; y después de un momento, dijo–; Cuando los hombres yaquis son azotados, mueren de vergüenza; pero las mujeres podemos resistir el ser golpeadas; no morirnos.

–Es verdad –asintió la anciana–, los hombres mueren de vergüenza a veces..., y a veces mueren por su propia voluntad.

Cuando cambiamos la conversación para hablar de Sonora y del largo viaje, las voces de las mujeres empezaron a vacilar. Eran Pilares de Teras, donde están situadas las minas del coronel García. Los soldados habían llegado durante el día, cuando la gente estaba en los campos en la pizca del maíz. Ellas fueron arrancadas de su trabajo obligadas a ir a pie hasta Hermosillo, una caminata de tres semanas.

El amor de los yaquis por quien los ha criado es grande y varias de las mujeres más jóvenes contaban los detalles de la separación de sus madres. Hablaron otra vez de sus maridos; pero contuvieron sus lágrimas hasta que pregunté:

−¿Les gustaría regresar conmigo a sus hogares de Sonora?

Esta pregunta quedó contestada con lágrimas que empezaron a resbalar primero por las mejillas de la alegre mujer de apariencia casera y después por las de las otras lloraron cada una a su vez, y al fin los niños que escuchaban en el suelo también comenzaron a sollozar dolorosamente junto con sus mayores. Con el llanto las infelices desterradas perdieron toda reserva. Nos rogaron que las lleváramos de nuevo a Sonora o que buscásemos a sus maridos. La más anciana imploró de nosotros que nos comunicásemos con su patrón, Leonardo Aguirre, y no quedó contenta hasta que anoté su nombre en mi libreta. La pudorosa mujer que estaba cerca del fuego, deseando algunas palabras de consuelo y esperanza, abrió la parte superior de su vestido y nos dejó ver las rojas marcas que había dejado el látigo en su espalda.

Miré a mi compañero; las lágrimas rodaban por su cara. Yo no lloraba, pero *me avergüenzo ahora de no haberlo hecho.*

Tal es el último capítulo de la vida de la nación yaqui. Cuando vi a estas miserables criaturas, pensé: "No puede haber nada peor que esto". Pero cuando vi el Valle Nacional, me dije: "Esto es peor que Yucatán".

Capítulo IV

LOS ESCLAVOS CONTRATADOS DE VALLE NACIONAL

Valle Nacional es, sin duda, el peor centro de esclavitud en todo México. Probablemente es el peor del mundo. Cuando visité Valle Nacional esperaba encontrar algo que fuera más benigno que Yucatán, pero resultó ser más lastimoso.

En Yucatán, los esclavos mayas mueren más rápidamente de lo que nacen, y dos tercios de los esclavos yaquis mueren durante el primer año después de su llegada a la región; pero en Valle Nacional todos los esclavos, con excepción de muy pocos –acaso el cinco por ciento– rinden tributo a la tierra en un lapso de siete u ocho meses. Esta afirmación es casi increíble. Yo no la hubiera creído; acaso ni después de haber visto la forma como los hacen trabajar, el modo de azotarlos y de matarlos de hambre, si no hubiera sido por el hecho de que los propios amos me dijeron que era verdad. Y hay quince mil de estos esclavos en Valle Nacional.

–He vivido aquí más de cinco años, y todos los meses veo centenares, a veces millares de hombres, mujeres y niños tomar el camino del Valle; pero nunca los veo regresar. De cada centenar que emprende el camino, no más de uno vuelve a ver esta ciudad –esto me dijo un agente ferroviario de la línea de Veracruz al Pacífico.

–No hay supervivientes de Valle Nacional...; no hay verdaderos supervivientes –me contó un ingeniero del Gobierno que está a cargo de algunas mejoras en ciertos puertos–. De vez en cuando, sale alguno del Valle y va más allá de El Hule. Con paso torpe y mendigando hace el pesado camino hasta Córdoba; pero nunca vuelve a su punto de origen. Esas gentes salen del Valle como cadáveres vivientes, avanzan un corto trecho y caen.

La profesión de este hombre lo ha llevado muchas veces a Valle Nacional y conoce más de esa región, probablemente, que cualquier otro mexicano que no esté interesado directamente en el mercado de esclavos.

–Mueren, mueren todos. Los amos no los dejan ir hasta que se están muriendo. –Tal cosa declaraba uno de los policías de la población de Valle Nacional, que está situada en el centro de la región.

Y en todas partes, una y otra vez, me dijeron lo mismo. Lo decía Manuel Lagunas, presidente municipal de Valle Nacional, protector de los patrones y él mismo propietario de esclavos; lo decía Miguel Vidal, secretario del municipio; lo decían los mismos amos; los esclavos también lo decían. Y después de haber visto lo que antes había oído, me convencí de que ésta era la verdad.

Los esclavos de Valle Nacional no son indios, como lo son los esclavos de Yucatán; son mestizos mexicanos. Algunos de ellos son hábiles artesanos; otros, artistas, y la mayoría de ellos son trabajadores ordinarios. En conjunto, aparte de sus andrajos, sus heridas, su miseria y su desesperación, constituyen un grupo representativo del pueblo mexicano. No son criminales. No hay más del diez por ciento a quien se haya acusado de algún delito. El resto son ciudadanos pacíficos y respetuosos de la ley. Sin embargo, ninguno de ellos llegó al Valle por su propia voluntad, ni hay uno solo que no esté dispuesto a dejarlo al instante si pudiera salir.

No hay que aceptar la idea de que la esclavitud mexicana está confinada en Yucatán y en Valle Nacional. Condiciones similares rigen en muchas partes de la tierra de Díaz, y especialmente en los Estados al sur de la capital. Cito a Valle Nacional por ser notorio como región de esclavos y porque, como ya se indicó, constituye el mejor ejemplo de la peor trata de esclavos que conozco.

La causa de las extremosas condiciones de Valle Nacional es principalmente geográfica. Valle Nacional es una honda cañada de tres a diez kilómetros de anchura, enclavada entre montañas casi inaccesibles, en el más extremo rincón al noroeste del Estado de Oaxaca. Su entrada está ocho kilómetros aguas arriba del río Papaloapan, partiendo de El Hule, que es la estación ferroviaria más próxima, y por este lugar pasa todo ser humano que va o viene del valle. No hay ninguna otra ruta practicable para entrar ni para salir. Las magníficas montañas tropicales que lo rodean están cubiertas por una impenetrable vegetación cuyo paso dificultan aún más los jaguares, pumas y serpientes gigantescas. Además, no hay camino carretero a Valle Nacional, solamente un río y un camino de herradura...; un camino que lo lleva a uno por la selva, después bordea precipicios donde el jinete tiene que desmontar y andar a gatas, llevando al caballo de la brida, más tarde hay que atravesar la honda y alborotada corriente del río. Se necesita ser un fuerte nadador para cruzar este río cuando la corriente es crecida; pero, no obstante, quien vaya a pie tiene que cruzarlo a nado más de una vez para salir del Valle Nacional.

Si se va a caballo es preciso cruzarlo cinco veces: cuatro en canoa, haciendo nadar trabajosamente a los caballos, y otra vadeando por una larga y difícil ruta en la que hay que evitar grandes rocas y hondos agujeros. El Valle propiamente dicho es plano como una mesa, limpio de toda vegetación inútil, y por él corre suavemente el río Papaloapan. El valle, el río y las montañas circundantes forman uno de los más bellos panoramas que he tenido la suerte de contemplar.

Valle Nacional se halla a tres horas de viaje de Córdoba y dos de El Hule. Los viajeros perdidos llegan a veces hasta Tuxtepec, la ciudad principal del distrito político; pero nadie va a Valle Nacional si no tiene allí algún negocio. Es región tabaquera, la más conocida de México, y la producción se obtiene en unas treinta grandes haciendas, casi todas propiedad de españoles. Entre el Hule y la entrada al Valle Nacional, hay cuatro pueblos; Tuxtepec, Chiltepec, Jacatepec y Valle Nacional, todos situados a orillas del río, y todos ellos provistos de policías para cazar a los esclavos que se escapen; pero ninguno de éstos pueden salir del Valle sin pasar por los pueblos. Tuxtepec, el más grande, cuenta con diez policías y once rurales. Además, todo esclavo que se escapa supone un premio de diez pesos al ciudadano o policía que lo detenga y lo devuelva a su propietario.

En esta forma se comprenderá hasta qué punto el aislamiento geográfico del Valle Nacional contribuye para que sea algo peor que otros distritos de México, en los que también explotan esclavos. Además de todo esto, hay que añadir el completo entendimiento que hay con el Gobierno y la proximidad a un mercado de trabajo casi inagotable.

La esclavitud en Valle Nacional, lo mismo que en Yucatán, no es otra cosa sino peonaje o trabajo por deudas llevado al extremo, aunque en apariencia toma un aspecto ligeramente distinto: el de trabajo por contrato.

El contrato de trabajo, es sin duda, el origen de las condiciones imperantes en Valle Nacional. Los hacendados tienen necesidad de trabajadores y acuden al expediente de gastar en importarlos, en la inteligencia de que tales trabajadores deben permanecer en sus puestos durante un plazo determinado. Algunos han intentado escapar a sus contratos y los hacendados han usado la fuerza para obligarlos a quedarse. El dinero adelantado y los costos del transporte se consideran como una deuda que el trabajador debe pagar mediante trabajo. De aquí sólo se necesita un paso para organizar las 3 condiciones de trabajo de tal modo que el trabajador no pueda verse libre en ninguna circunstancia. Con el tiempo, Valle Nacional ha llegado a ser sinónimo de horror entre toda la población trabajadora de México; nadie desea ir allá por ningún precio. Así los dueños de las haciendas se ven en la necesidad de decir a los contratados que se les llevará a otra parte, lo cual ha sido el principio de que se engañara por completo a los trabajadores, de que se formularan contratos que no serían cumplidos, pero que auxiliarían a enredar totalmente a quienes cayeran en el garlito.

Por último, de esta situación sólo hubo un paso para integrar una sociedad mercantil con el Gobierno en la que la fuerza policiaca fue puesta en manos de los hacendados para que los ayudara a llevar adelante un comercio de esclavos.

Los hacendados no llaman esclavos a sus esclavos, los llaman trabajadores contratados. Yo sí los llamo esclavos, porque desde el momento en que entran a Valle Nacional se convierten en propiedad privada del hacendado y no existe ley ni gobierno que los proteja. En primer lugar, el hacendado compra el esclavo por una suma determinada. Lo hace trabajar a su voluntad, lo alimenta o le hace pasar hambre a su antojo; lo tiene vigilado por guardias armados día y noche, lo azota, no le da dinero, lo mata y el trabajador no tiene ningún recurso al cual acudir. Llámese esto como se quiera, yo lo llamo esclavitud, porque no conozco otra palabra que se adapte mejor a tales condiciones.

He dicho que ningún trabajador enviado a Valle Nacional para convertirlo en esclavo hace el viaje por su propia voluntad. Hay dos maneras de llevarlo hasta allí: bien por conducto de un jefe político o de un "agente de empleos", que trabaja en unión de aquél o de otros funcionarios del Gobierno.

El jefe político es un funcionario público que rige un distrito político, correspondiente a lo que se llama "condado" en los Estados Unidos. Es designado por el presidente o por el gobernador del Estado y también funge como presidente municipal de la ciudad principal de su distrito. A su vez, él suele nombrar a los alcaldes de los pueblos de menor categoría que están bajo su autoridad, así como a los funcionarios de importancia. No tiene ante quién rendir cuentas, excepto su gobernador, y a menos que el Presidente de la República resuelva intervenir, resulta por todos conceptos un pequeño zar de sus dominios.

Los métodos empleados por el jefe político cuando trabaja solo son muy simples. En lugar de enviar a pequeños delincuentes a cumplir sentencias en la cárcel, los vende como esclavos en Valle Nacional. Y como se guarda el dinero para sí, arresta a todas las personas que puede. Este método es el que siguen, con pequeñas variantes, los jefes políticos de todas las principales ciudades del sur de México.

Según me informaron Manuel Lagunas, algunos enganchadores y otras personas de cuya veracidad en el asunto no tengo motivo para dudar, el jefe político de cada una de las cuatro ciudades sureñas más grandes de México paga una cuota anual de diez mil pesos por su encargo, el cual no valdría esa suma si no fuera por los gajes de la trata de esclavos y otros pequeños latrocinios a que se dedica el favorecido con el puesto; los jefes menores pagan a sus gobernadores cantidades más cortas. Envían a sus víctimas por los caminos en cuadrillas de 10 a 100 y a veces más; gozan de una tarifa especial del Gobierno en los ferrocarriles y utilizan rurales al sueldo del Gobierno para custodiar a los que aprehenden; por todo ello, el precio de venta de cuarenta y cinco a cincuenta pesos por cada esclavo es casi todo utilidad neta.

Pero solamente un diez por ciento de los esclavos son enviados directamente a Valle Nacional por los jefes políticos; como no hay base legal para el procedimiento, tales jefes prefieren trabajar en convivencia con los enganchadores. Tampoco hay base legal para emplear los métodos que siguen estos enganchadores; pero esa asociación es provechosa. los funcionarios pueden escudarse tras de los enganchadores y éstos bajo la protección de los funcionarios, absolutamente y sin temor de ser penalmente perseguidos.

En esta asociación, la función del enganchador consiste en atraer con engaños al trabajador y la función del Gobierno en apoyar a aquél, ayudarlo, protegerlo, concederle bajas tarifas de transporte y Servicio de guardias gratuito y, finalmente, participar de las utilidades.

Los métodos del enganchador para engañar al obrero son muchos y variados. Uno de ellos consiste en abrir una oficina de empleos y publicar anuncios demandando trabajadores a los que se ofrecen altos jornales, casa cómoda y gran libertad en algún lugar al sur de México. También les ofrece transporte libre, por lo que tales ofertas siempre hacen caer a algunos en el garlito, especialmente a hombres con familia que buscan trasladarse a sitios más propios. Al cabeza de familia le da un anticipo de cinco dólares y a toda ella la encierra en un cuarto tan bien asegurado como una cárcel.

Después de uno o dos días, a medida que van llegando otros, empiezan a tener algunas dudas. Quizá se les ocurra pedir que los dejen salir, y entonces se dan cuenta de que están realmente prisioneros, se les dice que tienen una deuda pendiente y que los retendrán hasta que la paguen con trabajo. Pocos días después, la puerta se abre y salen en fila; ven que están rodeados por rurales. Los hacen marchar por una calle de poco tránsito hasta una estación de ferrocarril, donde son puestos en el tren; tratan de escapar pero es inútil; son prisioneros. Pocos días después están en Valle Nacional.

Generalmente el obrero secuestrado en esta forma pasa por el formalismo de firmar un contrato. Se le dice que tendrá buen hogar, durante un período de seis meses o un año. Le pasan por los ojos un papel impreso y el enganchador lee con rapidez algunas frases engañosas allí escritas. Luego le ponen una pluma en la mano y le hacen firmar a toda prisa. La entrega del anticipo de cinco dólares es para afianzar el contrato y para que la víctima quede en deuda con la agente. Le suelen dar oportunidad para que los gaste en todo o en parte, por lo común en ropa u otras cosas necesarias, con el objeto de que no pueda devolverlos cuando descubra que ha caído en una trampa. Los espacios blancos del contrato impreso para fijar el jornal y otros detalles son cubiertos después por mano del enganchador o del consignatario.

En la ciudad de México y en otros grandes centros de población se mantienen de modo permanente lugares llamados casas de *enganchadores,* conocidas ordinariamente por la policía y por los grandes compradores de esclavos para la tierra caliente. Sin embargo, no son más ni menos que cárceles privadas en las que se encierra con engaños al trabajador, a quien se mantiene allí contra su voluntad hasta que se le traslada en cuadrilla vigilado por la fuerza policiaca del Gobierno.

El tercer método que emplea el enganchador es el secuestro descarado. Oí hablar de muchos casos de secuestro de mujeres y de hombres. Centenares de individuos medio borrachos son recogidos cada temporada en los alrededores de las pulquerías de la ciudad de México, para encerrarlos bajo llave y más tarde remitirlos a Valle Nacional. Por lo regular, también se secuestra a niños para enviarlos al mismo sitio. Los registros oficiales de la ciudad de México indican que durante el año que terminó el 1º de septiembre de 1908, habían desaparecido en las calles 360 niños de seis a doce años de edad, algunos de los cuales se encontraron después en Valle Nacional.

Durante mi primer viaje a México *El Imparcial*, uno de los principales diarios de la capital, publicó un relato acerca de un niño de siete años que había desaparecido mientras su madre estaba viendo los aparadores de una casa de empeños. La desesperada búsqueda fracasó; se trataba de un hijo único y para mitigar su tristeza el padre se emborrachó hasta que murió en pocos días, mientras la madre se volvió loca y también murió. Después de tres meses, el muchacho, andrajoso y con los pies heridos, subía trabajosamente la escalera de la casa que había sido de sus padres y llamaba a la puerta. Había sido secuestrado y vendido a los dueños de una plantación de tabaco; pero pudo conseguir lo casi imposible: con un muchacho de nueve años había eludido la vigilancia de los guardias de la plantación y debido a su corta estatura, los dos pudieron escapar sin ser vistos. Robando una canoa llegaron hasta El Hule. En lentas etapas, mendigando la comida en el camino, los pequeños fugitivos lograron llegar hasta su hogar.

Supe una historia típica de un enganchador; la conocí en Córdoba, cuando iba camino del Valle. Primero me la contó un contratista negro de Nueva Orleans, que había residido en el país unos quince años; luego me la contó el propietario del hotel donde me hospedé, y después me la confirmaron varios hacendados tabaqueros del Valle. La historia es la siguiente:

Hace cuatro años, Daniel T., un aventurero, llegó sin un centavo a Córdoba. Pocos días después tenía dificultades con su casero por no pagar la renta de la habitación; pero en pocos días aprendió dos o tres cosas y se dedicó a aprovechar lo que sabía. Salió a pasear por las calles y al encontrar a un campesino le dijo: "¿Quieres ganarte dos reales (veinticinco centavos) con facilidad?"

Naturalmente la oferta interesó al hombre y después de unos minutos ya estaba camino de la habitación del aventurero llevando un "mensaje", mientras el astuto individuo tomaba otra ruta para llegar antes. Esperó al mensajero en la puerta, lo agarró del cuello, lo arrastró, lo amordazó y amarró y lo dejó en el suelo mientras iba en busca de un enganchador. Esa misma noche, el aventurero vendió su pnrisionero en veinte pesos, pagó su renta y comenzó a hacer planes para repetir la operación en mayor escala.

El incidente sirvió a este hombre para entrar en el negocio de "contratar trabajadores". En unos cuantos meses se había puesto de acuerdo con los jefes políticos de la ciudad de México, de Veracruz, de Oaxaca, de Tuxtepec y de otros lugares; hoy es el señor Daniel T. Yo vi su casa, una mansión palaciega que tiene tres gallos en un escudo sobre la puerta. Usa un sello privado y dicen que su fortuna llega a cien mil pesos, todo ello adquirido como "agente de empleos".

En 1908, el precio corriente por cada hombre era de cuarenta y cinco pesos; las mujeres y los niños costaban la mitad; en 1807, antes de la crisis, el precio era de sesenta pesos por hombre. Todos los esclavos que se llevan al Valle tienen que hacer parada en Tuxtepec, donde Rodolfo Pardo, el jefe político del distrito, los cuenta y exige para él un tributo del diez por ciento sobre el precio de compra.

La evidente asociación del Gobierno con el tráfico de esclavos tiene, necesariamente, alguna excusa. Ésta es la deuda, el anticipo de cinco dólares que suele pagar el enganchador al bracero, la cual es anticontistucional, pero efectiva. El presidente de Valle Nacional me dijo: "No hay un solo policía en todo el sur de México que no reconozca ese anticipo como deuda y apruebe su derecho para llevar al trabajador donde usted quiera".

Cuando la víctima llega a la zona del tabaco, se da cuenta de que las promesas del enganchador fueron tan sólo para hacerle caer en la trampa; además, se entera también de que el contrato –no tuvo la suerte de echarle una ojeada a ese papel– se hizo evidentemente con el mismo fin. Así como las promesas del enganchador desmienten las estipulaciones del contrato, éste es desmentido por los hechos reales. El contrato suele establecer que el trabajador se vende por un período de seis meses; pero ningún trabajador que conserve un resto de energía queda libre a los seis meses. El contrato suele decir que el patrón está obligado a proporcionar servicios médicos a los trabajadores; el hecho es que no hay ni un solo médico para todos los esclavos de Valle Nacional. Finalmente, tal documento suele obligar al patrón a pagar un salario de cincuenta centavos por día a los varones y tres dólares por mes a las mujeres; pero yo nunca encontré algún esclavo que hubiera recibido un sólo centavo en efectivo, aparte del anticipo entregado por el enganchador.

Varios patrones se jactaron ante mí de que nunca daban dinero a sus esclavos; sin embargo, no llamaban a ese sistema esclavitud. Afirmaron que llevaban en los libros las cuentas de sus esclavos y que las arreglaban de modo que éstos siempre estuvieran en deuda. "Sí, los jornales son de cincuenta centavos diarios –dijeron–; pero nos tienen que reembolsar lo que pagamos para traerlos; también tienen que cubrir los intereses, la ropa que les damos, el tabaco y otras cosas".

Esta es exactamente la actitud de todos los tabaqueros de Valle Nacional. Por la ropa, el tabaco y "otras cosas" cargan el décuplo del precio, sin exageración. El señor Rodríguez, propietario de la finca "Santa Fe", por ejemplo, me mostró un par de algo parecido a una pijama de tela de algodón sin blanquear que los esclavos usan como pantalones. Me dijo que su precio era de tres dólares el par y pocos días después encontré el mismo artículo en Veracruz a treinta centavos.

Pantalones a tres dólares; camisas al mismo precio; ambas prendas de tela tan mala que se desgasta y se cae en pedazos a las tres semanas de uso; sí, ocho trajes en seis meses a seis dólares, son cuarenta y ocho; agréguese cuarenta y cinco dólares, que es el precio del esclavo, más cinco de anticipo, más dos descuentos y así se liquidan los noventa dólares del salario de seis meses.

Esa es la forma de llevar las cuentas para mantener a los esclavos sujetos como esclavos. Por otra parte, las cuentas son diferentes para calcular el costo que ellos representan para el amo. "El precio de compra, los alimentos, la ropa, los jornales..., todo –me dijo el señor Rodríguez– cuesta de sesenta a setenta dólares por hombre en los primeros seis meses de servicio".

Agréguese el precio de compra, el anticipo y los trajes al costo de sesenta centavos cada uno, y resulta un remanente de cinco a quince dólares para alimentos y jornales durante seis meses, que se gastan en frijoles y tortillas.

Claro, también hay otro gasto constante que tienen que pagar los amos; el entierro en el cementerio del Valle Nacional. Cuesta un dólar cincuenta centavos. Digo que se trata de un gasto constante porque en la práctica todos los esclavos mueren y se supone que hay que enterrarlos. La única excepción se presenta cuando, para ahorrarse un dólar cincuenta centavos, los amos mismos entierran al esclavo o lo arrojan a los caimanes de las ciénegas cercanas.

Los esclavos están vigilados noche y día. Por la noche los encierran en un dormitorio que parece una cárcel. Además de los esclavos, en cada plantación hay un mandador, o mayordomo, varios cabos que combinan las funciones de capataces y guardias, y algunos trabajadores libres que hacen de mandaderos y ayudan a perseguir a los que se escapan.

Las cárceles son grandes construcciones, a manera de trojes, sólidamente construidas con troncos jóvenes clavados en el suelo y atados con mucho alambre de púas. Las ventanas tienen barras de hierro; los pisos son de tierra, y en general sin muebles, aunque en algunos casos hay largos y rústicos bancos que hacen las veces de camas. Los colchones son delgados petates de palma. En ese antro duermen todos los esclavos, hombres, mujeres y niños, cuyo número varía entre 70 y 400, de acuerdo con el tamaño de la plantación.

Se amontonan como sardinas en lata o como ganado en un vagón de ferrocarril. Uno mismo puede calcularlo e imaginarlo. En la finca "Santa Fe" el dormitorio mide veinticinco por seis metros y aloja a 150 personas; en la finca "La Sepultura" el dormitorio es de trece por cinco metros y aloja a 70; en "San Cristóbal" es de treinta y tres por dieciséis metros y aloja a 350, y en "San Juan del Río" es de veintiséis por treinta metros para 400 personas. Así, el espacio disponible para que cada persona se acueste es de tres a seis metros cuadrados. En ninguna de las fincas encontré un dormitorio separado para las mujeres o los niños. A pesar de que hay mujeres honestas y virtuosas entre las enviadas a Valle Nacional todas las semanas, todas son encerradas en un mismo dormitorio junto con docenas o centenares de hombres y dejadas a merced de ellos.

A veces llegan a Valle Nacional mexicanos trabajadores y honrados, con sus mujeres e hijos. Si la mujer es atractiva, va a parar al Patrón o a uno o varios de los jefes. Los niños ven que se llevan a su madre y saben lo que será de ella. El marido también lo sabe; pero si se atreve a protestar es golpeado con un garrote como respuesta. Repetidas veces esto me dijeron los amos, los esclavos, los funcionarios; las mujeres encerradas en esas latas de sardinas tienen que cuidarse por sí mismas.

La quinta parte de los esclavos de Valle Nacional son mujeres y la tercera parte niños menores de 15 años. Estos trabajan en los campos con los hombres. Cuestan menos, duran bastante y en algunas labores, como la de plantar el tabaco, son más activos y, por lo tanto más útiles. A veces se ven niños hasta de 6 años plantando tabaco. Las mujeres trabajan también en el campo, especialmente en la época de la recolección; pero principalmente se dedican a las labores domésticas. Sirven al amo y al ama, si la hay; muelen el maíz y cocinan los alimentos de los esclavos varones. En todas las casas de esclavos que visité encontré de 3 a 12 mujeres moliendo maíz, todo a mano, en dos piedras llamadas *metate*. La piedra plana se coloca en el suelo; la mujer se arrodilla tras de ella, y completamente doblada, mueve hacia adelante y atrás la piedra cilíndrica a mano del metate sobre la piedra plana. El movimiento es parecido al que hace una mujer lavando ropa; pero es mucho más duro. Pregunté al presidente municipal de Valle Nacional por qué los propietarios no compraban molinos baratos para moler el maíz, o por qué no compraban uno entre todos, en vez de acabar con los pulmones de varios centenares de mujeres cada año, y la respuesta fue: "Las mujeres son más baratas que las máquinas".

En Valle Nacional parecían trabajar todo el tiempo. Las vi trabajar al amanecer y al anochecer; los vi trabajando hasta muy tarde por la noche: "Si pudiéramos usar la potencia hidráulica del Papaloapan para alumbrar nuestras fincas, podríamos trabajar toda la noche –me dijo Manuel Lagunas y sí creo que lo hubiera hecho. La hora de levantarse en las fincas es generalmente las 4 de la mañana; a veces más temprano. Excepto en 3 ó 4 de ellas, en las otras 30, los esclavos trabajan todos los días del año... hasta que mueren. En "San Juan del Río", una de las más grandes, disfrutan de medio día de descanso los domingos. Casualmente estuve en "San Juan del Río" un domingo por la tarde. ¡El medio día de descanso! ¡Qué broma tan triste! los esclavos lo pasaron en la prisión, bien encerrados para impedirles huir.

Todos mueren muy pronto, los azotan y eso ayuda, les hacen pasar hambre y eso ayuda también. Mueren en el lapso de un mes a un año, y la mayor mortalidad ocurre entre el sexto y el octavo mes. Igual que los algodoneros de los Estados norteamericanos del Sur antes de la Guerra de Secesión, los tabaqueros de Valle Nacional parecen tener su negocio calculado hasta el último centavo. Una máxima bien establecida de nuestros algodoneros era que se podía obtener la mayor utilidad del cuerpo de un negro haciéndole trabajar hasta morir durante siete años, y comprar después otros. El esclavista de Valle Nacional ha descubierto que es más barato comprar un esclavo en $45, hacerlo morir de fatiga y de hambre en siete meses y gastar otros $45 en uno nuevo, que dar al primer esclavo mejor alimentación, no hacerle trabajar tanto y prolongar así su vida y sus horas de trabajo por un período más largo.

Capítulo V

EN EL VALLE DE LA MUERTE

Visité Valle Nacional a fines de 1908 durante una semana y me detuve en todas las grandes haciendas. Pasé tres noches en varios de sus cascos y cuatro más en uno u otro de los pueblos. Lo mismo que en Yucatán, visité la región bajo el disfraz de un probable comprador de fincas, y logré convencer a las autoridades y a los propietarios de que disponía de varios millones de dólares listos para su inversión. En consecuencia, evité hasta donde fue posible que estuvieran en guardia. Igual que en Yucatán, pude conseguir información no sólo por lo que vi y oí de los esclavos, sino también por lo que me dijeron los propios amos. En realidad, tuve más suerte que en Yucatán porque me hice amigo de jefes y policías, al grado de que nunca llegaron a sospechar de mí; sin duda, algunos de ellos esperaban que llegase por allí un buen día con unos cuantos millones en la mano, listo para pagarles por sus propiedades el doble de su valor.

A medida que nos aproximábamos a Valle Nacional, notábamos en la gente mayor horror por la región. Ninguno había estado allí, pero todos habían oído rumores; algunos habían visto a los supervivientes y la vista de esos cadáveres vivientes había confirmado tales rumores.

Al bajar del tren en Córdoba vimos que cruzaba el andén una procesión de 14 hombres; dos adelante y dos detrás de la fila, con rifles, y los diez restantes con los brazos amarrados a la espalda y las cabezas bajas. Algunos iban andrajosos, otros vestían bien y varios llevaban pequeños bultos colgados del hombro.

¡Camino del Valle –murmuré. Mi compañero afirmó con un movimiento de cabeza y pocos momentos después desapareció la procesión; había entrado por una puerta estrecha del lado opuesto de la calle, en una caballeriza situada estratégicamente para que los desterrados pasaran allí la noche.

Después de la cena me mezclé con la gente que había en los hoteles principales de la ciudad, y representé tan bien mi papel de inversionista que conseguí cartas de presentación de un rico español para varios esclavistas del Valle.

–Lo mejor es que vaya usted a ver al jefe político de Tuxtepec, tan pronto como llegue allí –me aconsejó el español–. Es amigo mío. Muéstrele mi firma y le hará pasar sin dificultades.

Cuando llegué a Tuxtepec seguí el consejo de este señor; tuve tanta suerte que Rodolfo Pardo, el jefe político, no sólo me autorizó el paso, sino que dio una carta personal para cada uno de los subordinados que tenía a lo largo del camino, como eran los presidentes municipales de Chiltepec, Jacatepec y Valle Nacional, a quienes daba instrucciones para que abandonasen sus asuntos oficiales, si ello fuera necesario, para atender mis deseos. Así fue como pasé los primeros días en el Valle de la Muerte en calidad de huésped del presidente; además, éste me asignó una escolta especial de policías para que no sufriera ningún contratiempo durante las noches que estuve en el pueblo.

En Córdoba, un negro contratista de obras que había vivido en México durante 15 años, me dijo:

–Los días de la esclavitud, no han pasado todavía. No, todavía no han pasado. Ya llevó aquí largo tiempo y tengo una pequeña propiedad. Yo sé que estoy bastante a salvo, pero a veces tengo temores...; sí señor, le aseguro que paso miedo.

A la mañana siguiente, temprano, mientras me vestía, miré por el balcón y vi a un hombre que caminaba por la mitad de la calle, con una reata amarrada al cuello y a un jinete que iba detrás de él sujetando el otro extremo de la cuerda.

—¿A dónde llevan a ese hombre? —le pregunté al sirviente—. ¿Lo van a ahorcar?

—Ah, no. Lo llevan a la cárcel —respondió—. Es la manera más fácil de apoderarse de ellos. En uno o dos días estará en camino de Valle Nacional. Todos los individuos a quienes arrestan aquí van a Valle Nacional... todos, menos los ricos.

—Quisiera saber si esa cuadrilla que vimos anoche irá en el tren de hoy —me dijo mi compañero De Lara, camino de la estación.

No estuvo en duda mucho tiempo. Apenas nos hubimos sentado, vimos a los diez esclavos y a sus guardianes, los rurales, desfilando hasta el coche de segunda clase que estaba junto al nuestro; tres de los prisioneros iban bien vestidos y sus fisonomías denotaban inteligencia poco común; dos de los primeros eran muchachos de buen aspecto, menores de 20 años, uno de los cuales rompió a llorar cuando el tren se puso en marcha lentamente hacia el temido Valle.

Penetramos en el trópico, en la selva, en la humedad y en el perfume de las tierras bajas que se conocen como "tierra caliente". Bajamos una montaña, después pasamos por el borde de una profunda cañada, desde donde más abajo vimos plantaciones de café, platanares, árboles de caucho y caña de azúcar; más tarde llegamos a una región donde llueve todos los días excepto a mediados del invierno. No hacía calor —verdadero calor, como en Yuma—, pero los pasajeros sudaban copiosamente.

Miramos a los exiliados con curiosidad y en la primera ocasión dirigimos algunas palabras al jefe de la escolta de rurales. En Tierra Blanca nos detuvimos para cenar. Como los alimentos que los rurales compraron para sus prisioneros consistían solamente en tortillas y chile, les compramos algunas cosas más y nos sentamos a verlos comer. Poco a poco iniciamos y estimulamos la conversación con los desterrados, teniendo cuidado de conservar al mismo tiempo la buena voluntad de sus guardianes; al cabo de un buen rato ya sabíamos la historia de cada uno de ellos.

Todos eran de Pachuca, capital del Estado de Hidalgo; a diferencia de la gran mayoría de los esclavos de Valle Nacional, eran enviados directamente por el jefe político de aquel distrito. El sistema peculiar de este jefe nos lo explicó dos días más tarde Espiridión Sánchez, cabo de rurales, en la siguiente forma:

–El jefe político de Pachuca tiene un contrato con Cándido Fernández, propietario de la plantación de tabaco "San Cristóbal la Vega", por medio del cual se compromete a entregar cada año 500 trabajadores sanos y capaces a $50 cada uno. El jefe consigue tarifas especiales del Gobierno en los ferrocarriles; los guardias son pagados por el Gobierno, de modo que el viaje de cuatro días desde Pachuca le cuesta solamente $3.50 por hombre; esto le deja $46.50. De esta cantidad, tiene que pasarle algo al gobernador de su Estado, Pedro L. Rodríguez, y algo al jefe político de Tuxtepec; pero aún así, sus ganancias son muy grandes. ¿Cómo consigue a sus hombres? los aprehende en la calle y los encierra en la cárcel. A veces los acusa de algún delito, real o imaginario; pero en ningún caso les instruyen proceso a los detenidos. Las mantiene en la prisión hasta que hay otros más para formar una cuadrilla, y entonces los envía aquí a todos. Bueno, los hombres que pueden mandarse con seguridad a Valle Nacional ya escasean tanto en Pachuca, que se sabe que el jefe se ha apoderado de muchachos de escuela y los ha enviado aquí sólo por cobrar los $50 por cada uno.

Todos nuestros diez amigos de Pachuca habían sido arrestados y encerrados en la cárcel; pero ninguno había estado ante un juez. A dos de ellos se les acusó por deudas que no podían pagar; a uno lo habían detenido borracho; a otro también en estado de ebriedad, por haber disparado al aire; uno más había gritado demasiado en el Día de la Independencia, el 16 de septiembre; otro había intentado abusar de una mujer; el siguiente había tenido una leve disputa con otro muchacho por la venta de un anillo de cinco centavos; otros dos habían sido músicos del ejército y habían dejado una compañía para darse de alta en otra sin permiso; y el último había sido empleado de los rurales y lo vendieron por haber visitado a dos rurales, sus amigos, que estaban en la cárcel cumpliendo sentencia por deserción.

Cuando sonreíamos con incredulidad al oír el relato del último prisionero, y preguntamos abiertamente al jefe de los guardias rurales si aquello era cierto, nos asombró con su respuesta. Afirmando con la encanecida cabeza, dijo en voz baja:

–Es verdad. Mañana me puede tocar a mí. Siempre es el pobre el que sufre.

Hubiéramos creído que los relatos de estos dos hombres eran cuentos de hadas; pero fueron confirmados por uno u otro de los guardianes. El caso de los músicos nos interesó más. El más viejo de ellos tenía una frente de profesor universitario: tocaba la corneta y se llamaba Amado Godínez. El más joven no tenía más allá de 18 años; tocaba el bajo y se llamaba Felipe Gómez. Este último fue quien lloró en el momento de la partida.

–Nos mandan a la muerte... a la muerte –dijo entre dientes Godínez–. Nunca saldremos vivos de ese agujero.

Durante todo el camino, dondequiera que lo encontramos, decía lo mismo, repitiendo una y otra vez: "Nos mandan a la muerte..., a la muerte"; y siempre, al oír estas palabras, el muchacho de cara bondadosa que iba a su lado, acobardado, dejaba escapar las lágrimas silenciosamente.

En El Hule, la puerta del infierno mexicano, nos separamos de nuestros desgraciados amigos por algún tiempo. Al dejar la estación y abordar la lancha en el río vimos a los diez que iban amarrados en fila, custodiados por un rural a caballo en la vanguardia y otro detrás, desaparecer en la selva hacia Tuxtepec. Cuando llegamos a la capital del distrito, cuatro horas más tarde, los encontramos de nuevo a la luz incierta del crepúsculo. Habían adelantado a la lancha en el viaje aguas arriba, habían cruzado en una canoa y ahora descansaban por un momento en la arena de la orilla, donde sus siluetas se destacaban contra el cielo.

Rodolfo Pardo, el jefe político a quien visitamos después de la cena, resultó ser un hombre delgado, pulcro y de unos 40 años, bien rasurado; sus ojos penetrantes como flechas aceradas nos reconocieron de arriba a abajo en un principio; pero la imagen de los millones que íbamos a invertir, y de los cuales él podría obtener buena parte, lo dulcificó a medida que nos fuimos conociendo; cuando estrechamos su fría y húmeda mano al despedirnos, habíamos conseguido todo lo que nos proponíamos. Aún más, don Rodolfo llamó al jefe de la policía y le dio instrucciones para que nos proporcionara buenos caballos para nuestro viaje.

La mañana nos encontró ya en el camino de la selva. Antes del mediodía hallamos a algunos otros viajeros y no perdimos la oportunidad de interrogarlos.

–¿Escapar? Sí; lo intentan..., a veces –dijo uno de aquella región, un ganadero mexicano–, Pero son muchos contra ellos. La única escapatoria es por el río. Tienen que cruzarlo muchas veces y necesitan pasar por Jacatepec, Chiltepec, Tuxtepec y El Hule. Y deben ocultarse de toda persona que encuentren en el camino, porque se ofrece una gratificación de $10 por cada fugitivo capturado. No nos gusta el sistema, pero $10 son mucho dinero y nadie se los pierde. Además, si uno no se aprovecha, lo hará otro, y aunque el fugitivo lograse salir del Valle, al llegar a Córdoba encontraría al enganchador Tresgallos esperándole para hacerlo regresar.

–Una vez –nos dijo otro indígena–, vi a un hombre apoyado en un árbol al lado del camino. Al acercarme le hablé, pero no se movió. Tenía el brazo doblado contra el tronco del árbol y sus ojos parecían estar observando la tierra. Lo toqué en el hombro y me di cuenta de que estaba bien muerto. Lo habían soltado para dejarlo morir lejos y había caminado hasta allí. Que ¿cómo supe que no era un fugitivo? Ah, señor, fue fácil. Usted lo hubiera sabido también si hubiera visto sus pies hinchados y los huesos de su cara al descubierto. Ningún hombre en esa condición podría escaparse.

A la caída de la noche entramos en Jacatepec y allí vimos a la cuadrilla de esclavos. Habían salido antes y se habían mantenido adelante, andando los 46 kilómetros de camino lodoso, a pesar de que algunos de ellos se debilitaron por el encierro. Estaban tendidos en un espacio verde delante de la casa de detención.

El cuello blanco de Amado Godínez había desaparecido; el par de zapatos finos, casi nuevos, que en el tren llevaba puestos, estaban en el suelo a su lado, tan blancos y suaves como los de una mujer, y tenían contusiones y rasguños. Desde aquel atardecer en Jacatepec, he pensado muchas veces en Amado Godínez y me he preguntado –no sin estremecerme– cómo les iría a aquellos delicados pies entre las moscas tropicales del Valle Nacional. Recuerdo sus palabras: "Nos mandan a la muerte..., a la muerte". Y si recibiera la noticia de que Amado Godínez todavía vive, me sorprendería. Esa noche parecía darse cuenta de que ya no necesitaría para nada aquellos finos zapatos y antes de irme a la cama, oí que trataba de vendérselos en 25 centavos a un transeúnte.

Dondequiera que nos deteníamos inducíamos a la gente, mediante preguntas descuidadas, a que nos hablasen del Valle. No quería equivocarme. Quería oír la opinión de todo el mundo. Yo no sabía lo que más tarde pudieran negarnos. Y siempre era la misma historia: esclavitud y hombres y mujeres azotados hasta morir.

Nos levantamos a las 5 de la mañana siguiente y no desayunamos para poder seguir a la cuadrilla de esclavos por el camino a Valle Nacional. Al comienzo, el principal de los dos rurales, un mexicano joven, limpio y bien plantado, vio con desconfianza nuestra presencia; pero antes que llegásemos a medio camino ya platicaba con agrado. Era un rural de Tuxtepec y vivía del sistema, aunque estaba contra él.

–Son los españoles quienes golpean a nuestras gentes hasta hacerlos morir –dijo con amargura–. Todas las haciendas tabaqueras pertenecen a españoles, menos una o dos.

El rural nos dio los nombres de dos socios, Juan Pereda y Juan Robles, que se habían enriquecido con el tabaco de Valle Nacional; después vendieron sus propiedades y se fueron a España a pasar el resto de sus vidas. El nuevo propietario, al reconocer su hacienda, llegó a una ciénaga en la que encontró centenares de esqueletos humanos. Pereda y Robles se ahorraban hasta los gastos del entierro de los hombres a quienes habían dejado morir de hambre y azotes.

Nadie había pensado en arrestar a un propietario por el delito de dejar morir a sus esclavos, según nos dijo el rural. Mencionó dos excepciones a esta regla; una, el caso de un capataz que había baleceado a tres esclavos, otra un caso en que figuraba un norteamericano y en que intervino el embajador de los Estados Unidos. En el primero, el propietario condenó el asesinato porque necesitaba a los esclavos, y él mismo procuró la aprehensión del capataz. Respecto al segundo, me dijo el informante:

—El año pasado, de vez en cuando era arrestado algún vagabundo norteamericano para enviarlo aquí; pero las molestias que causó este norteamericano en particular hicieron que se prescindiera por completo de los trabajadores de esa nacionalidad. Ese norteamericano fue enviado a "San Cristóbal", la finca de Cándido Fernández, donde existía la costumbre de matar un venado cada dos semanas para proporcionar carne a la familia del hacendado y a los capataces; lo único que quedaba para los esclavos era la cabeza y las vísceras. Un domingo, mientras ayudaba a descuartizar un venado, el hambre del esclavo norteamericano pudo más que él; se apoderó de algunas vísceras y se las comió crudas. Al día siguiente murió. Pocas semanas después, un esclavo escapado visitó al embajador de los Estados Unidos en la ciudad de México, le dio el nombre y dirección del norteamericano y le dijo que lo habían matado a golpes. El embajador obtuvo la detención de Fernández y a éste le costó mucho dinero salir de la carcel.

Hicimos un bello viaje, aunque muy duro. En cierto lugar desmontamos y por las inclinadas faldas de una gran montaña, dejamos a nuestros caballos que encontrasen por sí solos el camino entre las piedras detrás de nosotros. En otro sitio esperamos mientas los esclavos se quitaron la ropa, la recogieron en envoltorios que cargaron sobre la cabeza y vadearon un arroyo; nosotros seguimos a caballo. En muchos lugares hubiera deseado tener una cámara fotográfica; pero sabía que si la hubiera tenido me habría traído disgustos.

Imaginad aquella procesión desfilando en fila india por la ladera de una colina; la vegetación tropical arriba, interrumpida a trechos por salientes de gigantescas rocas grises; más abajo una pradera llana y un poco más allá las curvas, las líneas casi femeninas de ese encantador río que es el Papaloapan. Imaginad a esos diez esclavos, seis de ellos con el alto sombrero de palma que es de rigor entre la gente del pueblo, y cuatro con sombreros de fieltro; todos descalzos, menos el muchacho músico quien con seguridad, tiraría sus zapatos antes del fin de la jornada. La mitad de ellos iba sin equipaje, en la creencia de que los amos les proporcionarían cobijas y otras ropas; la otra mitad llevaba a la espalda bultos pequeños envueltos en mantas de vivos colores; finalmente, los rurales montados y uniformados, uno de ellos delante y el otro detrás; y los viajeros norteamericanos a la zaga.

Pronto empezamos a ver cuadrillas de 20 a 100 hombres, trabajando en los campos, preparando la tierra para plantar el tabaco. Estos hombres tenían el color de la tierra; no parecían tales y me extrañaba que se movieran sin cesar mientras el suelo se mantenía firme. Aquí y allá entre las formas que se movían había otras que sí parecían hombres y estaban armados con palos largos y flexibles y a veces se les veían espadas y pistolas. Entonces nos dimos cuenta de que habíamos llegado a Valle Nacional.

La primera finca en que paramos fue "San Juan del Río". Junto a la entrada estaba encogido un esclavo enfermo. Tenía un pie hinchado hasta el doble de su tamaño natural, envuelto en un trapo sucio:

–¿Qué te pasa en el pie? –le pregunté.

–Infección por picadura de insectos –replicó el esclavo.

–En uno o dos días más –nos dijo un capataz con una sonrisa sardónica– tendrá gusanos.

Continuamos nuestro camino y avistamos por vez primera una casa de esclavos de Valle Nacional; una simple prisión con ventanas protegidas por barrotes, donde había un grupo de mujeres inclinadas sobre los metates y un guardia a la puerta con una llave en la mano.

Ya se dijo antes que uno de los cabos de rurales se oponía al sistema; pero pronto nos demostró la perfección con que participaba en él. Al rodear una peña vimos de repente a un hombre agachado, medio oculto tras de un árbol. Nuestro rural lo llamó y el hombre se acercó temblando y tratando de ocultar las naranjas verdes que había estado comiendo. La conversación entre ambos fue algo parecida a lo siguiente:

El rural: –¿A dónde vas?
El hombre: –A Oaxaca.
El rural: –¿De dónde eres?
El hombre: –Del puerto de Manzanillo.

El rural: –Te has desviado como 160 kilómetros de tu camino. Nadie viene por estos rumbos si no tiene nada que hacer aquí. Bueno, ¿de qué finca te escapaste?

El hombre: –Yo no me escapé.

El rural: –Bueno, hasta aquí llegaste.

Y nos llevamos al hombre, más tarde se supo que se había escapado de "San Juan del Río". El rural cobró $10 de gratificación.

En la hacienda "San Cristóbal" dejamos atrás a la cuadrilla de esclavos; al hacerlo cometimos antes la temeridad de estrechar las manos de los dos músicos, a quienes no volveríamos a ver. Ya solos nosotros por el camino, observamos que la actitud de quienes encontrábamos era muy distinta de la que tenían aquellos que vimos cuando íbamos en compañía de los rurales agentes del Gobierno. Algunos españoles a caballo, con los cuales nos cruzamos no se dignaron contestar nuestro saludo; nos miraron con sospecha, con ojos medio cerrados, y uno o dos de ellos llegaron a expresarse de nosotros en forma ofensiva, a una distancia que nos permitió oírles. Si no hubiera sido por la carta que llevaba conmigo dirigida al presidente municipal, hubiera sido muy difícil que nos admitieran en las haciendas tabaqueras de Valle Nacional.

En todas partes veíamos lo mismo: cuadrillas de hombres y muchachos extenuados que limpiaban la tierra con machetes o araban con yuntas de bueyes los anchos campos. Y por todas partes veíamos guardias armados con largas y flexibles varas, sables y pistolas. Poco antes de cruzar por última vez el río para entrar en el pueblo de Valle Nacional, hablamos con un viejo a quien le faltaba una mano, y que trabajaba solo junto a la cerca.

–¿Cómo perdiste la mano? –le pregunté.

–Un cabo me la cortó con el sable –fue la respuesta.

Manuel Lagunas, presidente de Valle Nacional, resultó ser un individuo muy amable y casi simpaticé con él..., hasta que vi a sus esclavos. Su secretario, miguel Vidal, era aún más amable, y los cuatro estuvimos de sobremesa durante dos horas, después de la cena, con gran contento de todos..., hablando de la región. Durante la comida, un muchacho mulato de unos 8 años permaneció silencioso de pie tras de la puerta: sólo salía cuando su amo lo necesitaba y lo llamaba: "¡Negro!"

–Lo compré barato –dijo Vidal–. Sólo me costó $25. Debido a su gran belleza, Valle Nacional fue llamado Valle Real por los primeros españoles; pero después de la independencia de México, el nombre fue cambiado por el de Valle Nacional. Hace 35 años esas tierras pertenecían a los indios chinantecos, tribu pacífica, entre quienes las dividió el Presidente Juárez. Cuando Díaz subió al poder olvidó dictar medidas para proteger a los chinantecos contra algunos hábiles españoles, de modo que en pocos años los indios se habían bebido unas cuantas botellas de mezcal y los españoles se habían quedado con sus tierras. Los indios de Valle Nacional consiguen ahora su alimento cultivando pequeñas parcelas rentadas en lo alto de las laderas de las montañas, impropias para el cultivo del tabaco.

Aunque los agricultores siembran maíz y frijol, a veces plátano u otras frutas tropicales, el tabaco es el único producto de consideración en el Valle. Las haciendas son en general muy grandes; tan sólo hay unas 30 en todo el distrito. De éstas, 12 son de Balsa Hermanos, propietarios de una gran fábrica de puros en Veracruz y de otra en Oaxaca.

Después de la cena salimos a dar un paseo por el pueblo y el presidente nos asignó un policía, Juan Hernández, para nuestra protección. Desde luego hablamos con éste:

–Se retiene a todos los esclavos hasta que mueren... ¡a todos! –dijo Hernández–. Y cuando mueren, los amos no siempre se toman la molestia de enterrarlos: los arrojan a las ciénagas donde los caimanes los devoran. En la hacienda "Hondura de Nanche", son arrojados tantos a los caimanes que entre los esclavos circula la expresión de "¡Échenme a los hambrientos"! Entre estos esclavos existe un miedo terrible de ser arrojados a "los hambrientos" antes de morir, mientras están todavía conscientes, como ya ha sucedido.

Los esclavos que están exhaustos y no sirven para nada –según nos contó el policía–, pero que tienen la fuerza suficiente para gritar y defenderse si van a ser echados a los "hambrientos", son abandonados en el camino sin un centavo, y andrajosos muchos de ellos se arrastran hasta el pueblo para morir. Los indios les dan algunos alimentos, y en las afueras del pueblo hay una casa vieja donde se permiten a esas miserables criaturas pasar sus últimas horas. El sitio se conoce con el nombre de "Casa de Piedad", la visitamos acompañados del policía y encontramos allí a una anciana echada boca abajo en el suelo. No se movió cuando entramos ni cuando hablamos entre nosotros y luego a ella; por algunos momentos no supimos si estaba viva o muerta, hasta que gruñó débilmente. Puede imaginarse lo que sentimos, pero nada podíamos hacer. Caminamos quedamente hasta la puerta y salimos de prisa.

Poco después, por la tarde, nos dijo el secretario municipal:

—Notarán ustedes que ésta es una región saludable. ¿No ven lo gordos que estamos todos? ¿Los trabajadores de las plantaciones? Ah, sí, se mueren, mueren de malaria y de tuberculosis, pero se debe a que están mal alimentados. Todo lo que comen, generalmente, son tortillas y frijoles..., frijoles agrios. Además, los azotan mucho. Sí, se mueren; pero nadie más aquí se ha enfermado.

A pesar de lo que nos había contado Juan Hernández, el policía, el secretario nos aseguró que la mayoría de los esclavos que morían eran enterrados. El entierro se hace en el pueblo y cuesta a los amos $1.50, y por caridad el municipio coloca una cruz de bambú en cada tumba. Cuando caminábamos bajo la luna echamos una mirada al cementerio, y contuvimos la respiración ante tanto terreno lleno de cruces. Sí, los hacendados entierran a sus muertos. A juzgar por la cantidad de cruces, se creería que Valle Nacional no es un pueblo de mil almas, sino una ciudad de 100 mil.

Al dirigirnos hacia la casa del presidente para dormir nos detuvo el rumor de una débil voz que nos llamaba. Siguió después un lastimero ataque de tos, y vimos algo así como un esqueleto humano en cuclillas junto al camino. Era un hombre que pedía un centavo, le dimos varios y poco después ya sabíamos que era uno de los que iban a morir a la "Casa de Piedad". Era cruel hacerle hablar; pero insistimos, y en horrible susurro logró relatar su historia entre golpes de tos.

Se llamaba Ángel Echavarría; tenía 20 años y era de Tampico. Le ofrecieron pagarle $2 diarios en una finca, 6 meses antes, y había aceptado; pero sólo para ser vendido como esclavo a Andrés M. Rodríguez, propietario de la hacienda "Santa Fe". A los tres meses de trabajo empezó a agotarse por el inhumano tratamiento que recibía, y a los cuatro un capataz llamado Agustín le rompió un sable en sus espaldas. Cuando volvió en sí, después de los golpes, había escupido parte de un pulmón. Después lo azotaban con más frecuencia, porque no podía trabajar con la misma intensidad, y varias veces se desmayó en el campo. Por fin lo dejaron libre; pero cuando pidió los jornales que creía suyos, le dijeron que debía $1.50 a la finca. Vino al pueblo y se quejó ante el presidente, pero no fue atendido. Ahora, demasiado débil para emprender la marcha a su hogar, moría tosiendo y pidiendo limosna. Nunca en mi vida había visto otra criatura tan extenuada como Ángel Echavarría, y parecía increíble que ese hombre, tan sólo tres días antes, hubiera trabajado todo el día bajo los rayos del sol.

Visitamos la hacienda "Santa Fe", así como otras seis más, y comprobamos que el sistema de alojamiento, de alimentación, de trabajo y de vigilancia de los esclavos era el mismo.

El dormitorio principal de "Santa Fe" consistía en una habitación sin ventanas, con el piso de tierra, y cuyas paredes eran postes clavados en el suelo a tres cms. de distancia uno de otro, sujetos firmemente con alambres de púas. Era tan inexpugnable como una cárcel norteamericana. Las camas consistían en petates extendidos sobre bancas de madera. Había cuatro bancas, dos a cada lado, una encima de otra, situadas a todo lo largo del aposento. Las camas estaban tan juntas que se tocaban. Las dimensiones del recinto eran de 23 por 5.5 mts., y en este reducido alojamiento dormían 150 hombres, mujeres y niños. Los hacendados de Valle Nacional no tienen la decencia de los esclavistas de hace 50 años; en ninguna de las haciendas visitadas encontré un dormitorio separado para las mujeres. Varias veces me dijeron que las que entran en esos antros llegan a ser comunes para todos los esclavos, no porque así lo quieran ellas, sino porque los capataces no las protegen contra los indeseados ataques de los hombres.

En la hacienda "Santa Fe", el *mandador* o superintendente duerme en una pieza situada en un extremo del dormitorio de los esclavos; los cabos o capataces duermen en el extremo opuesto, la única puerta que hay se cierra con candado, y un vigilante pasea toda la noche, de arriba abajo, por el espacio que queda entre las dos hileras de bancas. Cada media hora, éste toca un sonoro *gong*. A una pregunta mía, el señor Rodríguez aseguró que el *gong* no molestaba a los esclavos que dormían; pero aunque así fuera, ese procedimiento era necesario para impedir que el centinela se quedara dormido, lo que permitiría que todos los esclavos se escaparan.

Al observar de cerca a las cuadrillas en el campo, me asombré de ver tantos niños, entre los trabajadores; por lo menos un 50% de ellos tienen menos de 20 años y no menos del 25% eran menores de 14 años.

–Para plantar son tan buenos los muchachos como los hombres –comentó el presidente, quien nos acompañó–. También duran más y cuestan la mitad. Sí, todos los propietarios prefieren muchachos mejor que hombres.

Durante mi recorrido a caballo por los campos y por los caminos, me preguntaba por qué ninguna de aquellas famélicas y fatigadas criaturas no nos gritaban al paso; "¡Auxilio! ¡Por amor de Dios, ayúdenos! ¡Nos están asesinando!" Después recordé que para ellos todos los hombres que pasan por estos caminos son como sus amos, y que en respuesta a un grito no podían esperar nada más que una risa burlona, o tal vez un golpe también.

Nuestra segunda noche en Valle Nacional, la pasamos en la hacienda del presidente municipal. Cuando nos aproximábamos a ella nos retrasamos un poco con la intención de observar a una cuadrilla de 150 hombres y muchachos que plantaban tabaco en la finca vecina, llamada "El mirador". Había unos seis capataces entre ellos; al aproximarnos, los vimos saltar de aquí para allá entre los esclavos, gritando, maldiciendo y dejando caer de vez en cuando sus largas y flexibles varas.

¡Zas! ¡Zas!, sonaban los varazos en las espaldas, en los hombros, en las piernas y en las cabezas. Y no es que azotaran a los esclavos, sino sólo los acicateaban un poco, posiblemente en honor nuestro.

Nos detuvimos y el capataz principal, un corpulento negro español, se aproximó a la cerca y nos saludó. Después repitió mi pregunta al contestarla:

–¿Que si devuelven los golpes? No, si son listos. Si quieren pelear puedo satisfacerlos. Los hombres que pelean conmigo no vienen a trabajar al día siguiente. Sí, necesitan el palo. Más vale matar a un hombre flojo que alimentarlo. ¿Escapar? Algunas veces los nuevos lo intentan, pero pronto les quitamos esa idea. Cuando los tenemos domesticados, los guardamos. No ha habido uno solo de estos perros que al escapar no fuera contando mentiras de nosotros.

Aunque viviera mil años nunca olvidaría las expresiones de muda desesperación que vi por todas partes; ni olvidaría tampoco la primera noche que pasé en la hacienda de esclavos de Valle Nacional, propiedad del presidente municipal. El sitio tenía el apropiado nombre de "La Sepultura", aunque se lo habían puesto los indios mucho antes de que se convirtiera en sepultura de esclavos mexicanos.

"La Sepultura" es una de las fincas más pequeñas del Valle. El dormitorio es solamente de 12 por 4.5 mts. y aloja 70 hombres y mujeres cada noche. Adentro no hay bancas; nada más que la tierra desnuda y un delgado petate para cada durmiente. Allí encontramos sola y tirada en el suelo a una mujer vieja, enferma y temblorosa. Más tarde, esa misma noche, vimos el local lleno de miserables que titiritaban de frío, por el viento huracanado y la lluvia que caía a torrentes. En pocas horas la temperatura debió bajar unos 5°C.

Un 30% de los trabajadores que allí había eran mujeres, una de ellas muchacha de 12 años. Esa noche las construcciones se tambaleaban tan amenazadoramente que los caballos fueron sacados de su cobertizo. Pero aunque uno de los edificios que había se derrumbó unas semanas antes, no por ello se sacó a los esclavos de su cárcel. Esta se levantaba junto al comedor de la casa y aquella noche mi compañero y yo dormimos en el comedor, oí como la puerta de la prisión se abría y se cerraba al entrar algún trabajador retrasado, y después oí la voz de la muchacha de 12 años que suplicaba aterrorizada: "¡Por favor, no cierren la puerta esta noche..., sólo por esta noche! Déjenla así para que podamos salvarnos si esto se cae". La respuesta fue una risotada brutal.

Cuando me acosté esa vez a las 9:30 p.m., una cuadrilla de esclavos todavía trabajaba cerca del granero. Cuando desperté a las 4 a.m., los esclavos recibían sus frijoles y tortillas en la cocina destinada a ellos.

Cuando me metí en la cama dos de las sirvientas de la cocina del presidente municipal aún trabajaban duramente. No podía dormir y estuve observándolas por los espacios que había entre un poste y otro de los que dividían ambas piezas. A las 11 p.m., según mi reloj, una de ellas se fue. Faltarían 5 minutos para las 12 cuando la otra también se marchó; pero menos de 4 horas más tarde, las vi otra vez trabajando, trabajando...

Sin embargo, tal vez les iba mejor que a las que molían el maíz y a las aguadoras; con el hijo del presidente visité la cocina de los esclavos; él me informó que se levantaban a las 2 a.m., y que nunca tenían tiempo de descansar durante el día.

¡Ah, era terrible! Este muchacho de 16 años, administrador de la hacienda en ausencia de su padre, me contó con mucho placer la fiereza con que algunas veces las mujeres luchaban contra los asaltos de los hombres; y cómo él había gozado en ocasiones, mirando a través de una rendija, esos trágicos encuentros en la noche. Hasta el amanecer nos molestaron las toses secas, desgarradas, que llegaban hasta nosotros a través de las junturas; otras veces eran profundos suspiros.

De Lara y yo no hablamos de estas cosas hasta la mañana siguiente, cuando le hice notar su aspecto fatigado.

–Oí los suspiros, las toses y los gemidos –me dijo–, oí a las mujeres llorar y yo también lloré... lloré tres veces. No sé cómo podré volver a reír y a ser feliz.

Mientras esperábamos el desayuno, el presidente municipal nos dijo muchas cosas acerca de la esclavitud, y nos mostró buena cantidad de cuchillos y limas que se habían quitado a los esclavos en diferentes ocasiones. Como los presos de una penitenciaría, los esclavos habían llegado de una manera u otra, a poseer esas herramientas, con la esperanza de utilizarlas por la noche para salir de su prisión y escapar de los centinelas.

El presidente nos dijo francamente que las autoridades de las ciudades de México, Veracruz, Oaxaca, Pachuca y Jalapa se dedican con regularidad al tráfico de esclavos, generalmente en combinación con uno o más enganchadores. Nombró al alcalde de un puerto bien conocido, que fue citado en los periódicos norteamericanos como huésped del presidente Roosevelt en 1908, y distinguido asistente a la convención republicana de Chicago. Este alcalde –dijo el presidente de Valle Nacional–, empleaba ordinariamente la fuerza policiaca de su ciudad como red para pescar esclavos. Mandaba detener a toda clase de personas con cualquier pretexto, sólo por cobrar los $45 por cabeza que le pagarían los cultivadores de tabaco.

Nuestra conversación de aquella mañana fue interrumpida por un capataz español que vino a hablar con el presidente. Hablaron en voz baja, pero pudimos captar casi todo lo que dijeron. El capataz había matado a una mujer el día anterior y había venido a ponerse a disposición del presidente. Después de 10 minutos de consulta, éste estrechó la mano del culpable y le dijo que se fuera a su casa y atendiera sus obligaciones sin pensar más en este asunto.

Era domingo y pasamos todo el día en compañía de Antonio Pla, probablemente el monstruo humano principal del Valle. Pla es el gerente general de Balsa Hermanos y, como tal, vigila el movimiento de 12 grandes haciendas. Reside en la llamada "Hondura de Nanche", la que tiene fama de tirar los muertos a los caimanes y donde tuvo origen la expresión "¡Échenme a los hambrientos!". Pla llama a sus esclavos *los tigres* y tuvo gran placer en mostrarnos las guaridas de *los tigres*, así como en explicarnos su sistema completo de compras, castigos y enterramientos.

Pla estimaba que el movimiento anual de esclavos hacia Valle Nacional era de 15 mil, y me aseguró que aunque los trabajadores mataran a todos ellos las autoridades no intervendrían.

–¿Por qué iban a intervenir? –preguntó–. ¿Acaso no los mantenemos?

Pla, como muchos de los demás tabaqueros, cultivaba esta planta en Cuba antes de venir a Valle Nacional; declaró que por el sistema de esclavitud que se empleaba aquí, se cosechaba la misma calidad de tabaco a la mitad del precio que estaba en Cuba. Dijo que no era práctico conservar a los esclavos más de 7 y 8 meses, porque se "secaban". Explicó los diversos métodos de azotar, los golpes que sin ceremonias se repartan en los campos con vara de bejuco, la formación de las cuadrillas al amanecer y la administración de "unos cuantos azotes a los vagos como medicina para el día".

—Pero después de algún tiempo —declaró Pla—, ni los palos sirven para nada. Llega un momento en que ya no pueden trabajar más.

Nos dijo que tres meses antes un agente del Gobierno había intentado venderle 500 yaquis en $20 mil; pero que él había rechazado la oferta porque, aunque los yaquis duran como el hierro, persisten en sus tercas tentativas para conseguir libertarse.

—Compré un grupo de yaquis hace varios años —agregó; pero la mayoría de ellos se escaparon al cabo de pocos meses. No, el único lugar apropiado para los yaquis es Yucatán.

Sin embargo, encontramos dos yaquis en la hacienda "Los Mangos". Dijeron que habían estado allí dos años y eran los únicos que quedaban de un lote de 200. Uno de ellos había estado varios días sin trabajar porque los insectos le habían comido casi la mitad de un pie.

—Creo que tendré que matar a ese tigre —dijo Pla sin cuidarse de que el hombre le oyera—. Ya no me sirve.

Al segundo yaqui lo encontramos en el campo trabajando con una cuadrilla. Me acerqué a él y le tenté los brazos, que todavía eran musculosos. Era realmente un magnífico ejemplar y me recordó la historia de Ben Hur. Mientras yo lo examinaba se mantuvo erecto y miraba hacia adelante, pero con un ligero temblor en sus miembros. Tan sólo la actitud de ese yaqui fue para mí la prueba más concluyente de la bestialidad del sistema que lo tenía esclavizado.

En "Los Mangos" un capataz nos dejó examinar su larga y flexible vara, la vara de castigo; era de bejuco y se doblaba como un látigo, sin romperse.

–El bejuco crece en las faldas de la montaña –explicó el capataz–. Vea, es una madera que parece cuero. Con ésta puedo azotar a 20 hombres hasta que mueran y todavía quedará buena para otros 20 más.

En la cocina destinada para los esclavos de la misma hacienda vimos que molían maíz dos muchachas de 17 años, de rostros finos y realmente bellos. Aunque su amo Pla se hallaba amenazadoramente cerca, ellas se atrevieron a contarnos con rapidez sus historias. Una, de León, Gto., declaró que el enganchador le había prometido $50 mensuales y una buena casa donde trabajar como cocinera de una corta familia; cuando descubrió que le habían engañado, ya era demasiado tarde; los rurales la obligaron a venir. La otra muchacha era de San Luis Potosí; le prometieron un buen alojamiento y $40 mensuales por cuidar a dos niños pequeños.

Por dondequiera que fuimos encontramos las casas llenas de buenos muebles hechos por los esclavos.

–Sí –explicó Antonio Pla–, algunos de los mejores artesanos del país vienen por aquí, de un modo o de otro. Tenemos carpinteros, ebanistas, tapiceros..., de todo. Bueno en mis fincas he tenido maestros, actrices y artistas, y una vez hasta un ex sacerdote. En una ocasión tuve una de las más bellas actrices del país, aquí mismo, en "Honduras de Nanche". Y era de las buenas. ¿Qué cómo llegó? muy sencillamente. El hijo de un millonario de la ciudad de México quería casarse con ella y el padre pagó a las autoridades un buen precio para que la capturasen y la entregaran a un enganchador. Sí señor, aquella mujer era una belleza.

¿Y qué fue de ella? –pregunté.

Ah –fue la respuesta evasiva–, *eso sucedió hace dos años*.

En verdad, dos años es mucho tiempo en Valle Nacional, más tiempo que la vida de un esclavo. La historia de la actriz me recordó lo que había oído de una pareja de mexicanos recién casados que huyeron hasta Los Angeles, poco antes de iniciar mi viaje. El muchacho pertenecía a la clase media de la ciudad de México, y su novia era hija de un millonario; pero éste consideraba al muchacho como de clase "inferior" y llegó a todo los extremos en sus esfuerzos para impedir la boda.

–Jorge se expuso a muchos peligros por mí –comenzó contándome la joven esposa–. En una ocasión mi padre trató de dispararle y otra vez ofreció a las autoridades $5 mil para que lo secuestraran y lo enviaran a Valle Nacional; pero avisé a Jorge y pudo ponerse a salvo.

Pla nos habló también de 11 muchachas que le habían llegado en una sola remesa de Oaxaca.

–Estaban en un baile público –nos dijo–. Algunos hombres entablaron una pelea y la policía detuvo a todos los que estaban en el salón. Aquellas muchachas no tenían que ver en la disputa, pero el jefe político necesitaba dinero y dispuso enviarlas aquí a todas.

–Bueno –pregunté, pero, ¿qué clase de mujeres eran? ¿mujeres públicas?

Pla me lanzó una mirada significativa:

–No, señor –protestó con voz despectiva–. ¿Cree usted que necesito que me mandes *esa* clase de mujeres a mí?

El tener cerca a propietarios y superintendentes, además de la gran cantidad de vigilantes, nos impidió sostener largas conversaciones con los esclavos. Una de las más notables ocurrió al día siguiente de nuestra visita a la hacienda de Balsa Hermanos. Al regresar de un largo recorrido por varias plantaciones, llamamos a un hombre que araba cerca del camino las tierras de "Honduras de Nanche". El más próximo de los vigilantes estaba casualmente en mitad del campo y el esclavo, a nuestro requerimiento, nos indicó el lugar de la ciénaga de los cocodrilos y confirmó el relato de los moribundos que habían sido arrojados a "los hambrientos".

–Ya llevo aquí 6 años y creo que soy el más antiguo en el Valle –nos dijo–. Otros hombres fuertes vienen y se convierten en esqueletos en una temporada; pero parece que yo no puedo morirme. Vienen y caen, vienen y caen; sin embargo, yo sigo viviendo. Pero debieran haberme visto cuando llegué. Entonces era un hombre..., ¡un hombre! Tenía hombros y brazos... era un gigante entonces. Pero ahora...

Las lágrimas saltaron de los ojos de aquel personaje y rodaron por sus mejillas; pero continuó:

–Yo era carpintero de los buenos..., hace 6 años. Vivía con mi hermano y mi hermana en México. Mi hermano era estudiante... no tenía

20 años...; mi hermana atendía la casita que yo pagaba con mi jornal. No éramos pobres, no. Éramos felices. Por entonces, el trabajo en mi oficio aflojó un poco y una tarde encontré a un amigo que me dijo que se podía conseguir empleo en Veracruz con $3 diarios de sueldo por largo tiempo. Aproveché la ocasión y vinimos juntos, vinimos aquí... ¡aquí! dije a mis hermanos que les mandaría dinero con regularidad y cuando supe que no podría mandarles nada y les escribí para hacérselos saber, no me dejaron enviar la carta. Durante meses aguardé aquella carta, vigilando, esperando, tratando de encontrar una oportunidad para hablar al mandadero cuando pasara por el camino. Por fin lo vi; pero cuando le di la carta nomás se rió y me la devolvió. A nadie le permiten enviar cartas.

–¿Escaparme? –continuó el esclavo–. Sí, lo he intentado muchas veces. La última vez, hace sólo 8 meses, llegué hasta Tuxtepec. Me puse a escribir una carta. Quería comunicarme con mi gente; pero me agarraron antes de escribirla. No saben dónde estoy. Acaso creen que he muerto. Mi hermano habrá tenido que dejar sus estudios. Mi...

–Mejor cállese –le dije–. Ahí viene un cabo.

–No, todavía no –respondió–. De prisa. Le daré la dirección de ellos. Dígales que yo no leí el contrato. Dígales que ni lo vi hasta que vine aquí. El nombre de mi hermano es Juan...

–¡Cuidado! –le grité; pero ya era demasiado tarde. ¡Zas! El largo bejuco cayó sobre las espaldas de aquel hombre. Retrocedió; iba a abrir la boca de nuevo; pero un segundo azote le hizo cambiar de intención y cabizbajo retornó a sus bueyes.

Las lluvias que cayeron en los dos últimos días de nuestra estancia en Valle Nacional hicieron intransitable el camino a Tuxtepec, de manera que dejamos nuestros caballos y navegamos río abajo en una balsa, una plataforma hecha de troncos sobre la cual había una pequeña choza con techo de hojas de plátano. Un indígena en cada extremo impulsaban con una pértiga y un remo la extraña embarcación corriente abajo, y por ellos supimos que también los indios habían conocido su época de esclavitud. Los españoles habían tratado de someterlos; pero los indios pelearon a muerte; las tribus se unieron y lucharon juntas como lobos hasta recuperar y mantener su libertad. Ese entendimiento común no puede ser empleado hoy.

Al pasar por Tuxtepec encontramos al señor P., político, enganchador y pariente de Félix Díaz, sobrino del Presidente Díaz y jefe de la policía en la ciudad de México. El señor P., que vestía como príncipe, se hizo agradable y respondió con toda libertad a nuestras preguntas, con la esperanza de asegurar un contrato para proporcionar esclavos a mi compañía:

–Sin embargo, hará usted dinero en Valle Nacional –dijo–. Todos lo hacen. Después de cada cosecha hay un éxodo de propietarios a México, donde algunos se quedan gastando su dinero en una vida desenfrenada.

El señor P. tuvo la amabilidad de decirnos el destino de los $50 que él recibía por cada uno de sus esclavos. Nos dijo que $5 se entregaban a Rodolfo Pardo, jefe político de Tuxtepec; $10 a Félix Díaz por cada esclavo que salía de la ciudad de México y $10 al alcalde de la ciudad o jefe político del distrito de donde procedieran los demás esclavos.

–El hecho de que soy cuñado de Félix Díaz –explicó el señor P.– y además amigo personal de los gobernadores de Oaxaca y Veracruz y de los alcaldes de esas ciudades, me coloca en situación de atender los deseos de usted mejor que cualquier otro. Yo estoy preparado para proporcionarle cualquier cantidad de trabajadores, hasta 40 mil por año, hombres, mujeres y niños, y el precio es de $50 cada uno. Los trabajadores menores de edad duran más que los adultos; le recomiendo usarlos con preferencia a los otros. *Le puedo proporcionar a usted mil niños cada mes, menores de 14 años y estoy en posibilidad de obtener su adopción legal como hijos de la compañía, de manera que los pueda retener legalmente hasta que lleguen a los 21 años.*

–Pero, ¿cómo puede adoptar mi compañía como hijos a 12 mil niños por año? ¿Quiere decir que el Gobierno permitiría semejante cosa? –le pregunté.

–Eso déjemelo a mí –contestó el señor P., significativamente–, lo hago todos los días.Usted no paga los $50 hasta que tenga en su poder a los niños con sus papeles de adopción.

Capítulo VI

LOS PEONES DEL CAMPO Y LOS POBRES DE LA CIUDAD

Se podría escribir todo un libro muy grueso y que dejara grandes ganancias acerca de la esclavitud en México. Pero, aunque el asunto es importante, no lo es tanto como para dedicarle mayor espacio en esta obra que el que le he reservado. Es más necesario que ahonde más bajo la superficie y releve las horribles causas que han hecho posible y están perpetuando esa bárbara institución. Confío en que con lo expuesto en los capítulos anteriores, haya quedado suficientemente clara e indudable la completa participación del Gobierno Mexicano en la trata de esclavos.

En ciertas esferas se admite que existe la esclavitud; pero se niega la culpabilidad del Gobierno. Sin embargo, es absurdo suponer que éste pueda ignorar una situación en la que la tercera parte de un gran Estado está esclavizada. Además es bien sabido que centenares de funcionarios de los Estados y de la Federación están constantemente dedicados a juntar, transportar, vender, vigilar y cazar esclavos. Como ya se hizo notar, todas las cuadrillas de enganchados que salen de la ciudad de México o de otros lugares para Valle Nacional u otro distrito esclavista, son vigilados por los rurales del Gobierno, guardias uniformados, quienes no obran por propia iniciativa, sino que se hallan tan sujetos a ordenanza como los soldados del ejército regular. Sin la coacción de sus armas y de su autoridad, los enganchados se negarían a caminar un sólo kilómetro de la jornada. Un momento de reflexión es suficiente para convencer a cualquier mente sin perjuicios de que sin la participación del Gobierno, todo el sistema esclavista sería imposible.

Una esclavitud similar a la de Yucatán y a la de Valle Nacional se puede encontrar en casi todos los Estados del país; pero especialmente en los costeños, al sur de la gran altiplanicie. El mismo sistema de trabajo existe en las plantaciones de henequén de Campeche; en las industrias madereras y frutera de Chiapas y Tabasco; en las plantaciones de hule, café, caña de azúcar, tabaco y frutas de Veracruz, Oaxaca y morelos. Por lo menos en 10 de los 32 Estados y Territorios de méxico, la mayoría abrumadora de trabajadores son esclavos.

Aunque las condiciones secundarias varíen algo en diferentes lugares, el sistema general es en todas partes el mismo: el servicio contra la voluntad del trabajador, ausencia de jornales, escasa alimentación y azotes. En este Cúmulo de cosas se hallan afectados no sólo los nativos de los diversos Estados esclavistas, sino otros −100 mil cada año, para citar números redondos−, que, engañados con falsas promesas por los enganchadores o capturados por éstos, o embarcados por las autoridades políticas en complicidad con tales agentes, dejan sus hogares en diversos sitios del país para tomar el camino de la muerte hacia la "tierra caliente".

La esclavitud por deudas y por "contrato" es el sistema de trabajo que prevalece en todo el sur de México. Probablemente 750 mil personas pueden clasificar con exactitud como "propiedad mueble" de los hacendados. En los distritos rurales del resto de México existe en el sistema de peonaje que se distingue de la esclavitud principalmente en grado, y es similar en muchos aspectos al régimen de servidumbre en la Europa de la Edad media. Según ese sistema, el trabajador está obligado a presentar servicios al hacendado, aceptar lo que quiera pagarle y aun recibir los golpes que éste quiera darle. La deuda, real o imaginaria, es el nexo que ata al peón con su amo. Las deudas son trasmitidas de padres a hijos a través de generaciones. Aunque la Constitución no reconoce el derecho del acreedor para apoderarse y retener al deudor físicamente, las autoridades rurales en todas partes reconocen ese derecho y el resultado es que probablemente 5 millones de personas, o sea un tercio de la población, viven actualmente en el estado de peonaje sin redención.

A los peones del campo suele acreditárseles jornales nominales que varían entre 25 y 50 centavos diarios; rara vez son más altos. Por lo regular, no reciben un sólo centavo, en efectivo, sino que se les paga en vales de crédito contra la tienda de raya de la hacienda, en la cual están obligados a comprar a pesar de los precios exorbitantes. Como resultado, su alimento consiste solamente en maíz y frijoles, viven en cabañas que suelen estar hechas de materiales no más consistentes que la caña del maíz y usan sus pobres vestidos no sólo hasta que se convierte en andrajos a punto de deshacerse, sino hasta que efectivamente se deshacen.

Probablemente, no menos de 80% de todos los trabajadores de las haciendas y plantaciones en México, o son esclavos o están sujetos a la tierra como peones. El otro 20% lo integran los considerados trabajadores libres, quienes viven una existencia precaria en su esfuerzo por esquivar la red de los enganchadores. Me acuerdo particularmente de una familia de esa clase que conocí en el Estado de Chihuahua. Era un caso típico, y mi recuerdo de ella es muy fuerte porque la vi en la primera noche que pasé en México. Fue en un vagón de segunda clase del Ferrocarril Central Mexicano, que corría hacia el sur.

Esa familia estaba compuesta por 6 personas de 3 generaciones diferentes, desde el muchacho inexperto, de pelo negro, hasta el abuelo de barba blanca; los 6 parecían haber perdido el último átomo de felicidad. Nosotros éramos un grupo animado que estaba cerca de ellos; 4 eran mexicanos que se sentían felices por volver al hogar en vacaciones, después de una temporada de trabajar como braceros en los Estados Unidos. Cantamos un poco y tocamos algo de música en un violín y una armónica; pero ninguno de los seis de aquella familia llegó a sonreír o a mostrar el menor interés. Me recordaba una punta de ganado resistiendo una tempestad, con las cabezas entre las patas delanteras y las grupas contra el viento.

La cara del viejo patriarca reflejaba una historia de agobios y una paciencia bobina para soportarlos, como nunca podría expresarse en palabras. Tenía barba grisacea, descuidada, y bigote; pero su cabeza estaba cubierta aún por cabello castaño oscuro. Su edad sería, probablemente, de 70 años, aunque evidenciaba ser todavía un trabajador activo. Su traje se componía de una camisa de color y pantalón de mezclilla de manufactura norteamericana, lavado y recosido y vuelto a lavar y recoser... Un traje de un dólar, con tantos añadidos que todo eran parches.

Junto al patriarca estaba sentada una anciana, su mujer, con la cabeza inclinada y una expresión facial tan parecida a la de su marido que pudiera haber pasado por una copia de éste hecha por un gran artista, aunque la expresión difería en un detalle. La anciana mantenía su labio superior apretado contra los dientes, dando el efecto de que continuamente se mordía el labio para contener las lágrimas. Acaso su valor no era igual al del hombre y le era necesario mantenerlo mediante una permanente contracción de la boca. Había una pareja joven, como de la mitad de la edad de los dos viejos; el hombre movía la cabeza y abría y cerraba lentamente los párpados granujientos; de vez en cuando volvía los ojos para mirar con expresión lejana a los alegres viajeros que lo rodeaban. Su mujer, sin busto, decaída, estaba sentada siempre en la misma posición, con la cabeza inclinada hacia adelante y su mano derecha tocándole la cara a la altura del puente de la nariz.

Finalmente, había dos muchachos; uno de 18 años, hijo segundo del viejo, y otro de 16, hijo de la segunda pareja. En toda esa noche, la única sonrisa que vi en aquellas caras fue una, en la del muchacho más joven. Un vendedor de periódicos, al pasar, le ofreció un libro de 75 centavos y el muchacho, abriendo un poco los ojos con momentáneo interés, contempló la cubierta de colores brillantes y después volvió hacia su tío y le dirigió una sonrisa de asombro. ¡Pensar que alguien pudiera imaginar que *él* podía comprar uno de aquellos mágicos objetos, un libro!

–Somos de Chihuahua –nos dijo el viejo, una vez que hubimos ganado su confianza–. Trabajamos en el campo..., todos. Toda nuestra vida hemos sido trabajadores del campo cultivando maíz, frijol y melones en Chihuahua; pero ahora huimos. Si los patrones nos pagaran lo que prometen, podríamos salir adelante; pero nunca pagan completo... nunca. Esta vez el patrón nos pagó sólo dos tercios del precio convenido y, sin embargo, le quedo muy agradecido, porque nos podía haber pagado tan sólo un tercio, como otros nos pagaron antes. ¿Qué puedo hacer? Nada. No puedo acudir a un abogado, porque el abogado me robaría los otros dos tercios y además el patrón me metería en la cárcel. Muchas veces mis hijos y yo hemos ido a la cárcel, por pedir al patrón que nos pagase la suma completa convenida. Mis hijos se indignan cada vez más y a veces temo que alguno de ello pueda pegarle al patrón o matarlo y eso sería nuestro fin.

Después de una pausa, continuó:

–No, lo mejor que podíamos hacer, y por último lo decidí, era marchar. De manera que juntamos lo que teníamos y gastamos nuestro último peso para pagar el pasaje hasta Torreón, donde esperamos encontrar trabajo en los campos algodoneros. He oído decir que podemos ganar un peso diario cuando hay ocupación. ¿Es así? o ¿será allí la misma historia? Acaso sea la misma; pero ¿qué otra cosa puedo hacer sino arriesgar? Trabajo, trabajo, trabajo; eso es todo lo que hay para nosotros..., y nada a cambio del trabajo. No bebemos; no somos holgazanes; rezamos a Dios todos los días y, sin embargo, la deuda nos sigue siempre, pidiendo que la aceptemos. Muchas veces he querido pedir prestado un poco a mi patrón; pero mi mujer siempre se ha opuesto a ello. "No –me dice, mejor morir que deber, porque deber una vez quiere decir deber para siempre..., y ser esclavos". Pero a veces creo que sería mejor deber, mejor caer en deuda, mejor renunciar a nuestra libertad que seguir así hasta el fin. Es cierto que me estoy haciendo viejo y me gustaría morir libre, pero es duro..., muy duro.

Los 750 mil esclavos y los 5 millones de peones no monopolizan la miseria económica de México. Esta se extiende a toda clase de personas que trabajan. Hay 150 mil trabajadores de minas y fundiciones que reciben menos dinero por el trabajo de una semana que un minero norteamericano de la misma clase por un día de jornal; hay 30 mil operarios de fábricas de algodón cuyo salario da un promedio de 60 centavos diarios; hay 250 mil sirvientes domésticos cuyos salarios varían entre $ 2 y 10 al mes; hay 40 mil soldados de línea que reciben menos de $ 4 al mes aparte del insuficiente rancho. Los 2 mil policías de la ciudad de méxico no perciben más de $ 1 diario. Para los conductores de tranvías $ 1 diario es un buen promedio en la capital, donde los jornales son más elevados que en otras partes de la frontera norteamericana. Y las industrias. Una oferta de $ 1 como salario, sin duda atraería en la ciudad de México a un ejército de 50 mil trabajadores sanos en el término de 24 horas.

Si se tienen en cuenta esos miserables jornales, no debe suponerse que el costo de los artículos necesarios para la vida sea menor que en Estados Unidos, como sucede en otros países de bajos salarios, tales como la India y China. Por el contrario, el costo del maíz y del frijol, que son base para la subsistencia de la masa del pueblo mexicano, es realmente más alto, por lo regular, que el que rige en los Estados Unidos. Al momento de escribir esto, cuesta casi el doble comprar 100 kilos de maíz en la Ciudad de México que en Chicago y eso en la misma moneda, oro norteamericano, o plata mexicana, como se quiera, no obstante que este artículo es el más barato que el mexicano pobre está en posibilidad de adquirir.

Por lo que se refiere al vestido y a la habitación, el mexicano ordinario disfruta tan poco de uno y otra como pueda imaginarse. Las casas de vecindad de Nueva York son palacios comparadas con las Casas de vecindad de la ciudad de México. A 500 m. en cualquier dirección del gran Paseo de la Reforma, la magnífica avenida por la que se hace pasear a los turistas y por la cual suelen ellos juzgar a México, el investigador encuentra tales condiciones de vida que no se ven en ninguna ciudad que merezca el nombre de civilizada. Si en todo el país hay una sola ciudad con un sistema moderno de alcantarillado, ignoro su nombre.

Los viajeros que se hayan alojado en los mejores hoteles de la capital mexicana quizá levanten la ceja al leer mis afirmaciones pero una pequeña investigación mostrará que no más del 20% de las casas, dentro de los límites de esa ciudad, tiene un abastecimiento regular de agua con que limpiar los excusados, mientras que hay manzanas densamente pobladas que carecen por completo de servicio de agua tanto para la limpieza como potable.

Bastan unos minutos de reflexión para darse cuenta de lo que esto significa. Como resultado de esas condiciones tan insalubres, la proporción de fallecimientos en la ciudad de México se halla siempre entre 5% y 6%, por lo general más cerca de esto último, lo cual es superior al doble de la mortalidad en las bien regidas ciudades de Europa, de los Estados Unidos y aun de Sudamérica; ello prueba que la mitad de la gente muere en la metrópoli de Díaz por causas que las ciudades modernas han hecho desaparecer.

Un residente que ha permanecido largo tiempo en México calculó que 200 mil personas de la capital, o sea un 40% de su población, duerme sobre piedras. *Sobre piedras* no quiere decir en las calles, porque no está permitido dormir en las calles ni en los parques, sino en el suelo de los alojamientos baratos y mesones.

Es posible que esto no sea muy exacto; sin embargo, por haber observado me consta que la cifra de 100 mil sería muy conservadora, y que, por lo menos 25 mil pasan la noche en los mesones, normbre comúnmente aplicado a los alojamientos más baratos para pasajeros.

Un mesón es un albergue tan miserable que sólo son peores las *galeras* o cárceles-dormitorios de los esclavos de "tierra caliente", y los dormitorios de las prisiones y las *galeras* estriba en que a estas los esclavos son conducidos, medio muertos de fatiga, hambre y fiebre, a latigazos, y se cierra la puerta cuando están dentro, mientras que los miserables andrajosos y desnutridos que andan en las calles de la ciudad llegan a los mesones a alquilar con tres centavos de cobre un breve y limitado refugio... un pedazo de suelo desnudo en que echarse, un petate, la compañía de sabandijas que se crían en la suciedad, y un mal descanso en un aposento nauseabundo con 100 personas más, que roncan, se mueven, se quejan, y que son hermanos en el dolor.

Durante mi última estancia en México –en el invierno y la primavera de 1909– visité muchos de estos mesones y tomé fotografías de la gente que allí dormía. En todos ellos encontré las mismas condiciones: edificios viejos, a veces de cientos de años, abandonados e inadecuados para otros fines que no sean los de servir de dormitorio para los pobres. Por tres centavos el viajero recibe un petate y el privilegio de buscar un lugar en el suelo con espacio suficiente para poder echarse. En noches frías, el piso está tan cubierto de seres humanos que es muy difícil poner el pie entre los dormidos. En un aposento llegué a contar hasta 200 personas.

Las mujeres y las niñas pobres tienen que dormir en alguna parte, lo mismo que los hombres y los jóvenes; si no disponen de más de tres centavos para una cama, las mujeres deben ir a los mesones con los hombres. En ninguno de los que visité había lugar separado para mujeres y niñas, aunque eran muchas las alojadas. Igual que los hombres, una muchacha paga sus tres centavos y recibe un petate. Si llega temprano, puede encontrar un rincón más o menos apartado donde dar descanso a su molido cuerpo; pero no hay nada que impida a un hombre llegar a acostarse junto a ella y molestarla durante toda la noche.

Y esto sucede. Más de una vez, en mis visitas a los mesones, vi alguna muchacha joven e indefensa, a quien un extraño había despertado y solicitado tan sólo por haberla visto entrar. Los mesones engendran la inmoralidad tan aterradoramente como crían chinches. Las muchachas sin hogar no van a los mesones porque sean malas, sino porque son pobres. Estos lugares se establecen con licencia de las autoridades, de manera que sería muy fácil exigir a los propietarios que dedicaran una parte del espacio disponible exclusivamente para alojamiento de mujeres. Pero las autoridades no tienen escrúpulos y no intentan evitar la promiscuidad.

A pesar de lo miserable que son los mesones, 25 mil mexicanos sin hogar que duermen en ellos son afortunados comparados con los millares que, al caer la tarde, ven que no pueden juntar los tres centavos para pagar el alquiler de un petate y un pedazo de suelo. Todas las noches hay un éxodo de millares de personas que desaparecen de las calles de la ciudad; se llevan sus pobres pertenencias, si tienen alguna, y codo con codo si son una familia, marido y mujer, o simples amigos atraídos mutuamente por su pobreza, caminan varios kilómetros fuera de la ciudad, hacia los caminos y campos próximos a las grandes haciendas ganaderas que pertenecen a altos funcionarios del gobierno. Allí se dejan caer al suelo, temblando de frío, pues por la altura pocas son las noches en que la temperatura no haga imprescindible un buen abrigo. Por la mañana se encaminan de nuevo al corazón de la ciudad, para luchar allí con sus escasas fuerzas contra los poderes que conspiran para impedirles ganarse la vida; allí, después de vana y desalentadora lucha, acaban por caer en las redes del enganchador, que anda a la búsqueda de esclavos para sus ricos clientes, los hacendados de los Estados de "tierra caliente".

México tiene dos millones de Km^2 hectárea por hectárea es tan rico, si no más, que los Estados Unidos. Tiene buenas bahías en ambas costas; se halla casi tan cerca de los mercados mundiales como los Estados Unidos. No hay razón natural o geográfica para que su pueblo no sea tan próspero y feliz como cualquier otro del mundo. Es un país más viejo que los Estados Unidos y no está sobre poblado. Con una población de 15 millones resultan 7.5 habitantes por Km^2, densidad poco menor que la norteamericana. Sin embargo, al ver el corazón de México, es inconcebible que pueda haber en el mundo pobreza más extrema. La India o China no podrían estar peor, porque de ser así, el hambre las despoblaría. México es un pueblo muerto de hambre; una nación postrada. ¿Cuál es la razón de ello? ¿Quién tiene la culpa?

Capítulo VII

EL SISTEMA DE DÍAZ

La esclavitud y el peonaje en México, la pobreza y la ignorancia y la postración general del pueblo se deben, en mi humilde opinión, a la organización financiera y política que en la actualidad rige en ese país, en una palabra, a lo que llamaré el "sistema" del general Porfirio Díaz. Es verdad que estas condiciones se han arrastrado por gran parte de la historia de México desde pasadas generaciones. No quiero ser injusto con el general Díaz en ninguna forma; pero a pesar de que los señores españoles hicieron del pueblo mexicano esclavos y peones nunca lo quebrantaron y experimentaron tanto como se le quebranta y destruye en la actualidad. En tiempos de los españoles, el peón tenía por lo menos su pequeña parcela y su humilde choza; pero hoy no tiene nada. Además, la Declaración de Independencia proclamada en 1810, declaró también la abolición de la esclavitud. Esta fue abolida, pero no enteramente: los gobiernos mexicanos que se sucedieron, gobiernos de clase, de la Iglesia o personalistas, mantuvieron al pueblo en servidumbre, aunque con menor severidad. Por último adivino un movimiento democrático que rompió la espina dorsal de la Iglesia; que derribó el gobierno de una casta; que adoptó una forma de gobierno tan moderna como la norteamericana; que libertó al esclavo tanto de hecho como de palabra; que devolvió las tierras del pueblo al pueblo; que lavó toda la sangre derramada en el pasado.

Fue en este momento cuando el general Porfirio Díaz, sin ninguna excusa válida y en apariencia sin otra razón que su ambición personal, inició una serie de revoluciones que finalmente lo llevaron a dominar los poderes gubernamentales del país. Mientras prometía respetar las instituciones progresistas que Juárez y Lerdo habían establecido, instituyó un sistema propio, en el que su propia persona es la figura central y dominante; en el que su capricho es la Constitución y la ley; en el que los hechos y los hombres, grandes y pequeños, tienen que sujetarse a su voluntad. Como Luis XIV, Porfirio Díaz es el Estado.

Bajo su Gobierno, la esclavitud y el peonaje se restablecieron en México sobre bases más inmisericordes que las que existieron en tiempos de los españoles. Por tales razones no creo que sea una injusticia culpar principalmente al sistema de Díaz por esas condiciones.

Me refiero al *sistema de Díaz* más que a Díaz personalmente, porque aunque él es la piedra angular, aunque él es el Gobierno de México, más absoluto sin duda que cualquier otro individuo pueda serlo en cualquier otro país del mundo, ningún hombre se halla solo en sus iniquidades. Díaz es el sostén principal de la esclavitud; pero existen algunos otros sostenes sin los cuales el sistema no podría mantenerse mucho tiempo. Por ejemplo, hay un conjunto de intereses comerciales que obtienen grandes ganancias del sistema porfiriano de esclavitud y autocracia; estos intereses dedican una parte importante de su gran poder a mantener en su sitio el sostén principal a cambio de los privilegios especiales que reciben. Entre estos intereses comerciales no son los menores los norteamericanos, quienes –me sonrojo de vergüenza al decirlo– son defensores tan agresivos de la fortaleza porfiriana como el mejor. En realidad, como lo demostraré en los siguientes capítulos, los intereses norteamericanos constituyen, sin duda, la fuerza determinante para que continúe la esclavitud en México, de este modo la esclavitud mexicana recae sobre nosotros, los norteamericanos, con todo lo que ella significa. Es cierto que Díaz es el culpable de los horrores de Yucatán y Valle Nacional, pero también lo somos nosotros; somos culpables puesto que fuerzas del Gobierno sobre el que se nos reconoce algún control, se emplean abiertamente, ante nuestra vista, para apoyar un régimen del que la esclavitud y el peonaje forman parte integral.

Con objeto de que el lector pueda entender el "sistema" de Díaz y su responsabilidad en la degradación del pueblo mexicano, es conveniente volver atrás y describir brevemente los antecedentes de ese sistema. En todo el mundo se habla de México como de una República, sólo porque en otro tiempo lo fue y todavía simula serlo. México tiene una Constitución vigente que se dice copiada de la norteamericana y que, en verdad, es como ella en lo principal. Ambas establecen la existencia de un Congreso Nacional, de legislaturas en los Estados y un gobierno municipal, que deben hacer las leyes; jueces federales, estatales y locales que deben interpretarlas; y un presidente, gobernadores y ejecutivos locales para administrarlas. Ambas establecen el sufragio de los adultos, la libertad de prensa y de palabra, igualdad ante la ley y las demás garantías de respeto a la vida, a la libertad y a la consecución de la felicidad que nosotros disfrutamos, hasta cierto punto, como cosa natural.

Así era México hace 40 años. Entonces México estaba en paz con el mundo. Había vencido, después de una heróica guerra, al príncipe Maximiliano, que había sido impuesto como emperador por el ejército francés de Napoleón III. El Presidente Benito Juárez es reconocido en México y fuera de México como uno de los más hábiles y generosos patriotas. Desde que Cortés quemó sus naves en la costa del Golfo, México nunca había disfrutado tales perspectivas de libertad política, prosperidad industrial y adelanto general.

Pero el general Porfirio Díaz, a pesar de esos hechos y de la circunstancia adicional de que estaba profundamente endeudado con Juárez –puesto que todos sus ascensos militares los había obtenido de él–, promovió una serie de rebeliones con el fin de adueñarse del poder supremo del país. Díaz no sólo encabezó una sino tres rebeliones armadas contra un Gobierno pacífico, constitucional y elegido popularmente. Durante 9 años se portó como un rebelde ordinario, con el apoyo de bandidos, criminales y soldados profesionales disgustados por la política antimilitarista que Juárez inició y que, si hubiera podido llevarla un poco más adelante, habría sido eficaz para impedir en el futuro rebeliones cuartelarias apadrinadas por la Iglesia católica.

El pueblo demostró muchas veces que no quería a Díaz como jefe del Gobierno. En tres ocasiones durante los primeros 5 años de asonadas, Díaz se presentó sin éxito como candidato presidencial. En 1867 obtuvo apenas poco más del 30% de los votos que favorecieron a Juárez. En 1871 volvió a lanzar su candidatura y perdió con más o menos 3/5 de votación que correspondió a Juárez. En 1872, después de la muerte de Juárez, se presentó contra Lerdo de Tejada y consiguió solamente 1/15 de los votos que ganó su oponente. Mientras estuvo alzado en armas, se le consideró como un rebelde cualquiera tanto en el país como en el extranjero; después entró en la capital de la República a la cabeza de un ejército victorioso y se proclamó a sí mismo presidente. En un principio pocas naciones europeas reconocieron al Gobierno del advenedizo, y los Estados Unidos amenazaron durante algún tiempo con crear complicaciones.

En contra de la voluntad de la mayoría del pueblo, el general Díaz tomó la dirección del Gobierno hace 34 años; en contra de la voluntad de la mayoría del pueblo ha permanecido allí desde entonces, excepto 5 años –de 1880 a 1884–, en que cedió el Palacio Nacional a su amigo íntimo, Manuel González, con el claro entendimiento de que al final de ese periodo se lo devolvería.

Como ningún hombre puede gobernar a un pueblo contra su voluntad sin privarlo de sus libertades, es fácil de comprender qué clase de régimen se vio obligado a instaurar el general Díaz para asegurar su poder. Mediante la fuerza militar y la policía controló las elecciones, la prensa y la libertad de palabra, e hizo del gobierno popular una farsa. Mediante la distribución de los puestos públicos entre sus generales, dándoles rienda suelta para el pillaje más desenfrenado, aseguró el dominio del ejército. Mediante combinaciones políticas con dignatarios de alta estimación en la Iglesia católica y permitiendo que se dijera en voz baja que ésta recuperaría su antigua fuerza, ganó el silencioso apoyo del clero y del Papa. Mediante promesas de pagar en su totalidad las deudas extranjeras, e iniciando a la vez una campaña para otorgar concesiones y favores a los ciudadanos de otros países, especialmente norteamericanos, hizo la paz con el resto del mundo.

En otras palabras, el general Díaz, con una habilidad que nadie puede negar, se apropió de todos los elementos de poder que había en el país, excepto la nación misma. Por una parte ejercía una dictadura militar y por la otra disponía de una camarilla financiera. Él mismo, clave del arco, estaba obligado a pagar el precio de esta situación: el precio fue todo el país. Creó una maquinaria cuyo lubricante ha sido la carne y la sangre del pueblo. Premió a todos excepto al pueblo; éste fue al sacrificio. Tan inevitable como la oscuridad de la noche, en contraste con la gloria luminosa del dictador vino la degradación del pueblo: la esclavitud, el peonaje y todas las miserias que acompañan a la pobreza; la abolición de la democracia y de la seguridad personal creadora de la previsión, del respeto a uno mismo y de la ambición digna y honrada; en una palabra, desmoralización general, depravación.

Tómese como ejemplo el método de Díaz para premiar a sus jefes militares, los hombres que le ayudaron a derrocar al Gobierno de Lerdo. Tan pronto como le fue posible, después de adueñarse del poder, instaló a sus generales como gobernadores en los Estados y los organizó en una banda nacional de explotadores, junto con otras figuras influyentes de la nación. De este modo aseguró para sí la continua lealtad de los generales y los colocó donde podría utilizarlos con mayor eficacia para mantener dominado al pueblo. Una forma del rico botín que en aquella primera época repartió entre sus gobernadores consistió en concesiones particulares privadas que les permitieron organizar compañías y construir ferrocarriles; cada concesión tenía aparejada una fuerte suma como subsidio del Gobierno.

Así el Gobierno federal pagaba el ferrocarril y el gobernador y sus amigos más influyentes eran dueños de él. Generalmente tales ferrocarriles resultaron ridículos, de vía angosta y construidos con los materiales más baratos; pero los subsidios eran muy grandes, suficientes para tender las vías y tal vez hasta para equipararlas. Durante su primer periodo de 4 años en el poder, Díaz expidió 71 decretos de concesión de subsidios a ferrocarriles, que experimentaron erogaciones por la cantidad de $40 millones; todos esos decretos, excepto 2 ó 3, fueron a favor de gobernadores de los Estados. En ciertos casos no se construyó ni un kilómetro de vía, pero es de suponer que los subsidios se pagaron siempre. Casi todos eran por la misma cantidad de $12,880 oro por kilómetro.

Estas enormes sumas salieron de la tesorería nacional y se supone que fueron pagadas a los gobernadores, aunque algunos políticos mexicanos de aquellos tiempos me han asegurado que eran divididas: una parte se dedicaba al subsidio y la otra iba a manos de Díaz, quien la empleaba para establecer su sistema en otros puntos.

Es cierto que, a cambio de esos ricos presentes financieros, exigía a los gobernadores algo más que lealtad, por muy valiosa que ésta fuera. Es un hecho debidamente comprobado que los gobernadores eran obligados a pagar una cantidad fija cada año por el privilegio de explotar, hasta el límite, las posibilidades de sobornos que ofrecían sus puestos. Durante largo tiempo, Manuel Romero Rubio, suegro de Díaz, fungió como cobrador de estos gajes y cada gobierno estatal producía entre $10 mil y $50 mil anuales por ese concepto.

El botín más grande que enriqueció a Díaz y a los miembros de su familia inmediata, a sus amigos, a sus gobernadores, a su grupo financiero y a sus favoritos extranjeros, fue durante mucho tiempo la confiscación de las tierras del pueblo, la cual, de hecho, continua todavía hoy. Hay que hacer notar que el robo de tierras ha sido el primer paso directo para someter de nuevo al pueblo mexicano a la servidumbre, como esclavos y peones.

En un capítulo anterior se ha mostrado en qué forma les fueron arrebatadas las tierras a los yaquis de Sonora, para dárselas a los políticos favoritos del dictador. Casi en la misma forma despojaron de sus tierras a los mayas de Yucatán, ahora esclavizados por los henequeneros. El último acto de esta confiscación ocurrió en 1904, cuando el Gobierno federal señaló las últimas tierras mayas para formar un territorio llamado Quintana Roo; este territorio tiene 43 mil Km^2 y es mayor en 8 mil Km^2 que el actual estado de Yucatán, además de contener las tierras más prometedoras de toda la península. Separado de la isla de

Cuba por un breve estrecho, su suelo y clima son notablemente iguales a los de aquel país; algunos peritos han declarado que no hay razón por la cual Quintana Roo no llegue a ser algún día un productor de tabaco tan importante como Cuba. Aún más las laderas de sus montes están densamente cubiertas de las más valiosas maderas preciosas y tintóreas que hay en el mundo. Esta magnífica región es la que como último capítulo en la vida de la nación maya el Gobierno de Díaz ha tomado y regalado a ocho políticos mexicanos.

De modo semejante han sido reducidos al peonaje, si no a la esclavitud, los mayos de Sonora, los pápagos y los temosachics; en realidad, casi todas las poblaciones indígenas de México. Las pequeñas propiedades de cada tribu y nacionalidad han sido expropiadas gradualmente, hasta el punto de que hoy casi no existen pequeños propietarios indígenas. Sus tierras están en manos de los miembros de la maquinaria gubernamental o de personas a quienes éstos se las han vendido o en manos de extranjeros.

Tal es la causa de que la hacienda típica mexicana sea de más de mil has. y de que haya sido tan fácil para norteamericanos como William Randolph Hearst, Harrison Gray Otis, E. H. Harriman, los Rockefeller, los Guggenheim y muchos otros, obtener posesión de millones de hectáreas de tierras mexicanas. Por eso el actual secretario de Fomento, Olegario Molina, es dueño de más de 6 millones de Has. del territorio mexicano; el ex gobernador Terrazas de Chihuahua posee otros 6 millones de Has. en ese Estado; el ministro de Hacienda, José Ives Limantour, la señora esposa de Porfirio Díaz, el vicepresidente Ramón Corral, el gobernador Pimentel, de Chiapas; el gobernador Landa y Escandón, del Distrito Federal; el gobernador Pablo Escandón, de Morelos, el gobernador Ahumada, de Jalisco; el gobernador Cosío, de Querétaro; el gobernador mercado, de Michoacán; el gobernador Cañedo, de Sinaloa; el gobernador Cahuantzi, de Tlaxcala, y muchos otros componentes de la maquinaria de Díaz, no sólo son millonarios en dinero, sino millonarios en hectáreas.

Uno de los principales métodos para despojar de sus tierras al pueblo en general ha sido la expedición de la ley de registro de la propiedad patrocinada por Díaz, lo cual permitió a cualquier persona reclamar terrenos cuyo poseedor no pudiera presentar título registrado. Como hasta el momento en que la ley se puso en vigor no era costumbre registrar los títulos de propiedad, quedaron afectadas por ella todas las propiedades de México. Cuando un hombre poseía un lote que había sido de su padre, y antes de su abuelo y de su bisabuelo, que lo había ocupado su familia durante varias generaciones, consideraba simplemente que ese lote era de su propiedad, lo cual era reconocido por sus vecinos y por todos los gobiernos, sin que mediara un título de propiedad registrado, hasta que llegó este Gobierno de Díaz.

En el supuesto de que la evolución del país hubiera hecho necesaria una estricta ley de registro, y que esta ley se hubiera promulgado con el fin de proteger a los dueños de la tierra en vez de despojarlos, el Gobierno habría enviado agentes por todo el país, desde luego, para dar a conocer al pueblo la nueva ley y para ayudarlo a registrar sus propiedades y conservar sus hogares. Pero esto no se hizo. La conclusión inevitable es que la ley fue promulgada con el objeto de despojar a los propietarios.

De todas formas, el resultado fue un verdadero despojo. Apenas fue aprobada la ley cuando los miembros de la maquinaria gubernamental, encabezados por el suegro de Díaz y por Díaz mismo, organizaron compañías deslindadoras y enviaron agentes, no para ayudar al pueblo a que conservara sus tierras, sino para elegir las más deseables, registrarlas y despojar a los propietarios, lo cual se hizo en gran escala. En esta forma, cientos de millares de pequeños agricultores perdieron sus propiedades; así las siguen perdiendo. Como un ejemplo se transcribe aquí un despacho fechado en Mérida, Yucatán, en 11 de abril de 1909 y publicado el 12 de abril por el *Mexican Herald*, un diario norteamericano que se imprime en la ciudad de México:

> Mérida, 11 de abril. El ministro de Fomento, Colonización e Industria, Olegario Molina, ha denunciado ante la agencia respectiva en esta ciudad un extenso territorio adyacente a sus tierras del partido de Tizimín. La denuncia fue hecha por mediación de Esteban Rejón García, su administrador en aquel lugar.

Esa sección se tomó sobre la base de que los actuales ocupantes no tienen documentos ni títulos de propiedad.

Mide 2,700 Has. e *incluye pueblos perfectamente organizados*, algunos buenos ranchos, entre ellos los de Laureano Briseño y Rafael Aguilar, y otras propiedades. El jefe político de Tizimín ha notificado a los habitantes del pueblo, a los propietarios y a los trabajadores de los ranchos, y a otras personas que se hallan en esas tierras, que están obligados a desocuparlas en un plazo de 2 meses o *quedar sujetos al nuevo propietario*.

Los actuales ocupantes han vivido durante años en esas tierras, y las han cultivado y mejorado en gran parte. Algunos han vivido allí de una generación a otra, y se han considerado los propietarios legales, habiéndolas heredado de los primeros "advenedizos".

El señor Rejón García ha denunciado también otros terrenos nacionales semejantes en el partido de Espita.

Otro medio favorito para confiscar pequeñas propiedades consiste en señalar arbitrariamente los impuestos estatales. Estos se fijan, en México, en forma amenazadora y maravillosa; sobre todo en los distritos menos populosos, se grava a los propietarios en forma inversa al grado de simpatía que demuestran hacia el personaje que representa al Gobierno en el distrito de que se trate. No hay tribunal, junta, ni otro cuerpo responsable, encargado de revisar las contribuciones injustas. El jefe político puede imponer a un propietario tasas cinco veces más elevadas por hectárea que las que fija al propietario vecino, sin que el primero tenga manera de defenderse, a menos que sea rico y poderoso. Debe pagar, y si no puede hacerlo, la finca se encontrará poco después en la lista de las propiedades del jefe político o de algunos de los miembros de su familia; pero si el propietario es rico y poderoso, lo más probable es que no pague impuestos de ningún género. Los empresarios norteamericanos en México están exentos de impuestos de modo casi tan invariable que en los Estados Unidos se ha creado la impresión de que en méxico la tierra no paga contribuciones. Hasta Frederick Palmer hizo una afirmación en ese sentido en sus recientes escritos acerca de este país.

Naturalmente, tales formas de bandidaje que han sido y todavía son aplicadas, no podían dejar de encontrarse con resistencias; en muchos casos se utilizan regimientos de soldados para apoyar el cobro de impuestos o el lanzamiento de propietarios que han estado largo tiempo en posesión tradicional de sus tierras. La historia mexicana de la última generación está plagada de relatos de matanzas causadas por este proceder. Entre las más cruentas se hallan las de Papantla y Temosachic. Manuel Romero Rubio, el fallecido suegro del general Díaz, denunció las tierras de varios miles de campesinos en las cercanías de Papantla, Veracruz. Díaz lo apoyó con varios regimientos de soldados de línea que mataron a unos 400 campesinos antes que pudieran desalojarlos de las tierras. En 1892, el general Lucio Carrillo, gobernador de Chihuahua, impuso sobre las tierras del pueblo de Temosachic una contribución onerosa que los propietarios no podían pagar. La causa inmediata del exorbitante impuesto, según el relato, radicó en que las autoridades de la población negaron a Carrillo ciertas pinturas que adornaban las paredes de la Iglesia, las cuales deseaba para su casa. Carrillo ordenó la aprehensión de varios de los principales del pueblo en calidad de rehenes y como a pesar de ello el pueblo se negó a cubrir los impuestos, envió soldados a capturar algunos más. Los soldados fueron rechazados; pero Carrillo sitió al pueblo con 8 regimientos y acabó por incendiarlo; las mujeres y niños que se refugiaron en la iglesia murieron quemados. Los relatores de la matanza de Temosachic consideran que los muertos fueron entre 800 y 2 mil.

Son muchos los casos recientes de derramamiento de sangre por la misma causa. Ahora es raro que pase un mes sin que se lean en los periódicos mexicanos una o más noticias sobre desórdenes resultantes de la confiscación de tierras, ya sea por el procedimiento de la denuncia o por el pretexto de evasión de impuestos. Entre estos casos se distinguió el de San Andrés, Chihuahua, publicado en la prensa mexicana en abril de 1909. Según tales noticias, las autoridades del Estado confiscaron las tierras de varios grupos de campesinos, con el pretexto de que estaban atrasados en el pago de contribuciones. Los afectados unidos se resistieron al lanzamiento; pero algunos soldados enviados urgentemente desde la capital del Estado los barrieron en el momento; mataron e hirieron a muchos e hicieron huir a unos 50 de ellos a las montañas. Los fugitivos permanecieron en ellas hasta que empezaron a sentir hambre y se decidieron a bajar para pedir clemencia, a medida que llegaban, tanto hombres, como mujeres y niños eran encerrados en la cárcel. El Gobierno ocultó cuidadosamente la verdad respecto a los que murieron en la escaramuza con las tropas; pero algunos informes calculaban que pasaron de cinco y tal vez llegaron a veinticinco.

Un incidente parecido ocurrió en San Carlos, también del Estado de Chihuahua, en agosto de 1909. En San Carlos, centro de un distrito agrícola, el abuso en la imposición de gravámenes se hizo tan insoportable que 400 campesinos unidos desafiaron a 50 rurales, depusieron por la fuerza al jefe político y eligieron otro en su lugar; después, los campesinos volvieron a su labor. Fue una pequeña revolución, que las noticias de prensa de aquel tiempo declararon como la primera de ese género, ante la que tuvo que ceder el actual Gobierno de México. No se sabe si se permitió que continuara el gobierno local legalmente constituido, o si más tarde fue depuesto por algún regimiento de soldados, aunque esto último parece lo más probable.

El soborno es una institución establecida en las oficinas públicas mexicanas y reconocida como un derecho que corresponde al funcionario que ocupa el puesto. Es, además una institución respetada. Hay dos funciones principales adscritas a cada puesto público; una de ella es un privilegio y la otra es un deber. El privilegio consiste en usar las facultades especiales del puesto para amasar una fortuna personal; el deber consiste en impedir a la gente emprender cualquier clase de actividad que pueda poner en peligro la estabilidad del régimen existente. En teoría se juzga que el cumplimiento del deber es el contrapeso de los gajes del privilegio; pero esto no ocurre así en todos los lugares. Existen encargados oficiales, con especiales y jugosas posibilidades, que se compran y venden a precio fijo. Son ejemplos de ellos los puestos de jefes políticos en los distritos donde la trata de esclavos es notablemente remunerativa, como en los de Pachuca, Oaxaca,

Veracruz, Orizaba, Córdoba y Río Blanco; hay otros en que el reclutamiento de soldados para el Ejército se deja encomendado especialmente a los jefes políticos; los hay también en las ciudades cuyos alcaldes monopolizan las autorizaciones para establecer casas de juego; y tales puestos existen en los Estados en que son extraordinarias las oportunidades para que los gobernadores *muerdan* en los contratos de abastecimiento del Ejército.

Los monopolios, llamados "concesiones", que no son otra cosa que *trust* creados por decreto gubernamental, son negociados abiertamente por el Gobierno de México, algunas de tales concesiones se compran en efectivo al contado; pero en general se obtienen gratis por un precio nominal; el Gobierno cobra el precio real en forma de apoyo político. Las tierras de dominio público se regalan así, o se venden en grandes extensiones a un precio nominal, que si acaso es pagado, sólo alcanza un promedio de un peso por Ha. sin embargo, el Gobierno nunca vende tierras a ninguna persona o compañía que no sea de su especial predilección; es decir, las tierras de dominio público de ningún modo están disponibles en condiciones iguales para quienes las soliciten. Se han otorgado concesiones con valor de millones de dólares –para usar el agua de río con propósito de riego, o para energía eléctrica, o para ejercer tal o cual monopolio–, pero nunca sin discriminación. Estas concesiones son la moneda con que se compra el apoyo político; no son más que soborno puro y simple.

Nunca se aplica la acción pública para mejorar las condiciones de vida del pueblo humilde; esa acción sólo tiene la mira de asegurar cada vez más la posición del Gobierno. México es la tierra de los privilegios especiales y extraordinarios, aunque con frecuencia se otorguen éstos en nombre del pueblo. Un ejemplo es el del Banco Agrícola, creado en 1908. Al leer las noticias de la prensa respecto a los propósitos de este banco, cualquiera hubiera imaginado que el Gobierno había iniciado un gigantesco y benéfico plan para restablecer en la actividad agrícola al pueblo expropiado. El objeto, se dijo, era el prestar dinero a los agricultores que lo necesitaran; pero nada pudo estar más lejos de la verdad, puesto que se trata de ayudar a los agricultores ricos y sólo a los más ricos del país. El banco ha prestado dinero durante 2 años; pero hasta ahora no se ha registrado un solo caso en que se haya otorgado crédito a propiedad alguna que no comprendiera miles de hectáreas. Se han prestado millones para proyectos de riego privados; pero nunca en cantidades menores de varias decenas de miles de pesos. En los Estados Unidos los agricultores integran una clase verdaderamente humilde; en México el agricultor típico es el rey de los millonarios, un pequeño potentado. Gracias a los privilegios especiales otorgados por el Gobierno, en México existe la Edad Media fuera de las ciudades. Los hacendados mexicanos son más ricos y más poderosos que los aristócratas terratenientes de la época anterior a la Revolución Francesa, y el pueblo es más pobre y más miserable que "la canalla" de entonces.

Los privilegios financieros especiales, que se centralizan en las ciudades, son tan notables como los otorgados a los explotadores de esclavos de las haciendas. Hay una camarilla financiera, compuesta por los miembros del Gobierno de Díaz y sus asociados inmediatos, que cosechan todos los buenos frutos de la "República", que consiguen los contratos, las franquicias y las concesiones y a quienes los inversionistas extranjeros que se establecen en el país deben aceptar necesariamente como socios dedicados tan sólo a cobrar dividendos. El Banco Nacional de México, institución que tiene unas 54 sucursales, a la que se ha comparado, por vía de halago, con el Banco de Inglaterra, es el vehículo financiero especial de la camarilla del Gobierno. Monopoliza la mayor parte del negocio bancario del país y es una tapadera conveniente para todos los grandes negocios ilícitos, tales como la consolidación de los ferrocarriles, cuya verdadera importancia se pondrá en claro en otro capítulo.

Díaz estimula al capital extranjero, porque éste significa el apoyo de los gobiernos extranjeros. El capital norteamericano recibe mejor trato de Díaz que del propio gobierno de Washington, lo cual está muy bien desde el punto de vista de los inversionistas norteamericanos, pero no así desde el punto de vista del pueblo de México. Díaz ha llegado a participar directamente con ciertos sectores del capital extranjeros, a los que ha concedido privilegios especiales que en algunos renglones ha negado a sus propios millonarios. Estas asociaciones con extranjeros formadas por Díaz, han hecho internacional a su gobierno en cuanto a los apoyos que sostienen su sistema. La seguridad de la intervención extranjera en su favor ha sido una de las fuerzas poderosas que ha impedido al pueblo mexicano hacer uso de las armas, para derrocar a su gobernante que se impuso por medio de las armas.

Al referirme a los socios norteamericanos de Díaz, no he mencionado a los de otras nacionalidades; pero debe tenerse en cuenta que, sobre todo, Inglaterra tiene tantos intereses en México como los Estados Unidos. Mientras que este país tiene invertido 900 millones de dólares (cifra citada por el cónsul general Shanklin a principios de 1910), Inglaterra (según el *South American Journal*) tiene 750 millones de dólares. Sin embargo, estas cifras de ninguna manera representan la proporción de la influencia política que ejercen estos dos países. En este sentido, los Estados Unidos están en mejor situación que todos los demás países juntos.

No obstante, hay dos compañías inglesas tan íntimamente identificadas con la camarilla financiera mexicana, que merecen mención especial; son las que integran la combinación que representa el doctor F. S. Pearson, de Canadá y Londres y otra compañía distinta la S. Pearson & Son. Limited. Sobre el doctor F.S. Pearson se dice a los cuatro vientos que es capaz de conseguir cualquier clase de concesión en México, excepto sólo alguna que pudiera oponerse a otros intereses extranjeros igualmente poderosos. El doctor Pearson es, dueño del sistema de tranvías eléctricos del Distrito Federal y abastece la gran cantidad de energía y luz eléctrica utilizada en esa región de México. Entre otras cosas, es también una gran potencia a lo largo de la frontera con los Estados Unidos, donde él y sus asociados son dueños del Ferrocarril Mexicano del Noroeste y de varias líneas menores, así como de grandes extensiones de tierras y enormes intereses madereros. En Chihuahua está instalada una gran fábrica de acero, y en El Paso está construyendo un aserradero con 500 mil dólares de inversión como parte de sus proyectos.

La firma S. Pearson & Son ha obtenido tantas concesiones valiosas en méxico, que a ellas se debe que se le llame "los socios de Díaz". Por medio de tales concesiones se halla en posesión de vastos terrenos petrolíferos, en su mayoría aún no explotados; pero en la actualidad tiene tantos en producción que la compañía declaró hace poco que en adelante podría abastecer a todos sus clientes con petróleo mexicano. Su compañía distribuidora "El Águila" mantiene entre sus directores a algunos de los más íntimos amigos de Díaz. Pearson & Son también ha monopolizado los contratos para dragar y mejorar los puertos de México. Desde que esa empresa llegó al país, hace unos 14 años, la tesorería del Gobierno le ha pagado $200 millones por obras efectuadas en los puertos de Salina Cruz y Coatzacoalcos y en el ferrocarril del Istmo. Esta cantidad –según me dijo un ingeniero del Gobierno– es casi el doble de lo que debiera haber pagado por las obras ejecutadas. En 1908, al Congreso de Díaz destinó $ 50 millones para un extenso plan de riegos en el río Nazas, en beneficio de los reyes del algodón de la Laguna, Estado de Durango. Inmediatamente después, la compañía Pearson organizó una empresa constructora de obras de riego subsidiado con capital de $ 1 millón. La nueva compañía hizo planes para construir una presa y con gran prontitud el Congreso asignó $ 10 millones de los $50 millones para pagar a los Pearson por la obra.

En este capítulo se intentó ofrecer al lector una idea de los medios del general Díaz para obtener apoyo para su Gobierno. En resumen, por medio del cuidadoso reparto de los puestos públicos, de los contratos y los privilegios especiales de diversa índole, Díaz ha conquistado a los hombres y a los intereses más poderosos, los ha atraído dentro de su esfera y los ha hecho formar parte de sus sistemas. Gradualmente, el país ha caído en manos de sus funcionarios, de sus amigos y de los extranjeros. Y por todo esto, el pueblo ha pagado, no sólo con sus tierras, sino con su carne y su sangre; ha pagado con el peonaje y la esclavitud; ha perdido la libertad, la democracia y la bendición del progreso. Y como los seres humanos no renuncian a estas cosas sin luchar, la maquinaria de Díaz se creó necesariamente en función distinta a la de distribuir donativos; otro medio que forma parte de la estructura del Gobierno: la represión. El privilegio y la represión van siempre de la mano.

En este capítulo he intentado trazar un cuadro de los privilegios del sistema de Díaz; en el siguiente trataré de escribir sus elementos de represión.

Capítulo VIII

ELEMENTOS REPRESIVOS DEL RÉGIMEN DE DÍAZ

Los norteamericanos que emprenden negocios en México, suelen recibir de las autoridades locales más o menos el mismo trato que acostumbran recibir en su país. Las más grandes exigencias de *gratificación* compensadas con creces por los privilegios especiales que luego disfrutan. Algunas veces un norteamericano cae en desgracia con las autoridades, y es perseguido con ciertas precauciones; pero esto es raro. Mas si llegó a México para hacerse rico rápidamente, como suele suceder, juzgará al Gobierno de acuerdo con la ayuda que éste le brinde para alcanzar su ambición. Para él, el régimen de Díaz es el más sabio, el más moderno y el más benéfico sobre la faz de la tierra.

Para ser por completo justos con Díaz y su sistema, debo confesar que no juzgo a éste desde el punto de vista del inversionista norteamericano, sino tan sólo por sus efectos sobre la masa del pueblo en general, la que en la última instancia determina con certeza el destino de su país. Desde el punto de vista del mexicano común, el Gobierno de Díaz es lo más opuesto a la bondad; es un tratante de esclavos, un ladrón, un asesino; no imparte justicia ni tiene misericordia... sólo se dedica a la explotación.

Para imponer su autoridad al pueblo que le es contrario, el general Díaz se ha visto en la necesidad, no sólo de premiar a los poderosos del país y tratar al extranjero con liberalidad y facilidades, sino de privar al pueblo de sus libertades hasta dejarlo desnudo. Le arrebató los poderes, derechos y garantías, y la facultad de exigir la devolución de todo ello. ¿Por qué las naciones demandan siempre una forma popular de gobierno? Nunca, hasta que conocí México, había apreciado en toda su integridad la causa de esa exigencia. Es que la vida bajo cualquier otro sistema es intolerable; los intereses comunes sólo pueden conservarse mediante la voz de la comunidad. Los gobiernos de personajes que no son responsables ante las masas dan como resultado invariable el despojo de éstas y la delegación del país. El progreso de cualquier pueblo requiere ciertas garantías sociales que sólo son posibles bajo un Gobierno en el que toma parte la mayoría de la población.

En 1876 el general Díaz ocupó con sus fuerzas la capital mexicana y se declaró a sí mismo Presidente provisional. Poco después convocó a una supuesta elección y se declaró a sí mismo Presidente constitucional. Con "supuesta elección" quiero decir que puso a sus soldados en posesión de las urnas electorales e impidió, por intimidación, que apareciera cualquier otro candidato en su contra. En esa forma resultó "electo" por unanimidad y, con excepción de un período en que voluntariamente entregó su puesto, ha continuado eligiéndose por *unanimidad* en forma semejante.

No hay necesidad de ahondar en las farsas electorales de México, puesto que los más fervientes admiradores de Díaz admiten que no ha habido una elección verdadera durante los últimos 34 años; pero quienes deseen más pruebas sobre la materia pueden acudir tan sólo a los resultados de tales "elecciones". ¿Es posible acaso marginar una nación de unos 15 millones de habitantes, de los que unos tres millones escasos se hallan en edad para votar en la que todos prefieran al mismo hombre para que sea el jefe del Ejecutivo, no sólo una vez, sino año tras año y decenio tras decenio? Colóquese ese cuadro en los Estados Unidos, por ejemplo. ¿Puede imaginarse a Taft reelegido por voto unánime? Roosevelt fue, sin duda, el Presidente más popular que haya tenido este país. ¿Puede alguien pensar en un Roosevelt reelegido por voto imánime? Además, ¿quién no se llamaría a engaño si le dicen que hay un país de 15 millones de almas en el que la ambición no despierta, sino en un hombre único, el deseo de representarse ante el pueblo como candidato para el más alto puesto de la nación?

Sin embargo, ésta es exactamente la situación que existe en méxico Don Porfirio Díaz se ha establecido ocho veces como "presidente" y otras tantas ha sido elegido por "unanimidad". Nunca ha tenido opositor en las urnas electorales.

La experiencia de la sucesión presidencial se repite en los Estados donde la reelección sin oponente es regla que tiene muy pocas excepciones. El gobernador del Estado se mantiene en su puesto como si fuera vitalicio, a menos que por alguna razón pierda el favor de don Porfirio, lo que rara vez sucede. Un miembro de la clase alta mexicana describió con gran perspicacia esta situación. Dijo: "El único antireeleccionista que hay en México es la muerte". La razón principal de que en los Estados no haya gobernadores que tengan 34 años en el puesto, es que los primeros han muerto y ha sido necesario colocar a otros en las plazas vacantes. De esta manera, el coronel Próspero Cahuantzi ha gobernado el Estado de Tlaxcala durante todo el período porfiriano; el general Aristeo Mercado al de Michoacán por más de 25 años. Hasta que fue depuesto en 1909, el general Bernardo Reyes había gobernado en Nuevo León durante casi 25 años. El general Francisco Cañedo, el general Abraham Bandala y Pedro Rodríguez gobernaron a los Estados de Sinaloa, Tabasco e Hidalgo, respectivamente, durante más de 20 años; los gobernadores Martínez, Cárdenas y Obregón González rigieron sus respectivos Estados –Puebla, Coahuila y Guanajuato–, durante unos 15 años.

El régimen de Díaz es muy fácil de entender, una vez que se ha explicado. El Presidente, el gobernador y el jefe político son tres clases de funcionarios que representan todo el poder en el país; en México no hay más que un solo poder gubernamental: el ejecutivo. Los otros dos poderes sólo figuran de nombre y ya no existe en el país ni un solo puesto de elección popular; todos son ocupados por nombramiento expedido por alguna de las tres clases de funcionarios del Ejecutivo mencionado. Estos controlan la situación en su totalidad, sus palabras son leyes en sus propias jurisdicciones: el Presidente domina en los 29 Estados; el jefe político en su distrito. Ninguno de los tres es responsable de sus actos ante el pueblo. El gobernador tiene que responder ante el Presidente, y el jefe político sólo ante el gobernador y el Presidente. Es el régimen dictatorial personalista más perfecto que hay en la tierra.

Naturalmente, tales condiciones no se establecieron sin lucha, ni pueden mantenerse sin una lucha continua. La autocracia no puede crearse de la nada, mediante un *fiat*, ni la esclavitud puede existir por un simple decreto del dictador; tiene que haber una organización y una política que imponga tales cosas; se requiere una organización militar armada hasta los dientes; se necesitan policías y espías; se imponen las expropiaciones y encarcelamientos por motivos políticos; y asesinar..., ¡asesinar continuamente! Ninguna autocracia puede existir sin asesinato, pues se alimenta con ellos. Nunca fue de otro modo; y gracias a la naturaleza humana, tal como es en la actualidad, no podrá ser de otro modo.

Los dos capítulos siguientes se dedicarán a describir la extirpación de los movimientos políticos que han tenido el propósito de restablecer las instituciones republicanas en México; pero parece conveniente definir primero cuáles son los poderes públicos y las instituciones que se han empleado en esa perversa obra. Son los siguientes: 1) El Ejército. 2) Las fuerzas rurales. 3) La policía. 4) La acordada. 5) La ley fuga. 6) Quintana Roo, la "Siberia mexicana". 7) Las cárceles. 8) Los jefes políticos.

En una entrevista publicada durante la rebelión liberal de 1908, el vicepresidente Corral anunció que el Gobierno tenía más de 50 mil soldados listos para actuar en menos de una hora. En esa cifra debe haber incluido las fuerzas rurales, pues ciertos empleados de la Secretaría de Guerra me aseguraron después que en realidad el Ejército regular contaba con menos plazas, casi exactamente 40 mil. En teoría, el Ejército mexicano es más pequeño que el de los Estados Unidos; pero según estimaciones de los expertos norteamericanos –publicadas durante los últimos años– sobre los efectivos reales del Ejército de los Estados Unidos, el de México es mayor; y si se consideran en proporción de las respectivas poblaciones, el Ejército Mexicano es por lo menos, cinco veces más grande. El pretexto del general Díaz para mantener tal Ejército en tiempo de paz ha sido la insinuación de que el país podría hallarse en cualquier momento en peligro de ser invadido por los Estados Unidos. La prueba de que su objeto no era estar preparado contra una invasión, sino contra una revolución interna, se halla en el hecho de que en vez de fortificar la frontera ha fortificado ciudades del interior. Además, mantiene al grueso del Ejército concentrado cerca de los grandes centros de población, y su equipo mejor y más numeroso consiste en baterías de montaña, reconocidas como específicamente bien adaptadas para la guerra interna.

Actualmente el Ejército ejerce actividades policiacas; con este fin, el país fue dividido en diez zonas militares, tres comandancias y catorce jefaturas. Se ven soldados por todas partes; no hay en el país una ciudad importante que no cuente con cuarteles situados en su centro donde los soldados están siempre listos para toda eventualidad. La disciplina de tiempos de guerra se mantiene en todo momento y la presencia de los soldados y sus constantes maniobras son una amenaza perpetua contra el pueblo. Se lanza a los soldados contra él con suficiente frecuencia para que el pueblo conserve siempre en la memoria el hecho de que la amenaza no es vana. Esta preparación para la guerra en que se mantiene a las tropas mexicanas no se conoce en los Estados Unidos. No hay trámite engorroso cuando se trata de que el Ejército actúe, y las tropas llegan al lugar del desorden en un tiempo increíblemente corto. Por ejemplo, en la época de la rebelión liberal, en el otoño de 1906, los liberales atacaron la ciudad de Acayucan, Ver.; pero a pesar de que esta ciudad está situada en una parte de los trópicos relativamente aislada, el Gobierno concentró cuatro mil soldados en aquel punto en menos de las 24 horas siguientes a la primera alarma.

Como instrumento de represión, El Ejército Mexicano es empleado con efectividad en dos formas distintas; como máquina de asesinar y como institución de destierro. Es cárcel y campo de concentración para los políticos indeseables.

Esta segunda función del Ejército se basa en que más del 95% de los reclutas son conscriptos, y esto por la razón muy particular de que son ciudadanos políticamente indeseable, o víctimas fáciles para que el reclutador le saque dinero. El reclutador suele ser el jefe político. Los jueces, a instancias de la autoridad ejecutiva, en ocasiones sentencian a algún reo a servir en el Ejército en vez de enviarlo a la cárcel. Algún gobernador, como sucede en Cananea, vigila a veces personalmente el reclutamiento de gran cantidad de hombres; pero, por regla general, el jefe político es el funcionario encargado de hacerlo, y sobre él no se ejerce vigilancia. No tiene otro sistema que el que le dicta su propia voluntad. Llama a filas a los trabajadores que se atreven a declararse en huelga, a los periodistas que critican al Gobierno, a los agricultores que se resisten a pagar impuestos exorbitantes, y a cualesquiera otros ciudadanos que ofrezcan posibilidades de poder pagar su libertad en dinero.

Como basurero donde se arroja a los políticamente indeseables, las condiciones del Ejército son ideales desde le punto de vista del Gobierno. Los hombres son más bien prisioneros que soldados y como tales se les trata. Por esta razón el Ejército mexicano ha merecido el nombre de "la cuerda nacional". Mientras estuve en la tierra de Díaz, visité algunos cuarteles del Ejército; el de Río Blanco es típico. Aquí, desde la huelga de Río Blanco, han estado acuartelados 600 soldados y 200 rurales, a la sombra de la gran fábrica, en terrenos y edificios proporcionados por la compañía, como amenaza continua contra los miserables obreros explotados que allí trabajan.

En Río Blanco, un capitán chaparrito nos acompañó durante la visita que De Lara y yo hicimos para corresponder a la invitación de un funcionario de la compañía. El capitán nos informó que la paga del soldado mexicano, con alimentos, es de $3.80 al mes, y se supone que el soldado tiene que gastar la mayor parte en comida extraordinaria, puesto que el rancho que le dan es poco variado y muy escaso para satisfacer a un ser humano. El capitán confirmó las noticias que no había oído con frecuencia en el sentido de que el soldado, durante sus cinco años de servicio, nunca pasa ni una hora fuera de la vista de un oficial y que es tan prisionero en su cuartel como el condenado en una penitenciaría. Este capitán estimaba que la proporción de soldados forzados era de 98%. Nos dijo que con frecuencia los soldados, locos por conseguir la libertad, hacen escapatorias y huyen como si fueran presos, y como a éstos se les da caza.

Pero lo que con más fuerza me llamó la atención durante esa visita, fue que el bajito capitán, en presencia de media compañía, nos dijo que los soldados eran de la peor ralea, que no servían para nada, que eran malos, y otras cosas de este jaez. Así hablaba para hacernos comprender que si hubiera guerra la calidad del Ejército mejoraría mucho. Los soldados no parecen muy contentos de lo que oían; esto me hizo pensar allí mismo que la lealtad del Ejército Mexicano se sostiene sobre bases deleznables –tan sólo por el temor a la muerte–, y que en caso de alguna rebelión contra la dictadura, es de esperarse que el Ejército se alzará como un sólo hombre tan pronto como la rebelión adquiera alguna fuerza; es decir, la suficiente para garantizar a los desertores la oportunidad de conservar la vida. El territorio de Quintana Roo se ha caracterizado como una de las Siberias de México, porque allí se ha llevado, en calidad de soldados-presos a millares de sospechosos políticos y agitadores obreros. Aunque ostensiblemente se les envía a pelear contra los indios mayas, son tan duramente tratados que es probable que ni el 1% de ellos regrese a su hogar. No me fue posible conocer Quintana Roo; pero escuché tantas noticias de fuentes auténticas, que no tengo duda alguna de que mi opinión es correcta. Quiero ofrecer los detalles proporcionados por una de estas fuentes de información, un distinguido médico del Gobierno que durante tres años fue jefe del Servicio Sanitario del Ejército en aquel territorio:

–Durante 30 años –me dijo–, ha habido una fuerza de dos a tres mil hombres en campaña constante contra los mayas. Estos soldados son reclutados casi todos entre los políticos sospechosos; y hasta muchos de los oficiales son hombres enviados a cumplir deberes militares en aquel territorio sólo porque el Gobierno tiene algún motivo para querer deshacerse de ellos. Quintana Roo es la parte más insalubre de México; pero los soldados mueren en cantidad de cinco a diez veces mayor de lo que sería lógico debido a las exacciones de que los hace víctimas su jefe, el general Bravo. Durante los primeros dos años que estuve allí, la proporción de muertes fue de 100% al año, pues en ese periodo más de cuatro mil soldados murieron de hambre o de enfermedades ocasionados por el hambre.

–Durante meses y meses –agregó este médico–, observé que los fallecimientos daban un promedio de 30 al día. Por cada soldado muerto por los mayas, no menos de 100 mueren por hambre y enfermedad. El general Bravo se roba el dinero destinado a los aprovisionamientos y deja morir de hambre a los soldados, en convivencia con el Gobierno Federal. Más de dos mil han muerto de ese modo durante los últimos siete años, desde que el general Bravo tomó el mando. Y no sólo eso, sino que éste roba el dinero destinado a la cremación. El suelo de la península, como usted debe saber, es rocoso; el tepetate está casi en la superficie y no es práctico enterrar a los muertos. El Gobierno destina algún dinero para comprar petróleo para la cremación de los cadáveres pero Bravo se queda con ese dinero y deja que los cadáveres se pudran al sol.

No puedo publicar el nombre de ese testigo porque ello le acarrearía el encarcelamiento y el castigo. Creo, sin embargo, que estoy en la perfecta libertad para citar al coronel Francisco B. Cruz, el principal deportador de yaquis. El coronel Cruz me ha dicho que en tres años el general Bravo ha acumulado $10 millones extraídos del Ejército de Quintana Roo. El que casi todas las muertes de los soldados fueran ocasionadas por el hambre, quedó demostrado en el año 1902 a 1903, cuando el general Bravo tomó unas vacaciones y el general Vega se encargó del mando. El general Vega no robaba el dinero destinado a los alimentos, a las medicinas y al petróleo para la cremación de cadáveres; como resultado, el número de fallecimientos descendió de 30 a tres por día.

–En su campaña contra los mayas –me dijo el ex jefe de Sanidad–, el Gobierno construyó un ferrocarril de 70 kilómetros, conocido entre los soldados como *Callejón de la Muerte,* pues se dice que durante su construcción cada durmiente costó cinco vidas; se llevaron muchos reos de la prisión militar de San Juan de Ulúa para que hicieran el trabajo, con la promesa de reducir sus condenas a la mitad; pero después de estar pocas semanas en manos de Bravo, la mayoría pedía –aunque en vano– que los devolviesen a Ulúa, que es la más temida entre las prisiones de México. No se daba de comer a estos infortunados prisioneros, cuando caían por debilidad, eran azotados, algunos hasta morir. Muchos reos se suicidaron en cuanto tuvieron oportunidad de hacerlo; lo mismo hacían los soldados; 50 hombres se suicidaron mientras yo estuve allí.

Casi no es posible imaginar un soldado que se suicida. Muy crueles condiciones debieron conducir al suicidio a 50 soldados entre dos mil en el lapso de tres años.

Respecto a las ganancias indebidas que ofrece el reclutamiento forzoso, como ya se ha sugerido, basta mencionar que el jefe político elige los afectados a su gusto en el secreto de su propia oficina. Nadie puede discutir sus métodos y de esa manera acaba por hacerse rico. Son reclutados unos diez mil hombres cada año; si se tiene en cuenta la alta proporción de mortalidad, puede apreciarse que son enormes las posibilidades que ofrece el sistema para el soborno. El horror al Ejército es lo que explota el jefe para obtener dinero de jornaleros y de pequeños propietarios. A menos que la víctima sea reclutada por razones políticas, el sistema permite que el afectado pague a otra persona para que tome su lugar... siempre que el oficial encargado del reclutamiento lo apruebe. Esta facultad de opción es la que el jefe utiliza como gran productora de dinero, ya que éste no otorga su aprobación hasta que no es pagado del mismo modo que el sustituto. En General, no es necesario comprar al sustituto sino sólo al jefe político. Se dice que en algunos distritos existe la práctica regular de llevar registro de los trabajadores mejor pagados, lo cual permite que, cuando éstos reciben sus emolumentos, después de un trabajo agotador son llevados a la cárcel donde se les dice que han sido reclutados; uno o dos días más tarde, les hacen saber que el precio por su libertad es de

$100, más o menos. Me han contado el caso de un carpintero que ha sido reclutado en esta forma cinco veces en el curso de tres años. En cuatro de ellas se desprendió de su dinero, en cantidades que varían entre $50 y $100; pero en la quinta vez le faltó decisión y permitió que lo llevaran al cuartel.

Los rurales son policía montada, seleccionada generalmente entre los criminales; tienen buen equipo y son relativamente bien pagados; emplean sus energías en robar y matar por cuenta del Gobierno. Hay *rurales* de los Estados; los efectivos de ambos cuerpos son de entre siete mil y nueve mil individuos. Se hallan distribuidos en los diversos Estados de acuerdo con el número de habitantes; pero son más utilizados en los distritos rurales. Tales policías constituyen la "fuerza de choque" especial de los jefes políticos y su poder es casi ilimitado para matar a discreción, pues casi nunca se llegan a investigar las muertes injustas que ejecuta, ya sea individualmente o en patrullas. Para que se castigue al culpable, la víctima tendría que ser persona que estuviera realmente bien relacionada con el Gobierno.

En México es necesario que sea muy pequeño un pueblo para que no haya en él soldados o rurales, y todavía más pequeño para que no tenga gendarmes. En la ciudad de México hay más de dos mil,o sea el doble que en Nueva York en relación con su tamaño; los demás municipios están dotados en la misma forma. De noche, los gendarmes llevan linternas rojas que colocan en medio de la calle mientras andan por las cercanías. Se pueden ver estas linternas, una en cada crucero, parpadeando a lo largo de las calles principales. Se emplean en un sistema de señales: cuando una lámpara se mueve, la señal se trasmite de una a otra y en pocos segundos todos los gendarmes de la calle saben lo que ha ocurrido.

Aunque el cuerpo de policía mexicano es relativamente insignificante, el cuerpo de policía secreta existe aparte y es más numeroso. Un periodista norteamericano, empleado en un diario que se edita en inglés en la ciudad de México, me dijo una vez:

–Hay dos veces más policías secretos que policías regulares. Usted puede ver solamente un policía uniformado en medio de la calle, por lo menos, sólo de eso puede darse cuenta; pero apoyado en la pared, a la entrada de ese callejón, hay un hombre a quien tomaría usted por un vago; un poco, más allá, está descansando otro que parece un peón. Pero trate usted de hacer algo y de escapar; entonces verá cómo esos dos hombres lo persiguen. En méxico no hay escape; todas las calles y todos los callejones están bien guardados.

—Bueno —continuó—, conocen la vida de uno tan bien como uno mismo. Hablan con usted y usted no sospecha nada. Cuando usted cruza la frontera, toman su nombre, ocupación y dirección, y antes de que usted haya llegado a la capital saben si dijo la verdad o mintió. Saben a qué vino usted aquí y ya han decidido lo que van hacer al respecto.

Tal vez esta persona exageraba; en estos asuntos es difícil conocer la verdad exacta; pero no me consta que es imposible convencer al mexicano común de que el cuerpo de policía secreta de su país no es una institución formidable.

La *acordada* es una organización secreta de asesinos, una especie de policía dependiente de cada Estado Mexicano. Se compone de un jefe y de 6 a 50 subordinados. La *acordada* suele eliminar a los enemigos personales del gobernador o de los jefes políticos, a los políticos sospechosos, a los bandidos y a otros de quienes se sospeche que han cometido algún delito, pero contra los cuales no hay pruebas. Los oficiales proporcionan los nombres de las víctimas, y los miembros de ese cuerpo son mandados con órdenes de matar silenciosamente, sin escándalo. Hay dos ejemplos notables en los que se dice que la *acordada* cometió gran cantidad de asesinatos; tales ejemplos son los días que siguieron a las huelgas de Cananea y de Río Blanco. Conozco personalmente a un mexicano, cuyo hermano fue asesinado por la *acordada* tan sólo por gritar; "¡Viva Ricardo Flores magón!" Conozco también al hijo de un general que ocupa un elevado puesto entre los consejeros del Gobierno Mexicano; ese hijo llegó a subjefe de la *acordada* en el Estado de Coahuila. Era un joven rebelde, que había sido expulsado del Ejército por actos de insubordinación contra un oficial superior; pero su padre era amigo de Díaz y el Presidente designó al joven para ocupar el puesto en la *acordada,* con un sueldo de $300 al mes. Se le dieron dos ayudantes y fue enviado con órdenes de "matar discretamente a lo largo de la frontera" a todas las personas de quienes él sospechara que estaban en contacto con el Partido Liberal. Ninguna vigilancia se ejercía sobre él y mataba a su entera discreción. La *acordada* trabaja a veces intensamente aun en la capital mexicana, donde los métodos policíacos son más modernos que en cualquier otra ciudad. Antes de la rebelión liberal de 1906 el Gobierno conoció, por medio de espías, los planes detallados de los rebeldes, así como los nombres de cientos de participantes; muchos de éstos fueron asesinados. En cuanto a las actividades de la *acordada* en la ciudad de México, en esa época, pueden colegirse del siguiente relato proporcionado por un bien conocido periodista capitalino:

"He sabido, por la fuente más digna de confianza, que durante la semana anterior al 16 de septiembre, la policía secreta y delegados especiales (*la acordada*) eliminaron a no menos de dos mil sospechosos, tan calladamente que hasta la fecha no se ha publicado ni una sola línea a este respecto".

He dudado mucho antes de atreverme a publicar ese informe, porque es demasiado monstruoso para que yo pueda creerlo, y yo espero que el lector lo crea; pero no tengo la menor duda de que en parte era verdadero; es decir, que varios grandes grupos de individuos fueron muertos en esa época y en esa forma. Algunos liberales con quienes he tenido contacto, me han hablado de amigos que desaparecieron repentinamente y no se supo más de ellos; se piensan que muchos fueron eliminados por la *acordada*.

La *ley fuga* es una forma de asesinar muy utilizada por los diversos cuerpos de policía en México. Tuvo su origen en un decreto del general Díaz que autorizó a la policía para disparar sobre cualquier prisionero que tratase de escapar mientras estuviera bajo la guardia. Aunque probablemente esta ley no se promulgó con el propósito que se verá, se ha usado como uno de los medios de dar muerte a personas contra quienes el Gobierno no tenía ni sombra de pretexto para ejecutarlas legalmente. Tan sólo se captura al hombre señalado, se le conduce a un lugar solitario y allí se dispara sobre él. El asunto se mantiene en

ELEMENTOS REPRESIVOS DEL RÉGIMEN DE DÍAZ

silencio, si es posible; pero si se presenta una situación que exija explicaciones, se informa que la víctima trató de escapar y por eso fue culpable de su destino. Se afirma con seguridad que de este modo se han cortado millares de vidas durante los últimos 34 años; en la actualidad la prensa mexicana informa con frecuencia de aplicaciones de la *ley fuga*.

Muchos políticos puestos fuera de la ley, terminan sus días en la prisión. Entre las prisiones mexicanas hay dos cuyos horrores las colocan muy por encima de las demás: son ellas la de San Juan de Ulúa y la de Belén.

Durante mis dos viajes a México en 1908 y 1909, hice esfuerzos desesperados para que se me permitiera visitar la cárcel de Belén. Vi al gobernador del Distrito Federal: vi al embajador norteamericano; traté de entrar con un médico de la prisión: pero nunca pude pasar más allá de la puerta.

A través de ella observé el patio central, donde se hallaban cientos de seres humanos convertidos en bestias por el trato que recibían; eran hombres andrajosos, sucios, hambrientos, verdaderos desechos humanos...; una visión que parecía calculada para provocar una sonora carcajada ante las solemnes declaraciones de ciertos individuos en el sentido de que México tiene un Gobierno civilizado.

Pero no pude ver más que ese patio. Me permitieron visitar otras prisiones; pero no Belén. Cuando insistí ante Su Excelencia el gobernador, confesó que no era prudente.

—A causa de las malas condiciones —dijo—, no sería conveniente. Bueno —agregó—, hace poco tiempo el vicepresidente, señor Corral, se atrevió a hacer una rápida visita a Belén, contrajo el tifo y estuvo en peligro de morir. No puede usted ir.

Le dije que sabía de varios norteamericano a quienes les fue permitido visitar Belén; pero no pudo recordarlo. Sin duda esos norteamericanos eran bien conocidos —se encontraban demasiado enredados en los negocios mexicanos—, de modo que no había peligro de que al salir dijeran la verdad sobre lo que habían visto. Mis credenciales no eran bastante influyentes para ayudarme a lograr que visitara Belén.

Sin embargo, conozco esa cárcel bastante bien, creo yo, porque he hablado con personas que la han visto como prisioneros y han salido de ellas vivos a pesar de sus horrores; muchos son periodistas. También hablé con funcionarios y médicos de la prisión, y además he leído lo que decían los periódicos de la ciudad de México.

Sin embargo, será suficiente mencionar algunos hechos desnudos y evidentes. Belén es la prisión general del Distrito Federal. Este comprende la capital de la República y algunos suburbios, con una población total aproximada de 600 mil personas. Belén es a la vez cárcel municipal, cárcel de distrito y penitenciaría, aunque en el Distrito Federal hay también otra penitenciaría que se distingue de Belén porque entre sus muros se encierra a los criminales que han sido sentenciados a más de ocho años de prisión. *La Penitenciaría* –que así se llama–, es una institución moderna, construida decentemente y con servicio de agua y drenaje. Los presos son pocos y están relativamente bien alimentados. Los visitantes son siempre bien recibidos en *La Penitenciaría*, puesto que ésta fue hecha sobre todo para exhibirse. Cuando se oiga a un viajero alabar el sistema carcelario de México, debe entenderse por cierto que sólo lo llevaron a visitar *La Penitenciaría* del Distrito Federal..., y que no conoce Belén.

Belén es un asqueroso y viejo convento que se convirtió en prisión sólo para amontonar a varios miles de personas entre sus muros. No es suficientemente grande para alojar con alguna holgura a 500 presos, pero con frecuencia hay allí mas de cinco mil, a quienes dan una ración diaria de galletas y frijoles, insuficiente para mantener viva a una persona varias semanas. La insuficiencia de estas raciones es tan de sobra conocida por los funcionarios de la prisión, que se ha creado un sistema regular de comidas llevadas desde fuera. Todos los días, los amigos y parientes de los prisioneros les llevan a éstos canastas con alimentos para que puedan vivir hasta el término de su encierro. Desde luego, esto constituye un terrible sacrificio para los pobres; pero el sistema cumple sus fines, excepto en el caso de cientos de infortunados que no tienen amigos fuera y que se mueren de hambre sin que nadie mueva un dedo para ayudarlos.

Un médico de la prisión me informó lo siguiente; a los tres días de haber entrado en Belén, todos los presos contraen una enfermedad de la piel, una terrible picazón que parece quema el cuerpo la cual es adquirida por las sucias condiciones del lugar. Todos los años –continuó–, ocurre en la prisión una epidemia de tifo que mata a un promedio del 10% de los ocupantes. Dentro de Belén no hay sistema para imponer el orden entre los prisioneros. Los débiles están a merced de los fuertes. Tan pronto alguien entra como preso, es asaltado por una horda de hombres medio locos que le arrancan la ropa que lleva puesta, le quitan todo lo que tenga de algún valor y generalmente cometen con él delitos indecibles, mientras los funcionarios de la prisión ven esto con la sonrisa en los labios. La única manera de salvarse en Belén es la de convertirse en una bestia como los demás, y aun así hay que ser fuerte... muy fuerte.

Si yo diera a conocer el nombre de este médico, cualquier funcionario de la ciudad de México lo identificaría como hombre de alta estima en el Gobierno; pero también sería encarcelado en Belén. He recibido informes como éste de muchas y diversas fuentes; no tengo duda de que son ciertos. Los relatos sobre las epidemias de Belén siempre acaban por aparecer en los periódicos mexicanos. Recuerdo que durante mi primera visita a México, en el otoño de 1908, los diarios informaron de una epidemia de tifo. En los tres primeros días se publicó la cantidad de casos nuevos; pero después se suprimieron las noticias periodísticas, debido a que la situación amenazaba convertirse en un gran escándalo: en el tercer día hubo 176 casos nuevos.

Según me dijo un viejo director de prisiones, que sirvió muchos años en Puebla, por lo menos el 20% de los prisioneros de Belén contraen la tuberculosis; salen de allí con esta enfermedad el 75% de los hombres que entran, si es que logran salir con vida.

En Belén se emplean torturas, como las que se usaban en la Edad Media, para obtener confesiones. Cuando se lleva a un hombre a la delegación de policía, si se tienen sospechas de que haya cometido un delito, es colgado por los dedos pulgares hasta que habla. Otro método consiste en impedir que el prisionero beba agua; se le dan alimentos secos pero no bebidas, hasta que ya no puede tragar más. Con frecuencia, los prisioneros declaran ante el juez que han sido torturados para hacerlos confesar; pero no se abre ninguna investigación del hecho. Han ocurrido casos de hombres inocentes que han confesado haber cometido un asesinato para librase de la tortura de los pulgares o de la sed. Mientras yo estaba en México, los periódicos publicaron la noticia de que dos norteamericanos, sospechosos de robo, fueron detenidos; los amarraron por las muñecas a los barrotes de sus celdas y les arrancaron las uñas con pinzas. Este incidente se notificó al Departamento de Estado de los Estados Unidos; pero éste no tomó ninguna providencia.

San Juan de Ulúa es una vieja fortaleza militar situada en el puerto de Veracruz, la cual se ha convertido en penal. Oficialmente es corsiderada como prisión militar; pero de hecho es una prisión política; esto es, para políticos sospechosos. Tan escogidos son sus residentes –los cuales cambian a menudo, porque mueren pronto–, y tan personal es la atención que el Presidente Díaz otorga a este lugar, que en todo México se conoce a San Juan de Ulúa como "la cárcel privada de Díaz".

Es una construcción de mampostería cuyas celdas están bajo el mar; el agua salada se filtra hasta donde se hallan los prisioneros, algunos de los cuales permanecen echados, medio desnudos y medio muertos de hambre, en oscuros calabozos tan pequeños que no perrniten a un hombre corpulento acostarse sin quedar encogido. A San Juan de Ulúa fue enviado Juan Sarabia, vicepresidente del Partido Liberal; Margarita Martínez, dirigente de la huelga de Río Blanco; Lázaro Puente, Carlos Humbert, Abraham Salcido, Leonardo Villarreal, Bruno Treviño y Gabriel Rubio, seis caballeros que.el Gobierno de los Estados Unidos entregó al de México, a solicitud de éste, por considerarlos como "inmigrantes indeseables"; César Canales, Juan de la Torre, Serrano, Ugalde, Márquez y muchos otros dirigentes del movimiento liberal. Desde que entraron tras de aquellos muros grises ennegrecidos, sólo se ha vuelto a saber muy poco de tales hombres y mujeres. Se ignora si aun viven; si han sido fusilados detrás de las murallas; si han muerto de enfermedad o hambre; o si todavía están allí y arrastran una miserable existencia esperando, contra toda esperanza, que un gobierno más liberal llegue al poder y los ponga en libertad. Nunca se ha sabido de ellos, porque a ningún prisionero político de San Juan de Ulúa le está permitido comunicarse ni con sus amigos ni con nadie del mundo exterior. Cruzan el puerto en un pequeño bote, desaparecen dentro de los muros grises y eso es todo. Sus amigos nunca saben cómo la pasan, ni cuando mueren, ni de qué.

Entre los asesinos oficiales de México, el jefe político es el más notable. Está al mando de la policía local y de los *rurales;* dirige la *acordada* y con frecuencia libra órdenes a las tropas regulares, quienes las obedecen con puntualidad. Sin embargo, debido al control del Gobierno sobre la prensa, relativamente pocos crímenes de los jefes políticos son conocidos por el público; durante mi reciente visita a México, en el invierno y la primavera de 1909, los periódicos publicaron, con amplitud de detalle, dos matanzas en gran escala ocasionadas por jefes políticos. Una de ellas fue la de Tehuitzingo, donde 16 ciudadanos fueron ejecutados sin formación de juicio; la otra ocurrió en Velardeña donde, por efectuar una manifestación pública a despecho del jefe político, muchos fueron muertos a tiros en las calles y se estima que entre 12 y 32 más fueron capturados, puestos en línea y fusilados, y enterrados después en zanjas que antes de la ejecución les habían obligado a cavar.

Lo que sigue es un comentario sobre el asunto de Tehuitzingo, publicado en el mes de abril por *El País.* Diario católico conservador de la ciudad de México:

> Terribles relatos han llegado a esta capital respecto a lo que sucede en Tehuitzingo, distrito de Acatlán, Estado de Puebla. Se dice con insistencia que 16 ciudadanos han sido ejecutados sin formación de causa y que muchos otros serán condenados a 20 años de reclusión en la fortaleza de San Juan de Ulúa.
>
> ¿Cuáles son las causas que han originado esta bárbara persecución, que han manchado de nuevo nuestro suelo con la sangre del pueblo?

Es el feroz caciquismo que oprime al pueblo con pesado yugo y que lo ha privado de todos los beneficios de la paz.

Pedimos, en nombre de la ley y de la humanidad, que cese esta hecatombe; pedimos que los culpables sean sometidos a juicio justo y sereno de acuerdo con la ley. Pero entre esos culpables deben ser incluidos los que provocaron el desorden, los que condujeron al pueblo a la desesperación, al pisotear sus derechos. Si el jefe político se atrevió a desafiar la ley imponiendo una elección, es tan culpable o más que los alborotadores y debe obligársele a que comparezcan con ellos ante las autoridades para responder de sus actos.

Esta es la expresión más violenta que se permite aparecer en una publicación mexicana y hay pocos periódicos que se atrevan a llegar hasta ese punto. *El País* hubiera querido cargar la culpa en el general Díaz, como fundador que es y mantenedor de esos reinecillos de los pequeños zares, los jefes políticos; pero no se atrevió a hacerlo, puesto que en México el rey no puede equivocarse; en toda la República no hay una publicación tan fuerte que no pueda ser suprimida de *golpe* si criticara directamente a la cabeza del Gobierno. El comentario de *El Tiempo* –otro diario consevador importante de la capital–; sobre la matanza de Velardeña, aparecido también en abril, expresó lo siguiente:

Estas ejecuciones irregulares son causa de profundos disgustos y debe ponérsele un inmediato hasta aquí en bien del prestigio de las autoridades. Para lograr ese fin, es necesario que los autores de tales atropellos sean severamente castigados, como suponemos que lo serán los responsables de esas sanguinarias escenas que se han presenciado en Velardeña y que han ocasionado tanto horror e indignación en toda la República.

No se diga que Velardeña es un caso aislado sin precedentes. Sólo para mencionar algunos de los casos que están frescos en la memoria del público, ahí está el asunto de Papantla, el de Acayucan, los fusilamientos de Orizaba cuando la huelga, los de Colima, de los que la prensa ha hablado últimamente, y la frecuente aplicación de la *ley fuga,* de la cual el más reciente ejemplo se vio en Calimaya, Tenango, del Estado de México.

Para cerrar este capítulo quizás no se puede hacer nada mejor que citar una noticia que apareció en *The Mexican Herald*, el principal diario publicado en inglés, el 15 de febrero de 1910. Aunque los hechos fueron debidamente comprobados, ese diario sólo se atrevió a imprimir el relato escudándose en otro periódico, y presentó el asunto en términos tan suaves y cuidadosos que se necesita leer con mucha atención para comprender todo el horror de los hechos. He aquí la noticia.

El País ofrece el siguiente relato, cuyos detalles califica como demasiado monstruosos aun para que Zelaya se los atribuya a Estrada Cabrera.

"Luis Villaseñor, prefecto de Coalcomán, Mich., fusiló recientemente, sin previo juicio, a un anciano, porque su hijo había cometido un asesinato. La víctima en este caso fue Ignacio Chávez Guizar, uno de los principales comerciantes del lugar.

"Hace pocos días, un miembro de la policía rural llegó a la casa del fusilado en estado de ebriedad y empezó a insultar y a abusar de la familia. Sobrevino una disputa en la cual el policía recibió un tiro de José Chávez.

"El prefecto de la policía llegó al lugar de los hechos y arrestó al padre y a otro hijo, Benjamín, habiendo huido el matador, y los llevó a la comisaría. Fue la última vez que se les vio. Pronto la gente del pueblo empezó a investigar lo que les habría sucedido. Se extendió la noticia de que habían escapado de la prisión; pero un pariente, sobrino del padre fusilado, con cierta sospecha de que esa noticia no era cierta, abrió una tumba que le pareció muy reciente, situada cerca de la comisaría y allí encontró los cadáveres de los dos hombres que habían sido arrestados. El prefecto, al no haber sido capaz de capturar a José ni de saber en dónde estaba éste, hizo que el padre y el hermano pagaran el crimen".

Comentando este relato, *El País* pide castigo del culpable y la garantía de que se cumplan las leyes del país.

Capítulo IX

LA DESTRUCCIÓN DE LOS PARTIDOS DE OPOSICIÓN

Hombres y mujeres de nuestro continente sufren a diario muerte, prisión o exilio por luchar en favor de los derechos políticos que hemos considerado como nuestros desde el nacimiento de los Estados Unidos: el derecho a la libertad de palabra y de prensa; el derecho de reunión; el derecho de votar para decidir quiénes deben ocupar los puestos políticos y gobernar a la nación; el derecho de tener seguridad para personas y propiedades. Por estos derechos han muerto cientos de hombres y mujeres en los últimos 12 meses, y decenas de millares durante los últimos 30 años, en un país dividido del nuestro solamente por un río de escaso caudal y una línea geográfica imaginaria.

En México se viven hoy acontecimientos que transportan la imaginación a los días de la Revolución Francesa y a los tiempos en que nacía el Gobierno constitucional, ese gigante destinado a conducir la transformación de la Edad Media en Edad Moderna. En aquellos días, los hombres daban sus vidas por la república; en la actualidad los hombres hacen lo mismo en México. Los órganos de represión de la maquinaria gubernamental de Díaz, los cuales se han descrito en el capítulo anterior –El Ejército, los *rurales*, la policía ordinaria, la policía secreta y la *acordada*– se dedican tal vez sólo en un 20% a la persecución de los delincuentes comunes y en el 80% restante a la supresión de los movimientos democráticos populares. La mortal precisión de esta maquinaria represiva de Díaz quizás no tenga igual en el mundo, ni siquiera en Rusia. Recuerdo a un funcionario mexicano íntegro que resumió el sentir de su pueblo –que conocía por experiencia– sobre este asunto. Dijo lo siguiente:

"Es posible que un homicida pueda escapar aquí de la policía, que un salteador de caminos pueda huir; pero un delincuente político nunca..., no es posible que escape ninguno".

Yo mismo he observado muchos casos del mortal temor que inspiran la policía secreta y los asesinos gubernamentales aun en quienes no parecen tener motivos para temer. Entre tales casos fue notable el pánico que se apoderó de la familia de un amigo en cuya casa de la ciudad de México me hospedé. Su hermano, hermana, cuñada, sobrino y sobrina temblaban de miedo cuando la policía secreta cercó la casa y esperó a que mi amigo saliera. Esta familia era de mexicanos de la clase media, de los más inteligentes, bien conocidos y altamente respetados; sin embargo, su miedo era lastimoso. Iban de un lado para otro, de la ventana a la puerta, y se retorcían desesperadamente las manos. Juntos expresaban de viva voz las deplorables calamidades que de seguro caerían, no sólo sobre el perseguido, sino sobre las cabezas de todos ellos, ya que aquél había sido encontrado en la casa. Mi amigo no había cometido ningún crimen. No se le había identificado como revolucionario; sólo había expresado simpatía hacia los liberales. No obstante, su familia no imaginaba otra cosa que la muerte para él. Una vez que el fugitivo se hubo escapado por una ventana para trepar después por las azoteas, el cabeza de familia habló de su propio peligro y me dijo:

–Puede ser que me metan en la cárcel por algún tiempo, para tratar de obligarme a que diga dónde se esconde mi hermano. Si no voy será sólo porque el Gobierno ha decidido respetarme por mi posición y mis amigos influyentes; sin embargo, a cada momento espero el golpecito en el brazo que me indicará que debo ir.

El caso de miedo extremo que observé, fue el de una rica y bella mujer, esposa de un funcionario de la fábrica de Río Blanco, con quien

De Lara y yo cenamos en una ocasión. Tal funcionario bebió bastante vino, y cuando la cena tocaba a su fin se le soltó la lengua y habló de asuntos que por su propia seguridad, debería haber mantenido guardados. A medida que hablaba de los asesinatos que él conocía, cometidos por el Gobierno, su esposa, que estaba sentada frente a él, palidecía en exceso y con los ojos trataba de advertirle que fuera más cuidadoso. Cuando miré para otro lado pude ver de reojo que ella aprovechaba la oportunidad para inclinarse en la mesa y con su dedo enjoyado indicar a su esposo que se callara. Una y otra vez, con habilidad, trató de cambiar la conversación, pero sin éxito, hasta que por último, incapaz de dominarse por más tiempo, se lanzó hacia su marido y tapándole la boca con la mano trató de contener las comprometedoras palabras que aquél estaba pronunciando. Nunca podré olvidar el terror animal que se reflejó en la cara de aquella mujer.

Un temor tan generalizado y tan profundo como el que advertí, no puede ser resultado de peligros imaginarios. Algo oculto debe haber y lo hay. Los asesinatos secretos se suceden constantemente en México; pero hasta qué punto, nadie lo sabrá nunca. Se afirma en algunos círculos que en la actualidad hay más ejecuciones políticas que en cualquier época anterior, pero que son practicadas con más habilidad y discreción que antes. La aparente tranquilidad de México es forzada por medio del garrote, la pistola y el puñal.

México nunca ha gozado realmente de libertad política. El país sólo ha conocido promesas de libertad. Sin embargo, éstas promesas han ayudado, sin duda, a mantener a los mexicanos patriotas en la lucha por su cumplimiento, aunque sean grandes las desigualdades en su contra. Cuando Porfirio Díaz se apoderó del Gobierno de México, en 1876, parecía ganada la batalla mexicana por la libertad política. Se había expulsado del país al último soldado extranjero; se había quebrantado la asfixiante opresión de la Iglesia sobre el Estado; se había inaugurado un sistema de sufragio universal y adoptado una constitución muy parecida a la de los Estados Unidos; por último, el Presidente Lerdo de Tejada, uno de los constituyentes, comenzaba a establecer el régimen constitucional. La revolución personalista del general

Porfirio Díaz –que sólo venció por la fuerza de las armas después de haber fracasado dos veces–, detuvo repentinamente el movimiento progresivo; desde esa época, el país se ha retrasado políticamente año tras año. Si humanamente fuera posible detener el movimiento en favor de la democracia, matando a los dirigentes y persiguiendo a quienes tuvieran contacto con ellos, hace mucho tiempo que la democracia hubiera muerto en México, puesto que los jefes de todos los movimientos políticos de oposición al Presidente Díaz, por muy específicos que hayan sido sus métodos o muy digna su causa, fueron asesinados, encarcelados o expulsados del país. Como se demostrará en el próximo capítulo, esta afirmación es completamente válida aun en el momento actual.

Describiré con brevedad los más importantes movimientos de oposición. El primero ocurrió al finalizar el primer período del Presidente Díaz; su propósito fue la reelección de Lerdo, quien había huido a los Estados Unidos al adueñarse Díaz del poder. El movimiento fue aplastado del modo más sumario y no tuvo tiempo de hacer el menor progreso y salir a la superficie. Los dirigentes fueron considerados como conspiradores y tratados como si fueran reos de traición; peor aún, en realidad, puesto que ni siquiera se les sometió a un simulacro de juicio. Una noche del mes de junio de 1879, nueve hombres, prominentes ciudadanos de Veracruz, fueron sacados a rastras de sus camas y, de acuerdo con la orden telegráfica del general Díaz: "Mátalos en caliente", el gobernador Mier y Terán los alineó ante una pared y los fusiló.

Aunque este incidente haya sucedido hace 30 años, está perfectamente comprobado. La viuda del general Mier y Terán exhibe todavía hoy el papel amarillo en que están inscritas las fatídicas palabras. Este hecho se conoce con el hombre de "la matanza de Veracruz" y es notable más por la importancia de las víctimas que por la cantidad de los que perdieron la vida.

Durante los diez años siguientes a "la matanza de Veracruz" hubo dos mexicanos que aspiraron, en diferentes ocasiones, a oponerse al general Díaz para ganar la Presidencia. Uno de ellos fue el general

Ramón Corona, gobernador de Jalisco, y el otro el general García de la Cadena, ex gobernador de Zacatecas. Ninguno de los dos llegó con vida al día de las "elecciones". Cuando Corona regresaba una noche a su casa, a la salida del teatro, fue muerto a puñaladas por un asesino, el cual, a su vez, fue acuchillado por una patrulla de policía que por extraña coincidencia esperaba en una esquina próxima. García de la Cadena supo que algunos asesinos seguían sus pasos y huyó; trató de llegar a los Estados Unidos, pero unos bandoleros lo encontraron en Zacatecas y lo mataron a tiros; todos los asesinos escaparon. Nadie puede probar quién ordenó la muerte de Corona y de García de la Cadena, pero es fácil sacar conclusiones.

En 1891, México se agitó por el anuncio de Porfirio Díaz de que había decidido continuar en el poder por un período más: el cuarto. Se hizo el intento de organizar un movimiento de oposición; pero fue aplacado por medio de macanas y pistolas. Ricardo Flores Magón, el actual refugiado político, era entonces estudiante y participó en este movimiento; fue uno de los muchos que padecieron encarcelamiento por esa causa. El elegido por la oposición para la Presidencia era el doctor Ignacio Martínez, quien se vio obligado a huir del país; después de una temporada en Europa fijó su residencia en Laredo, Texas, donde publicaba un periódico de oposición al Presidente Díaz. Una noche, el doctor Martínez fue acechado y muerto a tiros por un jinete que inmediatamente después cruzó la frontera y se internó en México, donde alguien lo vio entrar en un cuartel. Se ha comprobado el hecho de que en la noche del asesinato, el gobernador del Estado de Nuevo León, entonces reconocido como el brazo derecho de Díaz en los Estados fronterizos, recibió un telegrama que decía; "Su orden ha sido obedecida".

El movimiento del Partido Liberal fue el único al que Díaz permitió progresar mucho en materia de organización. Este partido nació en el otoño de 1900, después que había sido eliminado todo peligro de oposición efectiva contra la entrada del dictador en un sexto periodo. Un discurso pronunciado en París por el obispo de San Luis Potosí, en el que éste declaró que, a pesar de la Constitución y de las leyes mexicanas, la iglesia se encontraba en situación muy floreciente y satisfactoria, fue la causa inmediata de la organización del Partido Liberal. Los mexicanos de todas las clases vieron en el renacimiento del poder de la Iglesia mayor peligro para el bienestar nacional que el constituído por la dictadura de un sólo individuo; la muerte tiene que acabar algún día con el hombre y su régimen, mientras que la vida de la Iglesia es eterna. Por eso los mexicanos patriotas arriesgaron una vez más sus vidas y trataron de iniciar otro movimiento para la restauración de la República.

En menos de cinco meses después del discurso del obispo, habían nacido en todas partes del país 125 clubes liberales; se fundaron alrededor de 50 periódicos y se convocó a una convención que se efectuaría en la ciudad de San Luis Potosí, el 5 de enero de 1901.

El Congreso se reunió en el famoso Teatro de la Paz. Este se llenó de delegados y espectadores; entre estos últimos había muchos soldados y gendarmes, mientras que en la calle un batallón de soldados estaba listo para dar cuenta de la asamblea en cuanto su voz se alzase contra el dictador.

Sin embargo, no se habló de nada tan radical como una rebelión armada, y los diversos oradores tuvieron buen cuidado de no dirigir críticas al Presidente Díaz. Por otra parte, se adoptaron algunas resoluciones por las que los liberales se comprometieron a proseguir la campaña de reforma, sólo por medios pacíficos.

Ello no obstante, tan pronto como se hizo evidente que los liberales proyectaban designar un candidato para la Presidencia, tres años más tarde, el Gobierno empezó a operar. Con métodos policíacos iguales a los empleados en Rusia, fueron disueltos todos los clubes del país, y los miembros principales fueron aprehendidos por delitos ficticios, encarcelados o consignados al Ejército. Un caso típico fue el del club "Ponciano Arriaga", de San Luis Potosí, que integraba el centro nacional de la federación. El 24 de enero de 1902, el club "Ponciano Arriaga" citó valientemente para efectuar una reunión pública, aunque ya otros clubes habían sido disueltos de modo violento por hacer lo mismo. Entre los asistentes se distribuyeron aquí y allá soldados y gendarmes en traje civil, bajo el mando de un prominente abogado y diputado, agente provocador, que había sido comisionado por el Gobierno para destruir la organización.

En un momento dado, según Librado Rivera, subsecretario del club, el agente provocador se puso de pie para protestar contra las actividades del club; a esta señal, los disfrazados soldados y gendarmes simularon unirse a la protesta, y rompieron las sillas contra el suelo.

El jefe disparó algunos tiros al aire, pero los asistentes, genuinos miembros del club, no hicieron el menor movimiento para no dar pretexto a un ataque; sabían que el agente provocador y sus ayudantes estaban representando una comedia para invocar a la violencia a los miembros del club. No obstante, apenas se habían disparado los tiros, un grupo de policías invadió la sala, golpeando a dereha e izquierda con sus garrotes. Camilo Arriaga, presidente del club; Juan Sarabia, secretario; el profesor Librado Rivera, subsecretario, así como otros 25 miembros, fueron arrestados y acusados de supuestos crímenes, tales como resistencia a la policía, sedición y otros semejantes. El resultado fue que se les encarceló durante cerca de un año y el club fue disuelto.

Así fueron destrozados la mayoría de los clubes de la federación liberal. Los periódicos liberales, expresión pública del movimiento, dejaron de circular por haber sido encarcelados los directores y destruidas o confiscadas las imprentas. Nunca se conocerá la cantidad de hombres y mujeres que perdieron la vida durante esta cacería de liberales que se prolongó en los años siguientes. Las cárceles, penitenciarías y prisiones militares estuvieron llenas de ellos; muchos millares fueron consignados al Ejército y enviados a morir en el lejano Quintana Roo, en tanto que por el procedimiento de la *ley fuga* desaparecían algunos hombres a quienes el Gobierno no se atrevía a ejecutar públicamente sin pretexto. En las prisiones se aplicaron torturas que avergonzarían a la misma Santa Inquisición.

Al organizarse el Partido Liberal, surgieron unos 50 periódicos en su apoyo en diferentes partes de la nación; pero todos ellos fueron suprimidos por la policía. Ricardo Flores Magón me mostró una vez una lista de más de 50 periódicos que fueron suprimidos y otra de más de cien de sus directores que fueron encarcelados durante el tiempo en que él estuvo luchando para publicar un periódico en México. De Fornaro incluye en su libro una lista de 39 periódicos que fueron clausurados y sus directores sometidos a juicio, con triviales pretextos, en el año de 1902, para impedir cualquier agitación pública en contra de la séptima reelección del general Díaz; en 1908 hubo por lo menos seis supresiones descaradas de periódicos cuyos nombres eran: *El Piloto,* diario de Monterrey; *La Humanidad* y *La Tierra,* semanarios de Yucatán; *El Tecolote,* de Aguascalientes, y dos de Guanajuato: *El Barretero* y *El Hijo del Pueblo.* Durante el tiempo en que yo estuve en México, fueron expulsados por lo menos dos periodistas extranjeros por criticar al Gobierno: los españoles Roos y Planas y Antonio Duch, directores del periódico *La Tierra,* de Mérida, Yucatán. Por último, en 1909 y 1910, la historia de la disolución del Partido Liberal y de su prensa se repitió con el Partido Demócrata y sus periódicos; pero esto se reserva para otro capítulo.

Durante la agitación liberal, muchos de los más conocidos escritores de México cayeron en manos de asesinos. Entre ellos, Jesús Valadés, de Mazatlán, Sin. Por haber escrito artículos contra el despotismo, una noche que caminaba del teatro a su casa, en compañía de su esposa, con quien se había casado hacía poco tiempo, fue atacado por varios hombres que lo mataron a cuchilladas. En Tampico, en 1902, Vicente Rivero Echegaray, periodista, se atrevió a criticar los actos del Presidente; fue muerto de noche, a balazos, cuando abría la puerta de su casa. En la misma época, Jesús Olmos y Contreras, periodistas del Estado de Puebla, publicó artículos en los que denunció un supuesto hecho licencioso del gobernador Martínez; después, dos amigos del gobernador invitaron a Contreras a cenar; cuando caminaban por la calle los tres del brazo, –el escritor en medio– de repente cayeron sobre él por la espalda varios asaltantes; los falsos amigos sujetaron fuertemente a Contreras hasta que éste cayó a consecuencia de los golpes; una vez caído, los asesinos usaron piedra pesada para machacar la cabeza de su víctima, de manera que la identificación fuera imposible.

En Mérida, Yucatán, en diciembre de 1905, el escritor Abelardo Ancona protestó contra la "reelección" del gobernador Olegario Molina; fue conducido a la cárcel donde lo mataron a tiros y cuchilladas. En 1907, el escritor Agustín Tovar murió envenenado en la cárcel de Belén. Jesús Martínez Carrión, notable artista y periodista, y Alberto Arans, escritor, salieron de Belén para morir en un hospital. El doctor Juan de la Peña, director de un periódico liberal, murió en la prisión militar de San Juan de Ulúa. Juan Sarabia, periodista bien conocido, también estuvo recluido allí y se supuso por largo tiempo que había muerto; pero hace poco tiempo sus amigos tuvieron noticias de él. Daniel Cabrera, uno de los más viejos periodistas liberales, estaba inválido y muchas veces lo llevaron a la cárcel en camilla.

El Prof. Luis Toro, periodista de San Luis Potosí, fue detenido y apaleado tan duramente en la prisión que acabaron por matarlo. En la misma prisión, Primo Feliciano Velázquez, abogado, director de *El Estandarte*, fue golpeado de modo tan brutal que quedó inválido para toda la vida. Otro abogado y periodista, Francisco de P. Morelos, fue azotado en la ciudad de Monterrey por escribir contra el Gobierno en su periódico *La Defensa*. En Guanajuato fue golpeado José R. Granados, director de *El Barretero*. En Mapimí, Dgo., el abogado Francisco A. Luna fue golpeado y herido a cuclilladas por escribir contra el Gobierno.

Y así podría continuar una lista que ocupase varias páginas. Ricardo Flores Magón y sus hermanos Jesús y Enrique, Antonio I. Villarreal, Librado Rivera, Manuel Sarabia y muchos otros pasaron meses en la cárcel por publicar periódicos de oposición; otros más fueron asesinados. Como ya se dijo, la autocracia se alimenta del crimen y el régimen de Porfirio Díaz ha sido una larga historia de crímenes. Una vez que por medio del asesinato, la cárcel y otras incontables formas de perseguir, la organización liberal fue destruida por el Gobierno en México, los dirigentes que todavía conservaban la vida y la libertad huyeron a los Estados Unidos, donde establecieron su cuartel general. Se organizó la junta que había de gobernar al partido, se publicaron periódicos, y sólo después que los agentes del Gobierno Mexicano los habían seguido y hostilizado con falsas acusaciones que causaron su detención, tales dirigentes perdieron la esperanza de hacer algo por medios pacíficos para la regeneración de su país; entonces decidieron entre todos organizar una fuerza armada con el propósito de derrocar al anciano dictador de México.

Detallaré en otro capitulo la historia de las persecuciones que han sufrido los refugiados mexicanos en los Estados Unidos; basta mencionar aquí, y apuntar solamente, los resultados de sus intentos para provocar un cambio de gobierno por medio de la revolución.

En resumen, el Partido Liberal ha iniciado dos revoluciones contra Díaz y ambas han fracasado en sus comienzos de modo lamentable por los siguientes factores: 1º por la eficacia del Gobierno para colocar espías entre los revolucionarios y poder, así, anticiparse a ellos; 2º por los severos métodos aplicados en la represión; y 3º por la cooperación efectiva del Gobierno de los Estados Unidos, puesto que las revueltas tenían que ser dirigidas, necesariamente desde el lado norteamericano.

El primer intento de revolución liberal debió haber ocurrido en septiembre de 1906. Los rebeldes sostienen que tuvieron 36 grupos parcialmente armados dentro de México y dispuestos a levantarse en el momento oportuno. Esperaban que a la primera demostración de fuerza los componentes del Ejército desertarían y combatirían bajo la bandera liberal y que los civiles los recibirían con los brazos abiertos.

Nunca se sabrá si este juicio sobre el Ejército y el pueblo era correcto, pues los liberales no llegaron a hacer una gran demostración de fuerza. Los espías del Gobierno delataron a varios grupos, de modo que, en el momento de la insurrección, la mayoría de los jefes ya habían muerto o estaban presos en San Juan de Ulúa. La revolución iba a empezar el día del aniversario de la Independencia nacional, el 16 de septiembre, y la forma en que el Gobierno se preparó para ello puede colegirse de la gran cantidad de asesinatos secretos que se cometieron en el país de Díaz, según antes se vio.

Hubo dos grupos liberales que llegaron a levantarse. Uno de ellos capturó la ciudad de Jiménez, Chihuahua, y otro puso sitio al cuartel del Ejército en Acayucan, Estado de Veracruz. En estas ciudades, algunos civiles se unieron a ellos, y durante un día, disfrutaron de una victoria parcial; pero llegaron a cada una de esas ciudades trenes llenos de tropas y en algunos días más los pocos que quedaban de fuerzas rebeldes estaban en camino de la cárcel. La concentración –tropas en esos dos puntos fue algo muy sorprendente; no obstante– que, como se dijo, Acayucan está relativamente aislada, llegaron cuatro mil soldados regulares a la escena de los acontecimientos dentro de las 24 horas siguientes al comienzo de las hostilidades.

La segunda rebelión estaba proyectada para comenzar en 1908. Esta vez, los liberales dijeron tener 46 grupos militares para levantarse en México; pero resultó que toda la lucha la hicieron los refugiados mexicanos que cruzaron la frontera desde los Estados Unidos por Del Río, Texas, y otros puntos, provistos de armas de fuego compradas en aquel país. Los jefes liberales exiliados manifestaron que el Gobierno mexicano se enteró con anticipación de los grupos rebeldes armados que había en México y arrestó a sus miembros antes de la hora fijada. Tal cosa, en realidad, ocurrió primero en Casas Grandes, Chih. y se dio mucha publicidad al asunto, lo cual hizo que los grupos formados en los Estados Unidos actuasen con premura.

También se dice que algunos de los grupos más fuertes fueron delatados por un criminal quien, gracias a sus semejanza física con Antonio I. Villarreal, secretario de la junta liberal, fue liberado de la cárcel de Torreón y perdonado por las autoridades, con la condición de que se mezclara entre los revolucionarios, se hiciera pasar como Villarreal y los denunciara. Conozco personalmente dos casos de unos emisarios que salieron del cuartel general liberal en los Estados Unidos, con órdenes para el levantamiento de ciertos grupos y cayeron en los cepos del Gobierno poco después de haber cruzado la frontera.

No obstante, la rebelión de junio de 1908 sacudió profundamente a México por algún tiempo. La Lucha en Coahuila proporcionó a la prensa norteamericana noticias sensacionales durante una semana; desde entonces, apenas había transcurrido un mes cuando el último de los rebeldes fue capturado y fusilado por las fuerzas superiores de soldados y rurales.

Tal fue la *Rebelión de las Vacas,* nombre con el que ha sido conocida tanto en los Estados Unidos como en México. Esta rebelión, lo mismo que la anterior, hizo que los agentes de México en los Estados Unidos consiguieran al fin desbaratar la organización liberal en ese país tan efectivamente como había sido destruida en México. Hasta junio de 1910, en que el Congreso investigó las persecuciones, todos los dirigentes liberales que había en los Estados Unidos estaban encarcelados u ocultos, y no había mexicano que se atreviera a apoyar de modo abierto la causa del Partido Liberal, por temor de ser encarcelado también bajo la acusación de estar relacionado en una u otra forma con alguna de esas rebeliones.

Capítulo X

LA OCTAVA ELECCIÓN DE DÍAZ POR "UNANIMIDAD"

Con objeto de que el lector pueda apreciar por completo el hecho de que el reinado político del terror establecido por Díaz hace 34 años continúa en auge hasta el día de hoy, se dedica este capítulo a relatar la llamada campaña presidencial que terminó el 26 de junio de 1910, con la octava "elección por unanimidad" del Presidente Díaz.

Con el fin de que la autenticidad de este relato quede fuera de duda, se ha excluido toda información que haya llegado por medio de rumores, chismes, cartas y noticias personales..., todo, excepto lo publicado en la prensa como noticias corrientes. En muy pocos casos, sin embargo, la prensa es opuesta al régimen del general Díaz; casi toda lo favorece. Por lo tanto, si hay errores en sus noticias, se puede asegurar también que como las noticias se han tomado de los periódicos que se publican en México, donde están bajo la censura policiaca, habrán ocurrido otros muchos incidentes similares o peores que no se ha permitido que aparezcan en letra de imprenta.

Antes de anotar tales datos permítasenos insistir una vez más en el hecho de que el Presidente Díaz se ha mantenido a la cabeza del Gobierno mexicano por más de una generación. A fines de 1876, hace cerca de 34 años, encabezó una revolución personalista y condujo un ejército hasta la ciudad de México, en donde se proclamó Presidente provisional. Poco después, convocó a unas llamadas elecciones y anunció que el pueblo lo había elegido como Presidente Constitucional..., *por unanimidad.* En 1880 cedió el Gobierno a su amigo, Manuel González, quien fue elegido *por unanimidad.* González reinstaló a Díaz en 1884, después de una tercera votación *unánime.* Después de 1884, Díaz fue reelegido por *unanimidad.* cada 4 años durante 20, hasta 1904, en que el periodo presidencial se alargó a 6 años, y por séptima vez fue elegido por *unanimidad.* Finalmente, el 10 de julio de 1910, Díaz resultó elegido Presiente de México por octava vez.

La campaña presidencial mexicana que acaba de terminar, si se puede llamar así, se inició de hecho desde marzo de 1908. en esa fecha, a través de James Creelman y del *Pearson's Magazine*, el Presidente anunció al mundo; 1º que por ningún motivo consentiría en aceptar un nuevo período; y 2º que le agradaría transferir personalmente el poder gubernamental a una organización democrática. Según el señor Creelman, sus palabras fueron éstas:

No importa lo que digan mis amigos y simpatizadores; me retiraré cuando el presente periodo termine y no volveré a ocupar el puesto otra vez. Para entonces tendré 80 años.

He esperado con paciencia el día en que el pueblo de la República Mexicana estuviera preparado para elegir y cambiar su gobierno en cada elección, sin peligro de revoluciones armadas, sin perjudicar el crédito nacional y sin perturbar el progreso del país: Creo que ese día ha llegado.

Será bienvenido un partido de oposición en la República Mexicana. Si aparece, lo consideraré como una bendición y no un mal. Y si puede desarrollar su poder no para explotar sino para gobernar, estaré a su lado, lo apoyaré, le ofreceré mis consejos y me olvidaré de mí mismo al iniciarse con éxito en el país un gobierno democrático por completo.

La entrevista fue reproducida por casi todos los periódicos de México y causó profunda sensación. No es exagerado decir que todo el país, fuera de los círculos oficiales, se entusiasmó con la noticia. La nación le tomó la palabra al general Díaz, e inmediatamente comenzó una viva pero comedida discusión, no sólo sobre los varios posibles candidatos a la Presidencia, sino también sobre incontables asuntos relativos al gobierno popular. Se escribieron libros y folletos sugiriendo a Díaz que se inmortalizara como un segundo Washington y cediera el Gobierno a su pueblo, cuando podía muy fácilmente retener el poder supremo hasta su muerte.

Pero en lo más acalorado de la discusión se corrió con reserva la voz de que no era definitiva la promesa del Presidente de retirarse al final del periodo. Para demostrar completamente cómo el Gobierno tenía controlada la libertad de palabra y de prensa, hasta el hecho de que, al hacerse el anuncio anterior, de inmediato dejó de discutirse sobre los posibles candidatos a la presidencia para 1910.

Díaz estaba tan perfectamente atrincherado en el poder que parecía casi inútil oponerse a él de modo directo; pero el pueblo recordaba la otra declaración formulada por el Presidente y de la cual éste no se había retractado todavía; es decir, que sería bienvenido un movimiento de oposición. La declaración de que apoyaría un movimiento en este sentido parecía una paradoja, de modo que los hombres inteligentes del elemento progresista se unieron para proyectar un movimiento que, sin estar en oposición directa contra Díaz, pudiera abrir a la vez una brecha hacia la democracia.

El plan consistió en recomendar al Presidente Díaz retener su puesto y al mismo tiempo, pedirle que permitiera al país elegir con libertad un vicepresidente, para que en caso de que falleciera durante el próximo periodo, el sucesor pudiera estar más de acuerdo con los deseos y ambiciones del pueblo.

El silencio con que el Presidente Díaz recibió la publicación de este plan se tomó como consentimiento; en consecuencia, empezó extensa agitación; se organizaron clubes, hubo discusiones públicas y debates en los periódicos, todo lo cual podía muy bien tomarse como prueba de que el Presidente tenía razón cuando declaraba que el pueblo mexicano estaba, por fin, preparado para gozar de las bendiciones de una verdadera república.

Según el señor Barrón, en una entrevista publicada en el *New York World*, en poco tiempo se habían organizado no menos de 500 clubes, los cuales, en enero de 1909, celebraron una convención en la capital, formaron un organismo central conocido como Club Central Democrático, eligieron funcionarios y adoptaron una plataforma, cuyos principales puntos eran los siguientes:

1. Abolición de los jefes políticos y transferencia de las facultades de éstos a las juntas municipales.
2. Ampliación de la educación primaria.
3. Promulgación de leyes electorales que establecieran el ejercicio del sufragio sobre una base mixta de educación y posesión de bienes.
4. Mayor libertad de prensa.
5. Cumplimiento más estricto de las Layes de Reforma.
6. Mayor respeto para la vida y la libertad humanas y una administración de justicia más efectiva.
7. Legislación que permitiera a los obreros percibir indemnización económica de sus patronos en caso de accidentes de trabajo y que capacitara al público para entablar demandas contra las compañías de transportes y otras sociedades de servicio, también por accidentes.
8. Leyes agrarias para impulsar la agricultura.

Los funcionarios elegidos para encabezar el nuevo partido fueron cuatro brillantes y jóvenes diputados: Benito Juárez hijo, Presidente; Manuel Calero, vicepresidente; Diódoro Batalla, secretario; Jesús Urueta, tesorero.

El 2 de abril se efectuó la convención del Club Reeleccionista –organismo compuesto en su totalidad por funcionarios del Gobierno, designados por Díaz–, y postuló la reelección del general Díaz y la de su vicepresidente, Ramón Corral. Poco después, de acuerdo con su plan original, el Partido Demócrata propuso también la reelección del Presidente Díaz, pero nombró candidato para vicepresidente al general Bernardo Reyes, gobernador de Nuevo León.

Véase cuál era la situación general. Existía un partido compuesto por elementos de los más cultos, más inteligentes y más progresistas del país. Su programa demuestra que sus demandas eran moderadas en exceso; había nacido bajo la promesa pública del general Díaz de que permitiría su funcionamiento; para asegurar su existencia y ponerse a salvo de la persecución, el partido había colocado al general Díaz a la cabeza de su planilla.

Por último, la campaña que inició fue muy atemperada y respetuosa; no hubo llamado a las armas; no hubo conato de rebelión o revolución en ninguna forma; las críticas de las instituciones existentes se expusieron con estudiado cuidado y calma; además, el general Díaz era elogiado y se pedía al pueblo que votase por él; pero... con el general Reyes como Vicepresidente.

No pasó mucho tiempo sin que resaltara el hecho de que en caso de haber elección, Reyes triunfaría sobre Corral por una gran mayoría. Antiguos enemigos de Reyes se pronunciaron en su favor, no porque lo quisieran, sino porque el movimiento que lo apoyaba ofrecía una promesa de que México podría autogobernarse en alguna medida. Tan pronto como la popularidad del Partido Demócrata se hizo evidente, el general Díaz actuó para destruirlo, a pesar del orden que prevalecía en sus asambleas, a pesar de la moderación de sus periódicos, a pesar de que se observaran las leyes con escrupulosidad, a pesar de que Díaz había prometido darle apoyo y consejo como partido de opción.

El primer movimiento abierto de Díaz contra el Partido Demócrata consistió en cortar en flor la propaganda en favor de Reyes que había comenzado en el Ejército; relegó en remotas partes del país a una docena de oficiales que habían manifestado simpatías por la candidatura de Reyes.

Esta acción de Díaz se ha defendido sobre la base de que tenía perfecto derecho a prohibir a los miembros del Ejército de funciones políticas; pero el presidente del Club Reeleccionista también era oficial del Ejército y gran cantidad de militares se dedicaban abierta y activamente a la campaña en favor de Corral. Así, pues, parece que se procedió contra los militares reyistas porque apoyaban a Reyes más que por ser militares.

El Cap. Rubén Morales, uno de los oficiales castigados, había aceptado la vicepresidencia de un club reyista y se le ordenó renunciar al club o renunciar al Ejército. Pidió su baja, pero ésta no le fue aceptada y se le envió al territorio de Quintana Roo. De los oficiales afectados, ocho fueron enviados a Sonora en campaña contra los indios yaquis.

La relegación de los militares ocurrió a fines de mayo; poco después del incidente se procedió contra algunos dirigentes democratas que ocupaban puestos en el Gobierno. Los diputados Urueta y Lerdo de Tejada, hijo, y el senador José López Portillo, fueron de los primeros a quienes se privó de sus puestos.

Los estudiantes de las escuelas nacionales de jurisprudencia, minería, medicina y preparatoria de la ciudad de México fueron alentados para que formasen un club en favor de la candidatura de Corral; pero cuando los estudiantes de las escuelas de leyes y medicina del Estado de Jalisco formaron un club para apoyar la candidatura de Reyes, el Gobierno les ordenó abandonar sus actividades políticas o dejar las escuelas. Ellos designaron una comisión para pedir a Díaz juego limpio; pero éste no les hizo caso y renovó la amenaza de expulsión, con el resultado de que fueron expulsados tantos estudiantes de las escuelas de Jalisco, que éstas tuvieron que cerrar por falta de alumnos.

En julio, un comité reeleccionista de la ciudad de México efectuó un mitin en favor de Corral en el Teatro Degollado de Guadalajara, capital de Jalisco con un auditorio compuesto, en gran parte, por estudiantes demócratas que sisearon a uno de los oradores; en vista de ello, algunas patrullas de policía que estaban preparadas recibieron órdenes de que hicieran desalojar el edificio y la plaza. Esto se cumplió a la manera mexicana; con sables, cachiporras y pistolas. Las cifras de muertos, heridos y encarcelados no fueron dadas a conocer por las autoridades; pero todas las noticias de los periódicos de aquel tiempo convienen en que hubo muertos y heridos, así como encarcelados.

Los cálculos más altos mencionaban 12 muertos, 35 gravemente heridos y mil detenidos. Después de tales sucesos, Guadalajara se llenó de tropas federales y del Estado; se llamó rápidamente de Quintana Roo al general Ignacio Bravo, conocido como el más despiadado jefe en todo el Ejército mexicano, para reemplazar de modo temporal al

LA OCTAVA ELECCIÓN DE DÍAZ POR "UNANIMIDAD" 157

jefe de la zona militar; como resultado, toda expresión política de los demócratas fue ahogada con mano de hierro. Entre los jefes prominentes del movimiento democrático en Guadalajara que sufrieron persecuciones en esa época figuraba Ambrosio Ulloa, ingeniero y abogado, fundador de una escuela de ingenieros y director de la compañía harinera "La Corona". Era presidente del club reyista de Guadalajara. Surgió la teoría de que el club, en cierto modo, había sido responsable del llamado desorden estudiantil, y una semana después de los acontecimientos, Ulloa fue enviado a la cárcel y encerrado bajo el cargo de "sedición".

Durante la represión del movimiento estudiantil de Guadalajara se habló por lo menos de un caso de *ley fuga* aplicada en esa ciudad. La víctima fue Guillermo de la Peña, antiguo estudiante del Christian Brother's College de Saint Louis, Mo., Estados Unidos, y también de la Universidad del Estado de Ohio, de ese país. Los periódicos de Saint Louis informaron sobre el caso, y la noticia fue divulgada por medio de la Associated Press. El relato decía en parte:

> Estaba (Peña) en su casa de campo cuando un oficial de rurales lo invitó a que lo acompañase. Montó en su caballo y salió con él. Al día siguiente, unos sirvientes encontraron su cadáver acribillado a balazos.

El 7 de septiembre, el diputado Heriberto Barrón, quien había criticado moderadamente a Díaz en una carta abierta, huyó del país y fijó su residencia en Nueva York. Un periódico mexicano informó que algunos miembros de la policía secreta de Díaz embarcaron por la fuerza a Barrón en un vapor de la *Ward Line,* en Veracruz, y lo obligaron a salir del país; pero aquél declaró en los periódicos de Nueva York que había huido para no ser detenido. Algunos meses después, suplicó que lo dejasen volver a su hogar; pero se le contestó que tenía que permanecer en el exilio hasta la muerte del Presidente de México. La perversidad del crimen de Barrón puede juzgarse por los siguientes párrafos, los más atrevidos de su carta abierta:

En la velada a que he aludido, cuando los oradores pronunciaron su nombre (el de Díaz) fue recibido con unánimes silbidos y señales de desaprobación. Durante la función ofrecida en el Teatro Principal para ayudar a las víctimas de Guerrero, todo el auditorio mantuvo un siniestro silencio a la llegada de usted. El mismo silencio hubo cuando usted se marchó. Si tuviera usted ocasión, como yo la tengo, de mezclarse con reuniones y grupos de gente de diferentes clases, no todos reyistas, oiría usted, señor Presidente, expresiones de indignación contra usted que se manifiestan francamente en todas partes.

Dentro de los diez días siguientes, a la deportación de Barrón, un presidente extranjero, Frederick Palmer, inglés, fue encarcelado en Belén; se le negó la libertad bajo fianza, estuvo incomunicado por varios días y, al fin, se le sentenció a un mes de prisión; su gran delito fue decir que Díaz había sido ya Presidente de México demasiado tiempo.

El 28 de julio, Celso Cortés, vicepresidente del Club Reyista Central de la ciudad de México, fue detenido en Belén por haber pronunciado un discurso en el club criticando a los miembros del gabinete de Díaz.

Después siguió una larga lista de arrestos de miembros del movimiento demócrata en todo el país. En general, eran acusados de "sedición", pero nunca se presentaron pruebas para demostrarla en la forma que la entienden los norteamericanos. En este movimiento no hubo intentos de rebelión armada o de violación de las leyes existentes: todavía no he sabido de ningún caso en que hubiera habido motivo razonable para la detención. A muchos de los arrestados se les mantuvo encerrados durante meses y algunos otros fueron sentenciados a largas condenas. La cantidad de los perseguidos en esta forma es incierta, pues sólo aparecen en la prensa mexicana los casos más notables. Algunos de los que se han publicado son los siguientes:

En agosto fue detenido con otras personas José Ignacio Rebollar, secretario del Club Reyista de Torreón, por concurrir a una serenata que se daba al gobernador del Estado y tratar de hacer prosélitos para la causa de Reyes.

El primero de agosto de 1909, un batallón de rurales interrumpió un mitin de reyistas en Silao y llevó a la cárcel a muchos de ellos. En noviembre de 1909, Manuel Martínez de Arredondo, rico agricultor, su sobrino Francisco de Arredondo, cuatro abogados –Pedro Reguera, Antonio Juárez, Enrique Recio y Juan Barrera– así como Marcos Valencia, Amado Cárdenas, Francisco Vidal y otros, fueron encarcelados por tratar de efectuar un mitin reyista en Mérida, Yucatán. Varios de ellos estuvieron detenidos por más de seis meses.

El 26 de enero de 1910, algunos demócratas celebraron un mitin en la Alameda de la ciudad de México, presidido por el doctor Manuel Espinosa de los Monteros, presidente del Club Central Reyista. Don Enrique García de la Cadena y Ancona pronunció un patriótico discurso. La policía disolvió el mitin y aprehendió a García de la Cadena y a Espinosa de los Monteros bajo el cargo de "sedición". Cuando estas líneas eran escritas, se anunció que ambos serían enviados a cumplir largas condenas en la colonia penal de las Islas Marías, en el Pacífico.

Durante los meses transcurridos después del intento de presentar un candidato contra el vicepresidente Corral, los demócratas trataron de fortalecer su posición tomando parte en algunas "elecciones" estatales y locales; como resultado, hubo muchas aprehensiones y varias matanzas perpetradas por las tropas y por las autoridades locales.

En Petape, Oaxaca, el 25º batallón de regulares disparó sobre un grupo de oposicionistas y mató a varios. Fueron encarcelados 70 de ese grupo.

En Tepames, Colima, hubo muchos fusilamientos. Se dice que cuando la cárcel ya estaba llena, las autoridades sacaron a varios de los prisioneros, los obligaron a cavar sus propias tumbas y los fusilaron de manera que cayeran en las zanjas abiertas.

En Tehuitzingo, Pue., en el mes de abril, se anunció que habían sido ejecutados sin formación de causa 16 ciudadanos y que muchos otros habían sido condenados a 20 años de reclusión en la fortaleza de San Juan de Ulúa.

En Mérida, Yucatán, se colocaron en las casillas electorales tropas federales y se detuvo gran cantidad de demócratas.

En el Estado de Morelos, en febrero de 1909, los demócratas intentaron elegir como gobernador a Patricio Leyva, oponente de Pablo Escandón, un propietario de esclavos a quien Díaz había designado para ocupar el puesto. Por aceptar la candidatura demócrata, Leyva fue cesado como inspector de riesgos de la Secretaría de Fomento.

El presidente y vicepresidente del Club Sufragio Libre de Jojutla y los funcionarios de un club semejante en Tlaquiltenango, así como otros muchos, fueron encarcelados acusados de sedición, y se informa que las autoridades han matado a varios. La policía que se hallaba en posesión de las casillas electorales impidió votar a muchos ciudadanos; al final, la elección fue clasificada en favor de Escandón, quien llegó a gobernador.

En julio de 1909 hubo muchas detenciones en El Fuerte, Sinaloa, y el pueblo fue ocupado por los rurales federales. En enero de 1910, 16 hombres que habían sido aprehendidos antes bajo la sospecha de estar confabulados contra el gobernador en Viesca, fueron sentenciados a muerte; la Suprema Corte de México confirmó la sentencia de fusilamiento.

Mientras sucedían tales incidentes, también se manejaba la situación de la prensa. El Gobierno compraba o subsidiaba a los periódicos, o los suprimía. Entre 30 ó 40 publicaciones diarias y semanarias que sostenían la causa del Partido Demócrata no se sabe de una sola que no fuera obligada a suspender sus ediciones. A pesar del cuidado que ponían en sus artículos, no se les permitió trabajar; la mayoría de sus directores fueron detenidos y las imprentas incautadas.

En 16 de abril de 1909, Antonio Duch, director de *La Tierra*, de Mérida, Yucatán, fue llevado por la policía secreta mexicana a bordo de un barco, en Veracruz, y obligado a dejar el país acusado de ser un "extranjero pernicioso". Su periódico fue suprimido.

En 15 de julio de 1909, Francisco Navarro, director de *La Libertad*, órgano del Club Demócrata de Guadalajara, fue hecho prisionero por censurar el uso de los sables contra los estudiantes reyistas. Se impidió la publicación del periódico; se clausuró la oficina; se puso en ella a un gendarme de guardia y se anunció oficialmente que si se hacía algún intento de imprimir el periódico en otro taller, también éste sería clausurado.

En agosto 3 de 1909, Manuel Félix Vera, corresponsal en México de los periódicos demócratas de Guadalajara, fue llevado a la cárcel de Belén, donde permanece actualmente, sin que hasta ahora se haya instruido proceso en su contra.

En octubre de 1909, Manuel M. Oviedo, director de *La Hoja Suelta* y presidente del Club Antirreeleccionista de Torreón, fue encarcelado y su periódico fue suprimido. Se procedió en su contra por el supuesto delito de abogar por una elección justa en el Estado, después del retiro forzoso del gobernador Cárdenas.

En noviembre de 1909, Martin Stecker, súbdito alemán, director de *El Trueno*, de Linares, N.L., fue encarcelado bajo el cargo de "difamación" y se clausuró su periódico. Stecker era sólo un reyista tibio; pero, para aprehenderlo, se adujo que Linares era un buen campo para la propaganda periodística y algunos miembros de la maquinaria de Díaz querían tener el privilegio exclusivo de explotarlo. Poco antes de la supresión de *El Trueno*, el gobernador Reyes había sido desterrado y sus amigos destituidos del gobierno municipal de Linares.

En noviembre de 1909, el Gobierno suprimió la *Revista de Mérida*, en Yucatán, y el director Menéndez y otros escritores fueron encarcelados y acusados de "sedición".

Más o menos en la misma época, se clausuraron otros dos periódicos de Mérida; *Yucatán Nuevo*, cuyos directores, Fernando M. Estrada y Ramón Peovide, están todavía en la cárcel; y *La Defensa Nacional* cuyos directores, Calixto M. Maldonado y César A. González, fueron acusados de "provocación a la rebelión". Las pruebas presentadas contra ellos ante el tribunal consistieron en copias de una circular del Club Nacional Antirreeleccionista, que ellos repartían entre sus amigos.

En febrero de 1910, Heriberto Frías, director de *El Correo de la Tarde*, fue expulsado de Mazatlán porque publicó la noticia de que en las llamadas elecciones de Sinaloa, se permitió que votasen por los candidatos del Gobierno a muchachos de 10 y 12 años, mientras que algunos votantes de la oposición, con 40 y 50 años de edad, fueron rechazados con el pretexto de que eran demasiado jóvenes para votar.

En octubre de 1909, Alfonso B. Peniche, director de *La Redención*, de la ciudad de México, fue detenido por "difamar" a un empleado oficial de baja categoría. A pesar de su encierro, Peniche logró continuar su publicación por algún tiempo, aunque para hacerlo le fue preciso pasar sus originales a través de las rejas de la prisión. Al poco tiempo de estar en Belén, publicó un artículo para exigir que se investigaran las condiciones imperantes en esa cárcel; denunció que en ella se usaba con los prisioneros un instrumento de tortura llamado "la matraca". Esto se tuvo en cuenta, sin duda, para imponer a Peniche un castigo con extrema severidad: después de permanecer cinco meses en Belén, se le sentenció a cuatro años de prisión en la colonia penal de las Islas Marías.

Es indudable que la acusación contra Peniche fue sólo un subterfugio para quitarle de enmedio. La historia de su "difamación, según *México Nuevo*, el diario democrático más conservador, era ésta:

> En su periódico *Redención,* ahora suspendido, publicó una declaración firmada por varios comerciantes, donde se formulaban cargos contra un recaudador de contribuciones del Distrito Federal, relacionados con actos cometidos en el cumplimiento de su misión. La Oficina de Impuestos intervino en el asunto y ordenó una investigación; como resultado, los cargos fueron comprobados y el recaudador fue cesa-do por la Secretaría de Hacienda, con la aprobación del Presidente de la República, por "no merecer la confianza del Gobierno". Además, se le consignó ante el Juez Primero de Distrito para que se investigara el supuesto fraude a la Tesorería; esta investigación se halla ahora pendiente.
>
> Si tal era el caso, había muchas razones para suponer que Peniche, al publicar la acusación, obraba en interés público y no cometía delito alguno; pero se le procesó por difamación, delito aún más grave que la calumnia.

El Diario del Hogar, de la ciudad de México, viejo y conservador, que ha apoyado la causa de los demócratas, publicó también un relato de la deportación de Peniche, el cual apareció bajo el título de "Cuidado, periodistas". Las autoridades obligaron inmediatamente a suspenderlo. Fueron encarcelados el propietario, Filomeno Mata, hombre de edad avanzada ya retirado de la vida activa; su hijo, Filomeno Mata, gerente; y el jefe del taller. Un mes más tarde se estaba muriendo a causa de los malos tratos recibidos a manos de los carceleros.

Algún tiempo después, en marzo de 1910, el Gobierno impuso la suspensión de *México Nuevo*. Sin embargo, renació más tarde y es el único periódico demócrata que ha sobrevivido a la campaña de Reyes.

Paulino Martínez era uno de los más viejos y mejor conocidos periodistas de México. Sus periódicos fueron los únicos de oposición a la política del Gobierno que habían podido capear la tormenta de persecuciones contra la prensa en los últimos años. Durante mucho tiempo –según me dijo el mismo Martínez– sus periódicos *La Voz de Juárez* y *El Insurgente*, se mantuvieron con la táctica de evitar siempre el hacer críticas directas contra los altos funcionarios o contra las acciones del general Díaz. Sin embargo, en la campaña contra el movimiento demócrata, estos periódicos tuvieron la suerte de los demás. Cuando el Gobierno inició su acción contra Martínez, este periodista tenía tres semanarios –La *Voz de Juárez*, *El Insurgente* y *El Chicano*–, y un diario –*El Anti-rreeleccionista*–, todos en la ciudad de México.

El primer golpe cayó sobre *La Voz de Juárez* que fue suspendido y la imprenta confiscada el 3 de agosto de 1909. Se acusó al semanario de "calumniar al ejército". La policía buscó a Martínez, sin encontrarlo. Los empleados inferiores de la imprenta fueron encarcelados y se anunció que ésta se pondría en venta.

El 3 de septiembre, la policía secreta allanó las oficinas de *El Insurgente y el Chinaco*, y también las de *El Paladín*, semanario publicado por Ramón Álvarez Soto. Los agentes se apoderaron de las matrices de las tres publicaciones y las llevaron a las oficinas de la policía secreta como "pruebas del delito". Fueron detenidos Álvarez Soto, Joaquín Piña –gerente de *El Chicano*–, Joaquín Fernando Bustillos, cinco impresores, dos empleados y la señora de Martínez. Después de cinco días, los reporteros y los impresores fueron puestos en libertad; pero a la señora de Martínez y a Enrique Patiño –Miembro del personal de *El Paladin*, quien había sido detenido después–, fueron retenidos bajo el cargo de "sedición".

El Antirreeleccionista, último de los periódicos de Martínez, sucumbió el 28 de septiembre. Sus oficinas fueron clausuradas; sus talleres decomisados y sellados por el juzgado; 22 empleados que se hallaban en las oficinas fueron detenidos por "sedición". Eran ellos tres directivos del periódico, un reportero, 15 cajistas y tres muchachas encuadernadoras.

No se sabe cuánto tiempo permanecieron en prisión esas 22 personas; pero seis meses más tarde leí la noticia de que por lo menos uno de los colaboradores de Martínez, Félix F. Palavicini, estaba todavía en la cárcel. La señora de Martínez siguió detenida durante varios meses; su esposo logró escapar a los Estados Unidos y cuando ella se le unió, ninguno de los dos tenía un sólo centavo. Por cierto, la señora de Martínez había nacido en los Estados Unidos.

Lo más notable de esa represión fue el trato que recibió el candidato del Partido Demócrata, general Bernardo Reyes, gobernador del Estado de Nuevo León. Resulta aún más sorprendente ese trato si se tiene en cuenta que el general Reyes nunca aceptó su postulación y la rechazó en cuatro ocasiones. Además, durante los meses en que llovieron calamidades sobre él y sus amigos, nunca dijo una palabra ni alzó un dedo que pudiera interpretarse como ofensa al Presidente Díaz, al vicepresidente Corral o a cualquiera de los miembros del Gobierno de Díaz. El Gobierno trató de crear la impresión de que el candidato de los demócratas estaba a punto de iniciar una rebelión armada; pero no existe la menor prueba de ello.

Como candidato, el general Reyes no satisfacía por completo el ideal de los dirigentes del movimiento demócrata, porque no había sido antes, en ninguna forma, campeón de los principios democráticos. Sin duda fue designado –como expresó un órgano del Gobierno–, porque creía que podría "dirigir la orquesta". Reyes era una figura con fuerza militar y se requería un personaje así para atraer al pueblo cuyos temores eran grandes. Por esta razón, los jefes demócratas le entregaron su fe e iniciaron la campaña en el supuesto de que Reyes aceptaría su postulación cuando comprobara que el pueblo estaba unánimemente de su parte.

Los demócratas se equivocaron en esto. Reyes prefirió no dirigir la orquesta. Después de rechazar públicamente cuatro veces su candidatura, se retiró a su residencia campestre y allí esperó a que se pasara la tormenta. Se puso fuera de contacto con sus partidarios y con el mundo y no hizo el menor movimiento que pudiera ofender al Gobierno.

Y sin embargo, ¿qué le sucedió a Reyes?

Díaz lo depuso como jefe de la zona militar, con sede en Monterrey, y colocó en el mando al general Treviño, enemigo personal de Reyes. El sustituto marchó hacia Nuevo León a la cabeza de un ejército; en su camino se detuvo en Saltillo donde, mediante un despliegue de fuerza provocó la dimisión del gobernador Cárdenas, de Coahuila, tan sólo porque éste era amigo de Reyes, después lanzó sus fuerzas contra Monterrey y derrocó al gobierno local así como a las autoridades municipales de todo el Estado. Díaz ordenó que se impusiera una multa de 330 mil dólares a los socios financieros de Reyes con el objeto de aplicarles, también a ellos, un golpe económico aplastante. Treviño sitió a Reyes en su residencia de la montaña y lo obligó a regresar virtualmente prisionero para que presentará su dimisión. Por último, se le envió fuera del país con una supuesta "misión militar" en Europa, pero en realidad fue desterrado de su patria por dos años o más, según decidiera el dictador.

Así pereció el reyismo, como los periódicos del Gobierno denominaban despectivamente a la oposición, el movimiento democrático se vio desmoralizado por algún tiempo. El Gobierno, sin duda, creyó que el final de Reyes significaba el del movimiento democrático.

Pero no fue así. Las ambiciones democráticas del pueblo se habían elevado en tal forma que no podían ser anuladas. En vez de intimidar al pueblo, tanto el destierro de Reyes como los actos de fuerza que lo precedieron, sólo sirvieron para que el pueblo formulara con más energía sus demandas. Del atrevimiento de nombrar candidato sólo para la Vicepresidencia, se pasó a designar candidato para la Presidencia; el partido que apenas era de oposición se convertía en un verdadero partido de oposición.

Encontró su nuevo jefe en Francisco I. Madero, un distinguido ciudadano de Coahuila, miembro de una de las más antiguas y respetadas familias de México. Los Madero nunca se habían mezclado en la política de Díaz; eran agricultores ricos, bien educados, cultos y progresistas. El primer interés notable que demostró Madero por la democracia fue en su libro *La sucesión presidencial*, que publicó en 1908. Este libro es una bien pensada pero tibia crítica del régimen de Díaz, donde se termina por recomendar al pueblo que insista en el derecho de tomar parte en las elecciones de 1910.

Se dice que el libro de Madero fue retirado de la circulación, pero después de haber sido muy difundido. De este modo su influencia fue muy grande, sin duda, fue el impulso inicial para formar un partido demócrata. Una vez que fue lanzada la candidatura de Reyes, Madero viajó por el país en su propio automóvil para pronunciar discursos en reuniones públicas; no hacía propaganda de esa candidatura, sino que se limitaba principalmente a propagar los elementos del gobierno popular.

La deportación de Reyes no detuvo la campaña oratoria de Madero. Antes que finalizara 1909 se anunció que los clubes demócratas y reyistas se reorganizaban como clubes antirreeleccionistas, y que se efectuaría una convención nacional en la que se organizaría el Partido Antirreeleccionista y se designarían candidatos a la Presidencia y a la Vicepresidencia de la República.

La convención se efectuó a mediados de abril de 1910; se designó a Madero como candidato a la Presidencia y al doctor Francisco Vázquez Gómez para la Vicepresidencia. Los elementos dispersos de la interrumpida campaña anterior se unieron de nuevo, y Madero, con algunos otros dirigentes de los clubes democráticos que habían salido de la cárcel, siguieron pronunciando discursos con la misma táctica de criticar sólo ligeramente al Gobierno y de no alentar alteraciones de la paz.

El resultado fue instantáneo. La nación se encontró de nuevo entusiasmada con la idea de poder ejercer realmente su derecho constitucional al sufragio. Si el movimiento hubiera sido de escasa importancia, se le habría dejado seguir y extinguirse; pero, por el contrario, fue tremendo. En la ciudad de México, se efectuó una manifestación que ni el mismo Díaz, con todos sus poderes de coerción, habría podido organizar otra igual en su favor. Quienes participaron en ella sabían que se exponían a la persecución, a la rutina y acaso a la muerte; sin embargo, fue tan grande la muchedumbre que los órganos del Gobierno se vieron forzados a admitir que esa manifestación había sido un triunfo para los "maderistas", como se llamaba a los demócratas.

Antes de la convención y durante ella la prensa de Díaz se burló de Madero, de su programa y de su partido; dijo que eran demasiado insignificantes para tenerlos en cuenta; pero aun antes de que los delegados demócratas regresaran a sus puntos de origen, el movimiento había crecido en proporciones tan grandes, que el gobierno procedió en su contra como había procedido contra los reyistas antes del destierro de Reyes. Todos los miembros de los clubes antirreeleccioristas fueron llevados a la cárcel; los periódicos progresistas que quedaban y que se atrevieron a apoyar la causa democrática fueron suprimidos; se usó el poder de la policía para disolver los clubes, interrumpir las reuniones públicas e impedir las recepciones que se organizaban en honor de los candidatos del partido en sus viajes por el país.

Tan severa fue esta persecución que el abogado Roque Estrada, uno de los más prominentes oradores antirreeleccionistas, dirigió una carta abierta a Díaz, el 21 de mayo, suplicándole que interviniera, para garantizar los derechos constitucionales. Esta carta fue seguida por otra de Madero, concebida en términos similares. Al relatar algunos de los ultrajes de que se había hecho víctimas a sus amigos, Estrada decía en parte:

Cuando el delegado de Cananea, Sonora, regresaba a su casa fue detenido, lo mismo que algunos presidentes de nuestros clubes; en Álamos, Sonora, fueron arrestados ciudadanos independientes y se martirizó a un periodista y a su familia; en Torreón, en Coahuila, en Monterrey y en Orizaba, los derechos de asociación y reunión han sido violados descaradamente; por último, en la atormentada ciudad de Puebla, inmediatamente después de la visita que los candidatos del pueblo hicieron en los días 14 y 15 del corriente mes, comenzó una época de terror capaz de destruir la reputación de la más sana y sólida administración. En la ciudad de Zaragoza, muchos ciudadanos independientes han sido puestos en prisión, otros han sido consignados al Ejército, como en el caso del señor Díaz Durán, presidente de un club antirreeleccionista, y otros se han visto en la necesidad de abandonar sus hogares para escapar a la furia de las autoridades.

Algunos de los ultrajes mencionados en la carta de Madero son los siguientes:

En Coahuila, los funcionarios públicos han prohibido arbitrariamente demostraciones en nuestro honor, impidiendo también la divulgación de nuestros principios. Lo mismo ha sucedido en los Estados de Nuevo León, Aguascalientes y San Luis Potosí... En los Estados de Sonora y Puebla las condiciones son graves. En el primero, un periodista independiente, César del Vando, ha sido encarcelado... En Cananea, las persecuciones contra los miembros de mi partido son extremadas, y según las últimas noticias recibidas de allí se ha encarcelado a más de 30 individuos, entre ellos toda la junta directiva del Club Antirreeleccionista de Obreros, tres de los cuales han sido forzados a enlistarse en el Ejército.

En Puebla, Atlixco y Tlaxcala, donde se han cometido indecibles abusos contra mis simpatizadores, reina intensa agitación. Las últimas noticias recibidas indican que la situación de las clases trabajadoras es desesperada: que pueden recurrir en cualquier momento a medios violentos para hacer que sus derechos sean respetados.

En junio, mes de las elecciones, las condiciones llegaron a ser mucho peores. Estrada y Madero fueron detenidos en secreto durante la noche del 6 de junio; también en secreto fueron encerrados en la penitenciaría de Monterrey hasta que este hecho comenzó a conocerse y a divulgarse a voces. Entonces se especificaron los cargos contra ellos. A Estrada se le acusó de "sedición" y a Madero primero de proteger a Estrada para que no fuera detenido, pero poco después se desechó esa acusación para inculparlo de "insultos a la nación". Se le trasladó de la penitenciaría de Nuevo León a la penitenciaría de San Luis Potosí y en ésta permaneció incomunicado hasta después de las "elecciones".

La campaña presidencial terminó entre una lluvia de informes acerca de las persecuciones del Gobierno. Un mensaje digno de crédito, fechado el 9 de junio, decía que al disolver una reunión en Saltillo, poco después de conocerse la detención de Madero, la policía cargó contra la gente e hirió a más de 200 personas. Otro, fechado el 14 de junio, informó que en las ciudades de Torreón, Saltillo y Monterrey, habían sido detenidas más de 100 personas bajo el cargo de "insultar" al Gobierno; que en Ciudad Porfirio Díaz habían sido aprehendidos 47 ciudadanos prominentes en un sólo día y que se había iniciado un gran éxodo de ciudadanos de las plazas fronterizas hacia los Estados Unidos, por temor a ser arrestados. Otro mensaje más, fechado el 21 de junio, señaló que en el norte del país se habían efectuado más de 400 detenciones el día anterior a esa fecha y que se mantendrían incomunicados a más de mil presos políticos hasta después de las elecciones.

En el "día de las elecciones" había soldados y rurales en cada ciudad, pueblo o ranchería. Algunas casillas electorales se instalaron realmente aquí y allá y se llevó a cabo una farsa de elecciones.

Los soldados vigilaban las casillas y cualquiera que se atreviera a votar por candidatos que no fueran los gubernamentales, sabía que se arriesgaba al encarcelamiento, a la confiscación de sus propiedades y aun a la muerte. Por último, el Gobierno cumplió con la formalidad de contar los votos, y a su debido tiempo se anunció al mundo que el pueblo mexicano había elegido a Díaz y a Corral "prácticamente por unanimidad".

Capítulo XI

CUATRO HUELGAS MEXICANAS

En la línea del Ferrocarril Mexicano, que trepa más de 150 kilómetros desde el puerto de Veracruz hasta 2,250 metros de altura al borde del Valle de México, se encuentran algunas ciudades industriales. Cerca de la cima, después de esa maravillosa ascensión desde los trópicos hasta las nieves, el pasajero mira hacia atrás desde la ventanilla de su vagón, a través de una masa de aire de más de 1,500 metros que causa vértigo, y distingue abajo la más elevada de estas ciudades industriales –Santa Rosa–, semejante a un gris tablero de ajedrez extendido sobre una alfombra verde. Más abajo de Santa Rosa oculta a la vista por el titánico contrafuerte de una montaña. Se halla Río Blanco, la mayor de estas ciudades, escenario de la huelga más sangrienta en la historia del movimiento obrero mexicano.

A una altitud media entre las aguas infestadas de tiburones del puerto de Veracruz y la meseta de los Moctezuma, Río Blanco es un paraíso no sólo por su clima y paisaje, sino por estar perfectamente situado para las manufacturas que requieren energía hidráulica. En el Río Blanco se junta un pródigo abastecimiento de agua precedente de las copiosas lluvias y las nieves de las alturas; con la velocidad del Niágara, las corrientes bajan por las barrancas de la sierra hasta la ciudad.

Se dice que el mayor orgullo del gerente Hartington –inglés, de edad mediana y ojos acerados, quien vigila el trabajo de seis mil hombres, mujeres y niños–, estriba en que la fábrica de textiles de algodón de Río Blanco no sólo es la más grande y moderna en el mundo, sino también la que produce mayores utilidades respecto a la inversión.

En efecto, la fábrica es grande. De Lara y yo la visitarnos de punta a punta; seguimos la marcha del algodón crudo desde los limpiadores, a través de los diversos procesos y operaciones, hasta que al fin sale en la tela cuidadosamente doblada con estampados de fantasía o en tejidos de colores especiales. Incluso llegamos a descender cinco escaleras de hierro, hacia las entrañas de la tierra, para ver el gran generador y las encrespadas aguas oscuras que mueven todas las ruedas de la fábrica. También observamos a los trabajadores, hombres, mujeres y niños.

Eran todos ellos mexicanos con alguna rara excepción. Los hombres, en conjunto, ganan 75 centavos por día; las mujeres, de $3 a $4 por semana; los niños, que los hay de siete a ocho años de edad, de 20 a 50 centavos por día. Estos datos fueron proporcionados por un funcionario de la fábrica, quien nos acompañó en nuestra visita, y fueron confirmados en pláticas con los trabajadores mismos.

Si se hacen largas 13 horas diarias –desde las 6 a.m. hasta las 8 p.m.– cuando se trata al aire libre y a la luz del sol, esas mismas 13 horas entre el estruendo de la maquinaria, en un ambiente cargado de pelusa y respirando el aire envenenado de las salas de tinte... ¡qué largas deben de parecer! El terrible olor de las salas de tinte nos causaba náuseas, y tuvimos que apresurar el paso. Tales salas son antros de suicidio para los hombres que allí trabajan; se dice que éstos logran vivir, en promedio, unos 12 meses. Sin embargo, la compañía encuentra muchos a quienes no les importa suicidarse de ese modo ante la tentación de cobrar 15 centavos más al día sobre el salario ordinario.

La fábrica de Río Blanco se estableció hace 16 años... ¡16 años! pero la historia de la fábrica y del pueblo se divide en dos épocas: antes de la huelga y después de la huelga. Por dondequiera que fuimos en Río Blanco y Orizaba –esta última es la ciudad principal de ese distrito político–, oímos ecos de la huelga, aunque su sangrienta historia se había escrito cerca de dos años antes de nuestra visita.

En México no hay leyes de trabajo en vigor que protejan a los trabajadores; no se ha establecido la inspección de las fábricas; no hay reglamentos eficaces contra el trabajo de los menores; no hay procedimientos mediante el cual los obreros puedan cobrar indemnización por daños, por heridas o por muerte en las minas o en las máquinas. Los trabajadores, literalmente, no tienen derechos que los patrones estén obligados a respetar. El grado de explotación lo determina la política de la empresa; esa política, en México, es como la que pudiera prevalecer en el manejo de una caballeriza, en una localidad en que los caballos fueran muy baratos, donde las utilidades derivadas de su uso fueran sustanciosas, y donde no existiera sociedad protectora de animales.

Además de esta ausencia de protección por parte de los poderes públicos, existe la opresión gubernamental; la maquinaria del régimen de Díaz está por completo al servicio del patrón, para obligar a latigazos al trabajador a que acepte sus condiciones.

Los seis mil trabajadores de la fábrica de Río Blanco no estaban conformes con pasar 13 horas diarias en compañía de esa maquinaria estruendosa y en aquella asfixiante atmósfera, sobre todo con salarios de 50 a 75 centavos al día. Tampoco lo estaban con pagar a la empresa, de tan exiguos salarios, $2 por semana en concepto de renta por los cuchitriles de dos piezas y piso de tierra que llamaban hogares. Todavía estaban menos conformes con la moneda en que se les pagaba; ésta consistía en vales contra la tienda de la compañía, que era el ápice de la explotación; en ella la empresa recuperaba hasta el último centavo que pagaba en salarios. Pocos kilómetros más allá de la fábrica, en Orizaba, los mismos artículos podían comprarse a precios menores entre 25 y 75%; pero a los operarios les estaba prohibido comprar sus mercancías en otras tiendas.

Los obreros de Río Blanco no estaban contentos. El poder de la compañía se cernía sobre ellos como una montaña; detrás, y por encima de la empresa, estaba el Gobierno. En apoyo de la compañía estaba el propio Díaz, puesto que él no sólo era el Gobierno, sino un fuerte accionista de la misma. Sin embargo, los obreros se prepararon a luchar.

Organizaron en secreto un sindicato; el "Círculo de Obreros"; efectuaban sus reuniones, no en masa, sino en pequeños grupos en sus hogares, con el objeto de que las autoridades no pudieran enterarse de sus propósitos. Tan pronto como la empresa supo que los trabajadores se reunían para discutir sus problemas, comenzó a actuar en contra de ellos. Por medio de las autoridades policiacas, expidió una orden general que prohibió a los obreros, bajo pena de prisión, recibir cualquier clase de visitantes, incluso a sus parientes. Las personas sospechosas de haberse afiliado al sindicato fueron encarceladas inmediatamente, además de que fue clausurado un semanario conocido como amigo de los obreros y su imprenta confiscada.

En esta situación se declaró una huelga en las fábricas textiles de la ciudad de Puebla, en el Estado vecino, las cuales también eran propiedad de la misma compañía; los obreros de Puebla vivían en iguales condiciones que los de Río Blanco. Al iniciarse el movimiento en aquella ciudad –según informó un agente de la empresa–, ésta decidió "dejar que la naturaleza tomase su curso", puesto que los obreros carecían de recursos económicos; es decir, se trataba de rendir por hambre a los obreros, lo cual la empresa creía lograr en menos de 15 días.

Los huelguistas pidieron ayuda a sus compañeros obreros de otras localidades. Los de Río Blanco ya se preparaban para ir a la huelga; pero, en vista de las circunstancias, decidieron esperar algún tiempo, con el objeto de poder reunir, con sus escasos ingresos, un fondo para sostener a sus hermanos de la ciudad de Puebla. De este modo, las intenciones de la compañía fueron frustradas por el momento, puesto que a media ración, tanto los obreros que aún trabajan como los huelguistas, tenían manera de continuar la resistencia, pero en cuanto la empresa se enteró de la procedencia de la fuerza que sostenía a los huelguistas poblanos, cerró la fábrica de Río Blanco y dejó sin trabajo a los obreros. También suspendió las actividades de otras fábricas en otras localidades y adoptó varias medidas para impedir que llegara cualquier ayuda a los huelguistas.Ya sin trabajo, los obreros, de Río Blanco formaron pronto la ofensiva; declararon la huelga y formularon una serie de demandas para aliviar hasta cierto punto las condiciones en que vivían; pero las demandas no fueron atendidas. Al cesar el ruido de las máquinas, la fábrica dormía al sol, las aguas del río Blanco corrían inútilmente por su cauce, y el gerente de la compañía se reía en la cara de los huelguistas.

Los seis mil obreros y sus familias empezaron a pasar hambre. Durante dos meses pudieron resistir explorando las montañas próximas en busca de frutos silvestres; pero éstos se agotaron y después, engañaban el hambre con indigeribles raíces y hierbas que recogían en las laderas. En la mayor desesperación, se dirigieron al más alto poder que conocían, a Porfirio Díaz, y le pidieron clemencia; le suplicaron que investigara la justicia de su causa y le prometieron acatar su decisión.

El Presidente Díaz simuló investigar y pronunció su fallo, pero este consistió en ordenar que la fábrica reanudara sus operaciones y que los obreros volvieran a trabajar jornadas de 13 horas sin mejoría alguna en las condiciones de trabajo.

Fieles a su promesa los huelguistas de Río Blanco se prepararon a acatar el fallo, pero se hallaban debilitados por el hambre, y para trabajar necesitaban sustento. En consecuencia, el día de su rendición los obreros se reunieron frente a la tienda de raya de la empresa y pidieron para cada uno de ellos cierta cantidad de maíz y frijol, de manera que pudieran sostenerse durante la primera semana hasta que recibieran sus salarios.

El encargado de la tienda se rió de la petición. "A estos perros no les daremos ni agua", es la respuesta que se les atribuye. Fue entonces cuando una mujer, Margarita Martínez, exhortó al pueblo para que por la fuerza tomase las provisiones que le habían negado. Así se hizo. La gente saqueó la tienda, la incendió después y, por último, prendió fuego a la fábrica, que se hallaba enfrente.

El pueblo no tenía la intención de cometer desórdenes; pero el Gobierno sí esperaba que éstos se cometieran. Sin que los huelguistas lo advirtieran, algunos batallones de soldados regulares esperaban fuera del pueblo, al mando del general Rosalío Martínez, nada menos que el mismo subsecretario de Guerra. Los huelguistas no tenían armas;

no estaban preparados para una revolución; no la habían deseado causar; su reacción fue expontánea y, sin duda, natural. Un funcionario de la compañía me confió después que tal reacción pudo haber sido sometida por la fuerza local de policía, que era fuerte.

No obstante, aparecieron los soldados como si surgieran del suelo. Dispararon sobre la multitud descarga tras descarga casi a quemarropa. No hubo ninguna resistencia. Se ametralló a la gente en las calles, sin miramientos por edad ni sexo; muchas mujeres y muchos niños se encontraron entre los muertos. Los trabajadores fueron perseguidos hasta sus casas, arrastrados fuera de sus escondites y muertos a balazos. Algunos huyeron a las montanas, donde los cazaron durante varios días; se disparaba sobre ellos en cuanto eran vistos. Un batallón de *rurales* se negó a disparar contra el pueblo; pero fue exterminado en el acto por los soldados en cuanto éstos llegaron.

No hay cifras oficiales de los muertos en la matanza de Río Blanco; si las hubiera, desde luego serían falsas. Se cree que murieron entre 200 y 800 personas. La información acerca de la huelga de Río Blanco la obtuve de muchas y muy diversas fuentes: de un funcionario de la propia empresa; de un amigo del gobernador, que acompañó a caballo a los *rurales* cuando éstos cazaban en las montañas a los huelguistas fugitivos; de un periodista partidario de los obreros, que había escapado después de ser perseguido de cerca durante varios días, de supervivientes de la huelga y de otras personas que habían oído los relatos de testigos presenciales.

—Yo no sé a cuantos mataron —me dijo el hombre que había estado con los rurales—; pero en la primera noche, después que llegaron los soldados, vi dos *plataformas de ferrocarril repletas de cadáveres y miembros humanos apilados. Después de la primera noche hubo muchos muertos más.* Estas plataformas —continuó— fueron arrastradas por un tren especial rápidamente a Veracruz, *donde los cadáveres fueron arrojados al mar para alimento de los tiburones.*

Los huelguistas que escaparon a la muerte, recibieron castigos de otra índole, apenas menos terribles. Parece que en las primeras horas del motín se mataba a discreción sin distinciones; pero más tarde se conservó la vida de algunas personas entre las que eran aprehendidas. Los fugitivos capturados, después de los primeros dos o tres días fueron encerrados en un corral; 500 de ellos fueron consignados al Ejército y enviados a Quintana Roo. El vicepresidente y el secretario del Círculo de Obreros fueron ahorcados y la mujer que agitó al pueblo, Margarita Martínez, fue enviada a la prisión de San Juan de Ulúa.

Entre los periodistas que sufrieron las consecuencias de la huelga están José Neira, Justino Fernández, Juan Olivares y Paulino Martínez. Los dos primeros fueron encarcelados durante largo tiempo; el último fue torturado hasta que perdió la razón. Olivares fue perseguido durante muchos días; pero logró evadir la captura y pudo llegar a los Estados Unidos. Ninguno de los tres primeros tenía relación alguna con los desórdenes. En cuanto a Paulino Martínez, no cometió otro delito que comentar de modo superficial sobre la huelga en favor de los obreros, en su periódico publicado en la ciudad de México, a un día de ferrocarril desde Río Blanco. Nunca se acercó en persona a los acontecimientos de Río Blanco, ni se movió de la capital; sin embargo, fue detenido, llevado a través de las montañas hasta aquella población y encarcelado, se le mantuvo incomunicado durante cinco meses sin que fuera formulado cargo alguno en su contra.

El Gobierno realizó grandes esfuerzos para ocultar los hechos de la matanza de Río Blanco; pero el asesinato siempre se descubre. Aunque los periódicos nada publicaron la noticia corrió de boca en boca hasta que la nación se estremeció al conocer lo ocurrido. En verdad se trató de un gran derramamiento de sangre; sin embargo, aun desde el punto de vista de los trabajadores, no fue totalmente en vano ese sacrificio; la tienda de la empresa era tan importante, y tan grande fue la protesta en su contra, que el Presidente Díaz concedió a la diezmada banda de obreros que se clausurase.

De esta manera, donde antes había una sola tienda, ahora hay muchas y los obreros compran donde quieren. Podría decirse que al enorme precio de su hambre y de su sangre los huelguistas ganaron una muy pequeña victoria; pero aún se duda de que sea así, puesto que en algunas formas los tornillos han sido apretados sobre los obreros mucho más duramente que antes. Se han tomado providencias contra la repetición de la huelga, las cuales, en un país que se dice república democrática, son –para decirlo con suavidad– asombrosas.

Tales medidas preventivas son las siguientes: 1) una fuerza pública de 800 mexicanos –600 soldados regulares y 200 *rurales*–, acampada en terrenos de la compañía; 2) un jefe político investido de facultades propias de un jefe caníbal.

La vez en que De Lara y yo visitamos el cuartel, el chaparro capitán que nos acompañó nos dijo que la empresa daba alojamiento, luz y agua a la guarnición y que, a cambio de ello, las fuerzas estaban de manera directa y sin reservas a disposición de la compañía.

El jefe político es Miguel Gómez; lo trasladaron a Río Blanco desde Córdoba, donde su habilidad para matar, según se dice, había provocado admiración en el hombre que lo designó: el Presidente Díaz. Respecto a las facultades de Miguel Gómez, no habría nada mejor que citar las palabras de un funcionario de la compañía, con quien De Lara y yo cenamos en una ocasión:

–Miguel Gómez tiene órdenes directas del Presidente Díaz para censurar todo lo que leen los obreros y para impedir que caigan en manos de ellos periódicos radicales o literatura liberal. Más aún, tiene orden de matar a cualquiera de quien sospeche malas intenciones. Sí, he dicho matar. Para eso Gómez tiene carta blanca y nadie le pedirá cuentas. No pide consejo a nadie y ningún juez investiga sus acciones, ni antes ni después. Si ve a un hombre en la calle y le asalta cualquier caprichosa sospecha respecto de él, o no le gusta su manera de vestir o su fisonomía, ya es bastante: ese hombre desaparece. Recuerdo a un trabajador de la sala de tintes que habló con simpatía del liberalismo; recuerdo también, a un devanador que mencionó algo de huelga; ha habido otros... muchos otros. Han desaparecido repentinamente; se los ha tragado la tierra y no se ha sabido nada de ellos; excepto los comentarios en voz baja de sus amigos.

Desde luego, por su propio origen es imposible verificar esta afirmación; pero vale la pena hacer notar que no proviene de un revolucionario.

Es claro que los obreros sindicalizados de México son los mejor pagados, con gran diferencia respecto de los demás trabajadores del país. Debido a la oposición tanto de los patrones como del Gobierno, así como a la profunda degradación de la que el mexicano necesita salir antes que pueda recoger los frutos de la organización, el sindicalismo en México está todavía en su infancia. Aún está en pañales; bajo las actuales circunstancias, su crecimiento es lento y está rodeado de grandes dificultades. Hasta ahora no existe una federación mexicana de trabajadores.

Los principales sindicatos mexicanos que había en 1908, según me lo especificó Félix Vera –presidente de la Gran Liga de Trabajadores Ferrocarrileros–, y otros organizadores, eran los siguientes:

La Gran Liga de Trabajadores Ferrocarrileros con diez mil miembros; el sindicato de mecánicos, con 500 miembros; el sindicato de calderos, con 800; el sindicato de cigarreros, con 1,500; el de carpinteros, con 1,500; el de herreros, que tiene su cuartel general en Ciudad Porfirio Díaz, con 800 miembros, y el Sindicato de Obreros y del Acero y Fundiciones, de Chihuahua, con 500.

Estos son los únicos que funcionan de modo permanente, y la suma de sus miembros muestra que no llegan a 16 mil. Han surgido otros sindicatos, como los de Río Blanco, Cananea, Tizapán y otros lugares, en respuesta a una necesidad urgente; pero han sido destruidos, bien por los patrones o por el Gobierno..., o generalmente por las dos entidades de consuno, el segundo como sirviente de los primeros. Durante dos años, a partir de 1908, no ha habido en la práctica ningún avance en la organización sindical. Por el contrario, durante algún tiempo el sindicato más grande, el de trabajadores ferrocarrileros, casi dejó de existir después de haber sido vencido en una huelga, aunque recientemente ha revivido hasta recuperar casi su antigua fuerza.

Los sindicatos mencionados están formados de manera exclusiva por mexicanos. La única rama de la organización norteamericana que se extiende hasta México es la de los obreros ferrocarrileros, que excluye como miembros a los mexicanos. Por eso, la Gran Liga es un sindicato puramente mexicano.

Los caldereros perciben un salario mínino de cincuenta y cinco centavos por hora; los carpinteros, organizados sólo en la ciudad de México sin tener aún escala de salarios, ganan de $1.50 a $3.50; los cigarreros de $3.50 a $4.00, los herreros, cuarenta y cinco centavos por hora, y los trabajadores del acero y de las fundiciones, cincuenta centavos por hora.

Han ocurrido varias huelgas de estos obreros. En 1905, los cigarreros impusieron sus propias condiciones; poco después, el sindicato de mecánicos de los talleres ferroviarios en Aguascalientes declaró la huelga porque sus agremiados estaban siendo desplazados, de modo gradual, por húngaros no sindicalizados con salarios más bajos. Los huelguistas no sólo ganaron el punto por el que luchaban, sino que además consiguieron un alza de cinco centavos diarios en sus salarios. Esto alentó en tal forma a los caldereros que éstos demandaron un aumento general de cinco centavos al día, y lo consiguieron.

Aparte de algunas huelgas cortas de menor importancia aún, tales son las únicas victorias obreras de México. La victoria ha sido la excepción; la regla es la intervención del Gobierno, con derramamiento de sangre y prisión para los huelguistas. La huelga de la Gran Liga de Trabajadores Ferrocarrileros ocurrió en la primavera de 1908. La liga está compuesta principalmente por garroteros que percibían $75 al mes, y mecánicos de los talleres que ganaban cincuenta centavos por hora. A principios de 1908, los jefes de San Luis Potosí comenzaron a discriminar a los obreros sindicalizados, tanto en los talleres como en los trenes.

El sindicato protestó ante el gerente general, Clark, y éste prometió solucionar el problema en un lapso de dos meses. Al terminarse este plazo nada se había hecho. Entonces, el sindicato fijó al gerente un nuevo término de 24 horas para actuar; pero tampoco hubo nada efectivo. En consecuencia, los tres mil agremiados de la línea se declararon en huelga.

Esta paralizó todo el sistema del Ferrocarril Nacional Mexicano que cuenta con cerca de 1,500 kilómetros de vías desde Laredo, Texas, hasta la ciudad de México. Durante 6 días, el tráfico estuvo suspendido; parecía asegurado el reconocimiento del sindicato, el primer requisito necesario para lograr la paz con éxito en cualquier lucha conducida según las normas sindicales. La gran compañía parecía vencida, pero los huelguistas no habían contado con el Gobierno.

Tan pronto como el gerente Clark advirtió que estaba vencido en el campo económico, llamó en su ayuda al poder policiaco de Díaz. El gobernador del Estado de San Luis Potosí se comunicó con Vera, el dirigente de la Gran Liga, y le informó que si los obreros no volvían al trabajo inmediatamente, serían detenidos y encarcelados por conspirar contra el Gobierno. Mostró un telegrama del Presidente Díaz, que en términos significativos le recordó a Vera la matanza de Río Blanco, ocurrida apenas hacía un año.

Vera se trasladó rápidamente a México donde se entrevistó con el vicepresidente Corral y trató de conseguir una audiencia con Díaz. Corral confirmó las amenazas del gobernador de San Luis Potosí y Vera aseguró que los huelguistas mantenían perfecto orden; rogó que fueran tratados con justicia. Todo fue inútil. Vera sabía que el Gobierno no estaba amenazando por formulismos, pues en esas cuestiones el Gobierno de México no amenaza inútilmente. Después de una conferencia con la junta directiva del sindicato, la huelga fue levantada y los ferrocarrileros volvieron al trabajo.

Es evidente que este resultado desmoralizó al sindicato; pues, ¿de qué sirve organizar sino es permitido recoger los frutos de la unión? Los huelguistas fueron aceptados de nuevo en sus trabajos, como se había convenido; pero fueron despedidos, uno tras de otro, en el momento conveniente. La cantidad de afiliados a la liga disminuyó y los que quedaron en sus listas siguieron sólo con la esperanza de que un Gobierno menos tiránico reemplazase al que había frustrado sus esfuerzos. Vera renunció a la presidencia; no se aceptó su renuncia; permaneció como jefe nominal del organismo, pero nada podía hacer.

Lo conocí precisamente en esta situación y hablé con él acerca de la huelga en los ferrocarriles y la perspectiva general del sindicalismo mexicano. Sus últimas palabras en nuestra plática fueron las siguientes:

–La opresión del Gobierno es terrible... terrible. No hay posibilidad de mejorar las condiciones de los trabajadores mientras no haya un cambio en la administración. Todo trabajador libre de México lo sabe.

Vera organizó la Gran Liga de Trabajadores Ferrocarrileros de México en 1904, y desde esa fecha ha pasado muchos meses en prisión, por el solo motivo de sus actividades sindicales. Hasta principios de 1909, en nada se mezcló que oliera a agitación política; pero las dificultades que el Gobierno imponía a la organización de los sindicatos le condujo inevitablemente a la oposición. Se convirtió en corresponsal de prensa, y a consecuencia de que se atrevió a criticar al déspota, encontró de nuevo el camino de ese horrible antro que es Belén.

Vera fue detenido en Guadalajara, el 3 de agosto de 1909, y llevado a la ciudad de México. No compareció ante juez alguno, ni se formuló contra él denuncia formal. Tan sólo se le dijo que el Gobierno federal había dispuesto que pasara dos años en la cárcel, para cubrir una sentencia que cuatro años antes se le había impuesto por sus actividades sindicales, pero de la cual había sido indultado después de un año siete meses. A pesar de ser inválido, Vera es un hombre valiente y honrado y un ferviente organizador obrero; la libertad de México perderá mucho con su encarcelamiento.

Las huelgas en México han sido casi siempre resultado de la espontánea negativa de los obreros a continuar su vida miserable, más que fruto de un trabajo de organización o del llamado de los dirigentes. Tal fue la huelga de Tizapán, a la que me refiero porque de manera casual, visité ese lugar cuando los huelguistas estaban muriendo de hambre. La huelga había durado un mes; afectaba a 600 operarios de una fábrica textil de Tizapán situada a unos cuantos kilómetros desde el Castillo de Chapultepec, en la ciudad de México. Sin embargo, ni un sólo periódico de la capital que yo sepa, mencionó el hecho de que esa huelga existiera.

Me enteré que ahora es un refugiado político en los Estados Unidos, quien me advirtió que mantuviera en secreto que él me lo había comunicado, porque aunque él mismo no supo de la huelga sino después que fue declarada, temía que una indiscreción por mi parte diera por resultado su captura. Al día siguiente fui a Tizapán, vi la fábrica silenciosa, visité a los huelguistas en sus miserables hogares y, además, hablé con el comité de huelga.

Excepto en Valle Nacional, nunca había visto tanta gente, hombres, mujeres y niños, como en Tizapán, con las señales del hambre en sus caras. Es verdad que no estaban enfermos de fiebre, que sus ojos no estaban vidriosos a causa de la fatiga total por el trabajo excesivo y el sueño insuficiente, pero sus mejillas estaban pálidas respiraban débilmente y caminaban vacilantes por falta de alimento.

Esta gente había trabajado 11 horas diarias por salarios que variaban entre $1 y $6 por semana. Sin duda, hubieran continuado en esas condiciones si tales salarios se les pagaran realmente; pero los patrones siempre ideaban nuevos métodos para robarles lo poco a que tenían derecho. Las pequeñas manchas que aparecían en la tela eran causa de descuentos de $1 y $2 y, en ocasiones, hasta de $3 en los sueldos; las multas menores eran incontables. Además, los trabajadores estaban obligados a pagar tres centavos cada uno a la semana para pagar la comida de los perros que pertenecían a la fábrica. Esto fue la gota que colmó el vaso. Los trabajadores se negaron a aceptar salarios con descuentos, se cerró la fábrica y empezó el periodo de hambre.

Cuando visité Tizapán, más o menos 75% de los hombres se habían marchado a otras partes en busca de trabajo. Como se hallaban por completo sin recursos, es muy probable que gran proporción de ellos haya caído en manos de enganchadores y fueran vendidos a la esclavitud de la "tierra caliente". Quedaban allí algunos hombres y muchas mujeres y niños hambrientos. El comité de huelga había suplicado al Gobierno federal que pusiera remedio a sus agravios; pero sin éxito. Habían pedido al Presidente Díaz que reservase para ellos algunas extensiones de tierra de los millones de hectáreas que constantemente eran cedidas a extranjeros; pero no recibieron de él ninguna respuesta. Cuando les pregunté si tenían esperanzas de ganar la huelga, me dijeron que no, aunque ello no les importaba; preferían morir al aire libre, que volver al trato miserable establecido en la fábrica. He aquí la transcripción del lastimoso llamado que estos huelguistas de Tizapán enviaron a otros centros fabriles del país:

Queridos compañeros:

Por esta circular hacemos saber a todos los trabajadores de la República Mexicana que ninguna de las fábricas que existen en nuestro infortunado país ha mostrado hombres tan ávaros como los fabricantes de *La Hormiga*, Tizapán, puesto que son peores que ladrones de camino real; no sólo son ladrones sino tiranos y verdugos.

Expliquémoslo con claridad. Aquí nos roban en pesas y medidas. Aquí nos explotan sin misericordia. Aquí nos imponen multas de $2 y $3 hasta el último centavo de nuestros salarios y nos despiden del trabajo a patadas y golpes. Pero lo más repugnante, ridículo y vil de todo ello es el descuento que se hace a los trabajadores de tres centavos semanarios para el sustento de los inútiles perros de la fábrica. ¡Qué desgracia!

¿Quién puede vivir esa vida tan triste y degradante? Por lo expuesto parece que no vivimos en una república conquistada con la sangre de nuestros antepasados, sino más bien que habitamos tierra de salvajes y brutales esclavistas. ¿Quién puede subsistir con salarios de $3 y $4 a la semana, descontados con multas, renta de casa y robos en el peso y las medidas? ¡No, mil veces no! Por tales circunstancias, pedimos a nuestra querida patria un fragmento de tierra que cultivar, de manera que no continuemos enriqueciendo al extranjero, traficante y explotador, que amontona oro a costa del fiel esfuerzo del pobre o infortunado trabajador.

Protestamos contra este orden de cosas y no trabajaremos hasta que se nos garantice que las multas serán abolidas, y también la manutención de perros, lo cual no debemos pagar nosotros, y que seremos tratados como trabajadores y no como desdichados esclavos de un extranjero.

Confiamos en que nuestros compañeros nos ayudarán en esta lucha.

El Comité.
Tizapán, 7 de marzo de 1909.

La huelga de Tizapán se perdió. La empresa reabrió la fábrica sin dificultad, tan pronto estuvo en condiciones de hacerlo, puesto que, como dicen los prospectos de las compañías del país, en México hay mano de obra abundante y muy barata.

La huelga de Cananea, que se produjo muy cerca de la línea fronteriza con los Estados Unidos, es acaso la única de la que los norteamericanos, en general, han tenido noticias. Como no fui testigo de ella, ni siquiera estuve en el lugar de los hechos, no puedo hablar como testigo presencial; sin embargo, he conversado con tantas personas conectadas de uno u otro modo con los sucesos –algunas se hallaron en el sitio mismo donde silbaban las balas–, que no puedo menos que pensar en que tengo una idea bastante clara de lo que allí ocurrió.

Cananea es una ciudad productora de cobre del Estado de Sonora, situada a algunos kilómetros al sur de la frontera con Arizona. La fundó W. C. Greene, quien obtuvo del Gobierno de México, a muy pequeño o ningún costo, varios millones de hectáreas a lo largo de la frontera. Greene fue tan afortunado en cultivar íntimas relaciones amistosas con Ramón Corral y otros altos funcionarios mexicanos, que las autoridades municipales establecidas en su propiedad estaban enteramente bajo su dominio, a la vez que las autoridades de la ciudad mexicana más cercana se mostraban con exceso amistosas y en realidad bajo sus órdenes, el cónsul norteamericano en Cananea, llamado Galbraith, era también empleado de Greene, de manera que tanto el gobierno mexicano como el norteamericano en Cananea y sus proximidades eran el mismo W. C. Greene.

Desde la huelga, Greene cayó en desgracia ante los poderosos de México, y perdió la mayoría de sus propiedades; la Greene-Cananea Copper Co., es ahora propiedad de la sociedad mineral Cole-Ryan, subsidiaria del consorcio Morgan-Guggenheim para la explotación del cobre.

En las minas de cobre de Cananea estaban empleados seis mil mineros mexicanos y unos seiscientos norteamericanos. Greene pagaba a los primeros exactamente la mitad de lo que pagaba a los segundos, no porque desempeñaran la mitad de trabajo, sino porque podía conseguirlos por ese precio. Los mexicanos obtenían buena paga, para ser mexicanos..., $3 al día, la mayor parte de ellos. Pero, desde luego, no estaban conformes y organizaron un sindicato con el propósito de obtener de Greene mejores condiciones de trabajo.

Han surgido algunas dudas y discusiones sobre el motivo que precipitó la huelga. Algunas dicen que se debió al anuncio de un capataz de la mina en el sentido de que la compañía había decidido sustituir el sistema de salarios por el trabajo por tareas. Otros afirman que se precipitó Greene al telegrafiar a Díaz solicitando tropas a raíz de una demanda de los mineros de un salario de $5 diarios.

Cualquiera que haya sido el motivo inmediato, los trabajadores del turno de noche fueron los primeros en suspender las labores el 31 de mayo de 1906. Los huelguistas recorrieron las propiedades de la empresa e hicieron salir a todos los hombres que trabajaban en los distintos departamentos. En todos éstos obtuvieron buen éxito; pero las dificultades empezaron en el último lugar que visitaron; el aserradero de la empresa, donde la manifestación llegó en la madrugada. En ese lugar, el gerente, de apellido Metcalfe, bañó con una manguera a los obreros de las primeras filas; los huelguistas contestaron con piedras; Metcalfe y su hermano salieron con rifles; cayeron algunos huelguistas y en la batalla que siguió murieron ambos Metcalfe.

Durante la manifestación, el jefe del escuadrón de *detectives* de Greene, llamado Rowan, repartió rifles y municiones entre los jefes de departamento, y tan pronto como empezó la lucha en el aserradero, la policía de la empresa subió en automóviles y recorrió el pueblo disparando a derecha e izquierda. Los mineros, desarmados, se dispersaron; pero se disparó sobre ellos cuando corrían. Uno de los dirigentes acudió al jefe de la policía en demanda de armas para que los mineros pudieran protegerse; pero fue bárbaramente golpeado por éste, quien puso todas sus fuerzas al servicio de la compañía. Durante las primeras horas que siguieron a los disturbios, fueron encarcelados algunos hombres de Greene; sin embargo, pronto los pusieron en libertad, mientras que cientos de mineros quedaron presos. Al convencerse de que no se les haría justicia, el grueso de los huelguistas se concentró en un lugar dentro de las propiedades de la compañía, desde donde, atrincherados y con las armas que pudieron encontrar, los obreros desafiaron a la policía de Greene.

Desde la oficina telegráfica de Greene se enviaron informes en el sentido de que los mexicanos habían comenzado una guerra de castas y estaban asesinando a los norteamericanos de Cananea, incluso a las mujeres y los niños. El cónsul Galbraith hizo llegar a Washington descripciones tan exaltadas que despertaron la alarma del Departamento de Guerra; tales noticias fueron tan mentirosas que Galbraith fue destituido tan pronto como se conocieron los hechos reales.

El agente de la Secretaría de Fomento de México, por otra parte, informó de los hechos tal como éstos fueron: pero por influencias de la empresa fue despedido inmediatamente de su encargo.

El coronel Greene escapó a toda prisa en su vagón privado hacia Arizona, donde pidió voluntarios que quisieran ir a Cananea a salvar a las mujeres y niños norteamericanos; ofreció 100 dólares a cada uno, tuviese o no que pelear. Esta acción no tenía ningún pretexto válido, puesto que los huelguistas no sólo nunca asumieron actitud agresiva en los acontecimientos violentos de Cananea, sino que de ningún modo se trató de una demostración antiextranjera. Fue una huelga obrera, pura y simple, una huelga en que la única demanda consistió en un aumento de salarios a $5 diarios.

Mientras las falsas noticias de Greene despachadas desde Cananea causaban sensación en los Estados Unidos, los policías privados de la empresa cazaban en las calles a los mexicanos. Se advirtió a los norteamericanos que permanecieran en sus casas para que los asesinos pudieran disparar sobre cualquiera a la vista, como en realidad lo hicieron. La lista de los muertos por los hombres de Greene, publicada en esa época, ofreció un total de 27, entre los cuales hubo varios que no eran mineros. Entre éstos, según se dice, se encontraba un niño de 6 años y un anciano de más de 90 que cuidaba una vaca cuando lo alcanzó una bala.

Mediante su falsa presentación de los hechos, Greene pudo lograr una fuerza de 300 norteamericanos, compuesta de guardias, mineros, ganaderos, vaqueros y otros procedentes de Bisbee, Douglas y otras ciudades. El gobernador Izábal, de Sonora, siempre entregado a Greene, recibió a este grupo de hombres en Naco y los condujo a través de la frontera. El jefe mexicano de la aduana se opuso a la intervención de esa gente, y juró que los invasores sólo pasarían por encima de su cadáver. Con su rifle presto, este hombre se enfrentó al gobernador del Estado y a los 300 extranjeros, y se negó a ceder hasta que Izábal le mostró una orden firmada por el general Díaz, que permitía la invasión.

Así fue como, el 2 de junio de 1906, 300 ciudadanos norteamericanos, algunos de ellos empleados del Gobierno, violaron las leyes de los Estados Unidos, las mismas leyes que sirvieron para acusar a Flores Magón, y a sus amigos sólo de *conspirar* para violarlas. Sin embargo, ninguno de aquellos norteamericanos, ni siquiera Greene, el hombre que conocía la situación y era el único culpable fue procesado. Además, el capitán de guardias Rhynning, quien aceptó el nombramiento del gobernador Izábal para mandar esta fuerza de norteamericanos, en vez de ser depuesto por ello, fue ascendido más tarde. Al tiempo de escribir esto, Rhynning ocupa el productivo encargo de alcalde de la penitenciaría territorial de Florence, Arizona.

Apenas se puede acusar a los subordinados que componían aquel grupo de 300 hombres, puesto que Greene los engañó por completo. Creyeron que invadían México para salvar mujeres y niños norteamericanos. Al llegar a Cananea en la tarde del segundo día, descubrieron que habían sido burlados y al día siguiente regresaron sin haber tomado parte en las matanzas de los primeros días de junio.

Pero sucedió lo contrario con los soldados de *rurales* mexicanos que llegaron a Cananea esa misma noche. Estaban bajo las órdenes de Izábal, Greene y Corral y se dedicaron a matar como les ordenaron. Había un batallón de caballería al mando del coronel Barrón; mil de infantería a las órdenes del general Luis Torres, quien se trasladó con sus fuerzas a toda prisa desde el río Yaqui para someterse a los propósitos de Greene; unos 200 *rurales;* el cuerpo de policías privados de Greene y un batallón de la *acordada*.

Todos ellos participaron en la matanza. Los mineros encarcelados fueron colgados; otros fueron llevados al cementerio, donde los obligaron a cavar sus fosas y allí mismo fueron fusilados; condujeron a centenares hacia Hermosillo, donde fueron consignados al Ejército mexicano; otros pasaron a la colonia penal de las Islas Marías y, en fin, muchos más fueron sentenciados a largas condenas. Al llegar a Cananea las fuerzas de Torres, los huelguistas que se habían atrincherado en los montes, se rindieron sin intentar resistencia. Sin embargo, antes se efectuó un parlamento en el que los dirigentes obtuvieron seguridades de que no se dispararía sobre los obreros; pero a pesar de que convencieron a éstos de que no debían resistir a las autoridades, Manuel M. Diéguez, Esteban B. Calderón y Manuel Ibarra, miembros del comité ejecutivo del sindicato, fueron sentenciados a pasar cuatro años en la cárcel, donde aún permanecen, si todavía no han muerto.

Entre los encarcelados bajo órdenes de ser fusilados, se encontró L. Gutiérrez de Lara, quien no había cometido otro crimen que el de hablar en un mitin de los mineros. La orden para su fusilamiento y el de otros fue expedida directamente desde la ciudad de México, por recomendación del gobernador Izábal. De Lara tenía amigos influyentes en la capital de la República y éstos se enteraron del caso gracias a la actitud amistosa del operador de telégrafos y del jefe de correos en Cananea, y pudieron conseguir a tiempo la suspensión de la sentencia.

El evento terminó en que los huelguistas, completamente desintegrados por la violencia homicida del Gobierno, no fueron capaces de reagrupar sus fuerzas. Se rompió la huelga y los mineros supervivientes volvieron al trabajo poco después en condiciones menos satisfactorias que antes.

Tal es el destino que el zar de México tiene asignado a los obreros que se atreven a pedir una parte mayor del producto de su trabajo. Queda todavía por decir lo siguiente: el coronel Greene se negó a acceder a la petición obrera de aumento de salarios, basado en una buena excusa:

—El Presidente Díaz —dijo Green—, me ha ordenado que no aumente los salarios y yo no me atrevo a desobedecerlo.

Es la excusa que ofrecen los empresarios a los trabajadores en todo México. Sin duda, el Presidente Díaz ha expedido semejante orden, y los que emplean obreros mexicanos, los patrones norteamericanos, incluso se aprovechan de ella con gran satisfacción. Los capitalistas o norteamericanos apoyan a Díaz con mucho mayor acuerdo que al Presidente Taft. Los capitalistas norteamericanos apoyan a Díaz porque esperan que mantenga siempre barata la mano de obra mexicana, y que la oferta de ésta los ayude a romper la espina dorsal de las organizaciones obreras de los Estados Unidos, ya sea mediante la transferencia de parte de su capital a México o mediante la importación de trabajadores mexicanos a los Estados Unidos.

Capítulo XII

CRÍTICAS Y COMPROBACIONES

Los primeros cinco capítulos de este trabajo –los cuales, un poco más reducidos, se publicaron en serie en The American Magazine en el otoño de 1909–, despertaron una ola de comentarios lo mismo en los Estados Unidos que en México. Llegó una lluvia de cartas dirigidas tanto a la revista citada como a mí, en muchas de las cuales se dijo que los firmantes habían presenciado situaciones similares a las que yo había descrito. Por otra parte, en muchas se declaró con franqueza que yo era un mentiroso y un calumniador, afirmando en diversas formas que en México no existía nada semejante a la esclavitud o al peonaje y que, si acaso existía, de todos modos era la única forma práctica de civilizar a México; que los trabajadores de ese país eran los más felices y afortunados en toda la tierra y que el Presidente Díaz era el gobernante más benigno de la época; que una búsqueda paciente pondría al descubierto ejemplos de barbarie aun en los Estados Unidos y que mejor sería limpiar primero nuestra casa, que había 900 millones de dólares de capital norteamericano invertidos en México...; y así, sucesivamente.

En verdad, lo más notable de esta discusión fue la forma precipitada en que ciertas revistas, periódicos, editores y personas particulares de los Estados Unidos corrieron a la defensa del Presidente Díaz. Es evidente que estos individuos actuaron sobre la base de que la acusación de que hay esclavitud en los dominios del Presidente Díaz era una deshonra para el régimen de éste, como lo es en efecto. De aquí que procedieran a denunciarme en los términos más violentos, por una parte, y a soltar una corriente de adulación literaria sobre el presidente Díaz, por la otra. Creo que se necesitaría un larguísimo tren de carga para transportar toda la literatura de adulación que los amigos de Díaz han hecho circular en los Estados Unidos en los 6 meses siguientes a la primera aparición de mis artículos en los periódicos.

La lectura de ellos y de esa literatura conduciría a cualquiera, de modo inevitable, a la conclusión de que alguien desfiguraba la verdad en forma deliberada. ¿Quién lo hacía? ¿Quién..., y por qué? Como tanto el quién como el por qué son parte de esta historia, se me perdonará que me detenga durante algunas páginas para contestar primero a la pregunta: "¿Quién?".

Sería para mí un placer presentar algunos centenares de cartas que, en conjunto, corroboren repetidas veces los detalles esenciales de mi relato sobre la esclavitud mexicana; pero si así lo hiciera quedaría poco espacio para otras cosas. Sólo puedo decir que en la mayoría de los casos los firmantes aseguran haber pasado varios años en México; que las cartas no fueron solicitadas; que quienes las escribieron no fueron pagados por nadie y que, en muchos casos, ponían en peligro sus propios intereses. Si yo soy mentiroso, todas estas personas deben serlo también, lo cual dudo que alguien pudiera creer después de haber leído esas cartas.

Pero no voy a publicarlas y no pido al lector que las considere en mi favor. Sin embargo, algunas de ellas como muestra, en cantidad suficiente para convencer, pueden verse en los números de noviembre, diciembre y enero de *The American Magazine*.

Pasaré también por alto los testimonios publicados de otros escritores, investigadores bien conocidos, que han comprobado mi relato con más o menos detalles. Por ejemplo, la narración de la esclavitud en las plantaciones de hule propiedad de norteamericanos, escrita por Herman Whitaker o impresa en *The American Magazine* de febrero de 1910; los relatos sobre la esclavitud en Yucatán por los escritores ingleses Arnold y Frost, en el libro *Un Egipto americano*, citados extensamente en *The American Magazine* de abril de 1910. La comprobación que voy a presentar aquí está tomada por entero de mis censores, personas que empezaron a negar la esclavitud, o a paliarla, y que acabaron por admitir la existencia de los aspectos esenciales de esa institución.

Para empezar con la clase menos importante de testigos, tomaré primero las afirmaciones de varios norteamericanos, dueños de haciendas que corrieron a la imprenta a defender el sistema de su amigo Díaz. Entre éstos se halla George S. Gould, administrador de la hacienda hulera "San Gabriel", en el istmo de Tehuantepec. En varios periódicos se ha citado con largueza al señor Gould, especialmente en el *San Francisco Bulletin*, donde se habla de la "absoluta inexactitud" de mis escritos. He aquí algunas de sus explicaciones, tomadas de este periódico:

> Como administrador general de San Gabriel, envío $2,500 a mi agente en la ciudad de Oaxaca, en cierta época donde abre una oficina de empleos y solicita un grupo de 75 hombres.
>
> Al trabajador se le paga un promedio de 50 centavos mexicanos por semana, hasta que su deuda con la compañía queda liquidada. La compañía no está obligada a pagarle esta cantidad, pero lo hace así para tenerlo contento. Se le puede contratar por periodos de 6 meses a 3 años. En este lapso, si el trabajador es razonablemente industrioso y ahorrativo, no sólo habrá pagado su adeudo sino que al hacerse la liquidación saldrá con dinero en el bolsillo.
>
> El resumen es éste: la esclavitud del peón en México podría llamarse esclavitud en el sentido más estricto de la palabra; pero mientras el trabajador se halla bajo contrato con el propietario de la hacienda, se le está haciendo un bien inestimable. Son los dueños de las haciendas los que impiden que los peones –en general seres humanos inútiles, sin oficio– se conviertan en una carga pública. Sin saberlo, quizás, cierran el paso a elementos irresponsables y sin ley, enseñando a los peones a usar los brazos y la cabeza.

El señor Edward H. Thompson fue cónsul norteamericano en Yucatán durante muchos años. El señor Thompson posee una hacienda henequenera. Aunque yo no lo visité, me informaron que tenía esclavos en las mismas condiciones que los demás reyes del henequén. Indudablemente después de la publicación de mi primer artículo, el señor Thompson dio a conocer una larga declaración que apareció en muchos periódicos, y por esto supongo que empleó a un sindicato de redactores para hacerla circular. El señor Thompson empezó por denunciar mi artículo como "injurioso en sus afirmaciones y absolutamente falso en muchos detalles". Pero léase lo que el señor Thompson mismo dice que son los hechos:

> Reducido a sus más sencillos términos y visto el asunto sin el deseo de producir un artículo sensacional para una revista, la llamada esclavitud se convierte en un arreglo contractual entre ambas partes. El indígena necesita el dinero, o cree que lo necesita, mientras que el patrón necesita el trabajo del sirviente indígena.
>
> Al peón endeudado se le mantiene más o menos de acuerdo con los términos del contrato verbal e implícito, según el personal entendimiento del patrón, o de su representante. Esta situación general es la misma que existe en todas las grandes industrias de nuestro país, tanto como en Yucatán.
>
> No trato de defender el sistema de trabajo por deudas. Es malo en teoría y peor en la práctica. Es malo para el hacendado porque distrae un capital que de otro modo podría emplearse en desarrollar los recursos de la hacienda. Es peor para el peón porque a causa del sistema, se acostumbra a confiarse demasiado en la poderosa protección de su patrón-acreedor.

Si se leen esas líneas con discernimiento, se observará que el señor Thomson admite que en Yucatán prevalece la esclavitud por deudas, admite que existe un sistema similar en todo México, admite que es un sistema que no puede defenderse. Entonces, ¿por qué lo defiende?

El senor C. V. Cooper, negociante norteamericano en bienes raíces escribió en el *Portland Oregonian,* que leyó mis artículos con "entretenimiento mezclado con indignación", y concluye que estaban "muy exagerados". Pero admitió algunas cosas. Dijo:

La ley mexicana sobre peonaje estipula que si un sirviente, por cualquier razón, está endeudado con su patrón, tiene que permanecer con él y pagar la deuda con su trabajo, mediante un jornal que se conviene entre el patrón y el empleado.

Pero, señor Cooper, si el empleado tiene que permanecer con su patrón, ¿cómo puede éste protestar respecto al jornal que, según usted, "se conviene"?

Con mucho candor, el señor Cooper explica la libertad del peón del modo siguiente:

No hay nada obligatorio en el servicio que presta. Si no le gusta lo que le rodea o el trato que recibe, está en perfecta libertad de obtener el importe de su deuda de cualquiera y abandonar la hacienda.

¿De quién cualquiera, señor Cooper? ¡Ah, la dulce, dulcísima libertad de México!

Es muy lamentable que el señor Cooper haya manchado el sonrosado cuadro que pinta al admitir la cacería humana como parte del sistema. Pero así es:

Si un hombre se escapa, podemos hacer que lo regresen si el importe de su adeudo vale la pena, los gastos de su captura los paga la hacienda y se agregan a la cuenta del peón.

Esto no obstante, Cooper, declara al final:

Los peones son perfectamente libres de ir y venir como quieran, con la única restricción legal de que no estafen a nadie el dinero que se les ha anticipado de buena fe.

El señor Cooper tenía tan buena opinión de su defensa del sistema de Díaz que él mismo –o algún otro– llegó a gastar dinero en imprimirla en forma de folleto y hacerla circular por todo el país. Hubo otros folletistas, además del señor Cooper, que se apresuraron a defender a México. Uno de ellos fue el señor E. S. Smith, en Tippecanoe, Iowa, el hombre que telegrafió al Presidente Taft suplicándole que negase a *The American Magazine* el uso del correo, antes que mi primer artículo entrara en prensa, el señor Smith escribió *La verdad acerca de México*, en *The Banker's Magazine*, y con el mismo contenido se hizo un folleto, el señor Smith llegó a tales extravagancias al negar las imperfecciones de las instituciones mexicanas, y fue tan brillante en sus descripciones del "ideal" Gobierno de México, que uno de los más caluroso defensores de ese gobierno, *The Mexican Herald*, sintió repugnancia al conocer esa producción y publicó un largo editorial en que rogaba que se librase a México de amigos tales como el señor Smith.

El señor Guillermo Hall, otro norteamericano interesado en propiedades mexicanas, considera mis artículos como "una gran injusticia, puesto que como el pobre mexicano no sabe de libertad, éste debe encontrarse perfectamente bien como esclavo, El Citizen, de Tucson, Arizona, transcribió el texto del señor Hall como sigue:

> La fría realidad en tinta negra podría parecer absurda a los norteamericanos, cuya educación y medio ambiente son tan distintos... En las tierra bajas, a lo largo de la frontera, por ejemplo, el llamado peón no tiene concepto de la libertad que nosotros disfrutamos en Norteamérica. No sabe en absoluto lo que significa. Allí los propietarios se ven obligados, por la fuerza de las distancias, a mantener por ahora cierta clase de feudalismo sobre el peón.

El señor Dwight E. Woolbridge, hacendado y escritor, escribió largamente en defensa de la esclavitud en el *Minning World*, órgano de la American Mine Owners' organization (Organización Norteamerica de Propietarios de Minas). He aquí algunos párrafos:

Sin duda, hay brutalidades y salvajismo en México. Se cometen allí ultrajes, tanto con los prisioneros que se sacan de las cárceles para llevarlos a las haciendas, como con los yaquis... Yo he invertido en una gran hacienda del sur de México, donde tenemos unos 300 trabajadores yaquis.

Por toda la región yaqui he visto cosas como las descritas en la revista; he pasado junto a cadáveres colgados de los árboles, a veces mutilados; he visto centenares de yaquis pacíficos encerrados en cárceles para ser conducidos a las haciendas de Yucatán, de Tabasco o de Veracruz, he oído cosas peores.

Existe cierta clase de peonaje en México. Puede llamarse esclavitud, si se quiere, sin ir muy lejos de la verdad. De hecho es ilegal y no se pueden sostener ante los tribunales los contratos hechos bajo ese sistema. El esclavo es esclavo mientras paga su deuda con trabajo.

Desde luego, ninguno de los defensores de México admite todas mis afirmaciones y es natural que traten de disminuir los horrores del sistema esclavista; de otro modo no podrían defenderlo. Pero puede verse que uno admite una cosa y otra, hasta que confiesan que es verdad toda la historia.

Entre los publicistas norteamericanos que salieron en defensa de Díaz se halló el señor William Randolph Hearts. El senor Hearts envió a México a un escritor, Otheman Stevens, a recoger material para probar que ese país no es bárbaro. El señor Stevens trató de llevar a cabo con valentía la comisión que se le había confiado; pero al juzgar el sistema de esclavitud por contrato, tuvo que admitir la mayoría de como apreciaciones esenciales y sólo pudo hacer la defensa con el pretexto de ser una "necesidad" del capitalismo. Algunas de sus confesiones, tal como aparecieron en el *Cosmopolitan Magazine* de marzo de 1910, son las siguientes:

Para compensar estas perspectivas de los incipientes avances industriales, existe un sistema de trabajo por contrato, y este sistema, en México, es una mala institución.

El aspecto repulsivo a nuestros ojos se halla en que mientras el trabajador se contrata voluntariamente, la ley otorga al patrón el derecho de actuar sobre la persona física de aquél para hacerlo cumplir. En teoría, no se puede presentar ningún argumento en favor del trabajo por contrato.

Si un *enganchado* se rebela, o es insolente o flojo, el palo en mano del capataz de la cuadrilla se hace sentir en sus espaldas, y de este modo pronto entiende que tiene que cumplir su contrato. Si se escapa, se paga un premio de diez dólares a quien lo haga regresar, le quitan su ropa y lo visten con un costal al que le han hecho unos agujeros para que por ellos saque los brazos y las piernas.

La defensa de este sistema escrita por el señor Stevens, tal como se publicó en la revista mencionada, es como sigue:

> Fuera de las limitaciones de una controversia dogmática, sólo hay un aspecto que convierte un abuso en un derecho, y es la necesidad. La aplicación legal de un contrato mediante el uso de la fuerza física sobre la persona, es de por sí reprobable. Por otra parte, la legislación que prohibiera hoy el trabajo en esos términos, acarrearía males mayores, pues destruiría la inversión de millones, retardaría el muy benéfico y rápido desarrollo de la región más rica de este continente, si no del mundo y, por reflejo, causaría mayores daños al mismo pueblo que se trata de ayudar que la continuación indefinida de las actuales condiciones.

Esta es exactamente la lógica que empleaban los esclavistas dueños de las plantaciones de algodón en los Estados del Sur de los Estados Unidos, antes de la Guerra Civil. Es difícil que convenza a quienes no tengan dinero invertido en las haciendas mexicanas que utilizan enganchados.

No quiero cansar al lector; pero aparte del hecho de que he sido atacado de modo tan violento, tengo una razón para profundizar un poco más en este asunto de las críticas y confirmaciones. Trasladémonos al propio México, para leer los mismos periódicos que son pagados con cantidades específicas cada semana, a cambio de fabricar una opinión pública favorable al presidente Díaz y a su sistema. En la ciudad de México hay dos diarios impresos en inglés, el *Herald* y el *Record*.

Ambos son prósperos y bien editados y fervientes defensores del Gobierno mexicano actual. El *Herald*, específicamente, ha denunciado mis artículos en muchas ocasiones. Creo que puedo presentar no menos de 50 recortes de este periódico en los que, en una forma o en otra, ha tratado de poner en duda en la misma campaña de defensa, desde la primera aparición de *México bárbaro*, ambos periódicos han publicado escritos que han confirmado mis cargos de manera convincente.

En 23 de octubre de 1909, el *Daily Record* se atrevió a publicar el artículo del doctor Luis Lara Pardo, uno de los más conocidos escritores mexicanos, en el que admitió que mis denuncias eran ciertas. Serán suficientes algunas líneas de dicho artículo. Dijo el doctor Lara Pardo:

> El régimen de esclavitud continúa bajo la protección de las leyes de préstamos. Los peones son vendidos por un hacendado a otro con el pretexto de que el dinero anticipado debe pagarse. En la misma capital de la República se ha traficado con carne humana.
>
> En las haciendas, los peones viven de la manera más horrible. Están amontonados en alojamientos más sucios que un establo y son maltratados. El hacendado ejerce la justicia por su propia mano sobre el peón y a éste se le niega hasta el derecho de protestar.

El temor de verse enganchado, muy común entre la gente del pueblo probaría no sólo que el sistema es general, sino que lleva aparejada grandes penalidades. El 6 de enero de 1910, el *Mexican Daily Record* publicó una noticia que demostró la veracidad de esto y también denunció un procedimiento por el que el Gobierno les hace el juego a los enganchadores. Sin su encabezamiento, la noticia dice:

> Hay 100 trabajadores enganchados para trabajar en los campamentos de construcción del ferrocarril de Veracruz al Pacífico; se hallan acampados cerca de la estación de Buenavista, debido a que no han querido firmar un contrato formal, y a que la ley prohíbe que se les traslade a otro Estado sin ese contrato.

El gobernador Landa y Escandón se negó ayer tarde a acceder a la petición de R. P. Davis y F. Villademoros, firmantes de una solicitud para que se permitiera embarcar a los trabajadores. Con sus mujeres e hijos y todas sus propiedades materiales, forman un abigarrado campamento cerca de la estación.

En su petición, Davis y Villademoros manifiestan que la empresa del ferrocarril está sufriendo grandes pérdidas por la detención de los trabajadores, y que muchos de éstos temen que *si firman contratos, serán embarcados a las plantaciones* de *azúcar y café y retenidos hasta la terminación de los periodos especificados.*

El gobernador Landa negó la petición basándose en que la ley requiere esa formalidad para proteger a los trabajadores, mientras que la razón para prescindir de ella no parecía lógica.

El *Mexican Herald* proporciona mayor confirmación que el *Mexican Record.*

Al comentar las denuncias de *México bárbaro,* el 27 de agosto de 1909, aquel periódico dijo en su página editorial:

> En este diario, durante años recientes, así como en muchos periódicos mexicanos, se han tratado con toda franqueza los abusos del sistema de peonaje y el maltrato de los enganchados o trabajadores por contrato en algunas regiones. El inteligente gobernador de Chiapas ha denunciado los males del peonaje en su Estado y ha recibido el agradecimiento de la prensa patriótica del país. Ninguna persona con ideas de justicia y bien informada, trata de negar que hay algunos puntos oscuros en las condiciones del trabajo agrícola.

Hacia la misma época Paul Hudson, gerente del periódico, fue entrevistado en Nueva York, donde expresó que mis exposiciones "no admiten negación categórica". Y en el *Mexican Herald* del 9 de mayo de 1910, J. Torrey Conner, al escribir un elogio del general Díaz dijo, no obstante: "Se sabe, sin duda, que existe esclavitud en México; y así se entiende generalmente." En febrero de 1909, en una nota editorial sobre la situación política en el Estado de Morelos, el *Mexican Herald* llegó al extremo de admitir que algunos peones endeudados habían sido muertos por sus amos. Para citarlo con exactitud *transcribo*:

Es innegable que los administradores [de las haciendas] son a veces severos. Cuando se enojan, abusan de los peones y hasta los maltratan físicamente. En algunos casos, en tiempos no muy lejanos hasta han privado de la vida a trabajadores indígenas que los han irritado; pero a pesar de ello, los homicidas han quedado por completo libres.

El 27 de agosto de 1909, en un artículo titulado *"El enganchado"* el *Herald* expresó en parte:

"A los enganchados se les guarda de la manera más cuidadosa, pues siempre existe el peligro de que se escapen a la menor oportunidad. Con frecuencia los cabos son crueles en el trato, lo cual debe condenarse... No está de más mencionar aquí los abusos que, según se dice, han sido cometidos contra los enganchados; el trato es tan brutal contra algunos hombres que éstos han muerto; la violación de las mujeres; la privación de medios para que los obreros se bañen y las condiciones insalubres de sus casas que les producen molestas enfermedades... Ningún hacendado que conozca la historia verdadera del sistema, o los hechos que ocurren en el interior de las haciendas vecinas, negará por un momento que los peores relatos de los enganchados son ciertos.

Los hacendados no aceptan el trabajo enganchado porque les guste, ni lo prefieren sobre algún otro, por bajo que sea; pero tiene ciertas ventajas, como un hacendado me dijo con un raro tono de voz: *"Una vez que los ha conseguido son suyos y tienen que hacer lo que usted quiera. Si no lo hacen, puede usted matarlos."*

Tal confirmación, proviene de un subsidiado apoyador del propio sistema, sería más bien embarazosa para aquellos individuos que han sido tan celosos en anunciar públicamente que la pintura que yo hice de la esclavitud mexicana era pura invención. Puede verse que mi exposición de la esclavitud mexicana no fue la prirnera que circuló con letras de molde; tan sólo fue la primera que circuló con amplitud y ha sido mucho más detallada que cualquiera anterior. La pequeña nota que acabo de citar admite prácticamente como ciertos todos los peores aspectos de que yo he tratado en mis artículos.

He aquí una noticia ordinaria, recortada del *Mexican Herald* del 20 de mayo de 1909.

Se dice que Ángel Contreras, enganchado, perteneciente a una buena familia, fue brutalmente asesinado al haber sido apaleado hasta morir en las cercanías del ingenio de San Francisco, municipalidad de El Naranjal. Los periódicos locales afirman que ya se han cometido otros crímenes similares en ese lugar.

Esta es la primera información que tuve de que se mataba a los hombres a palos en los ingenios azucareros de México.

Presento en seguida una noticia tomada del *Mexican Herald* que describe mejor que yo lo hice en el capítulo IV, uno de los métodos de los enganchadores para que caiga el pez en la red. El periódico publica la noticia como si se tratara de un acontecimiento inusitado; yo lo reproduzco íntegro porque es típico. La única diferencia en este caso consiste en que se rescató a la víctima y el agente enganchador fue encarcelado durante uno o dos días, dada la casualidad de que la víctima había sido empleado de la Secretaría de Relaciones Exteriores. Si las autoridades desearan acabar con este género de secuestros de hombres –como el *Herald* quisiera hacer creer–, ¿por qué no arrestaron a los encargados de las otras *casas de enganchadores* que encontraron y libertaron a los prisioneros? He aquí la noticia con sus encabezados y completa:

MUCHACHO DE 16 AÑOS ATRAPADO AQUI. LA ALAMEDA, ESCENARIO DE SU SECUESTRO POR UN ESPAÑOL PARA LLEVARLO A LA OAXAQUEÑA. LOS CONTRATISTAS PROYECTABAN ENVIAR AL MUCHACHO A UNA HACIENDA DE NORTEAMERICANOS.

Cuando Felipe Hernández, agente de una empresa de contratistas de trabajadores, comúnmente llamados en México *enganchadores*, encontró en la Alameda a Benito Juárez, de 16 años de edad, la tarde del miércoles y lo condujo con brillantes promesas de trabajo y remuneración a acompañarle a una casa de la calle de la Violeta, Hernández cometió uno de los errores más grandes de su vida. Por negarse a permitir al joven Benito que saliera de la casa una vez que había entrado en ella, violó una de las leyes federales y ahora está detenido en la 5ª Comisaria para responder del cargo de detención ilegal.

Hernández declaró que él es empleado de Leandro López, que está consiguiendo trabajadores para la Oaxaqueña Plantation Company, empresa norteamericana que explota una extensa hacienda en el Istmo de Tehuantepec, en los límites del Estado de Veracruz, no lejos de Santa Lucrecia. Ambos *enganchadores* son españoles. El paradero del muchacho, Benito Juárez, no se pudo saber en definitiva hasta la tarde de ayer, cuando se obtuvo su libertad a requerimiento del subcomisario Bustamante, de la 5ª Comisaría, quien más tarde arrestó a Hernández después que el muchacho había rendido su declaración en la comisaría.

Cómo se engañó al muchacho

En la tarde del miércoles, cerca de las 2 p.m., el joven Benito, que había estado trabajando con su madre, vendedora de pan, estaba sentado en una de las bancas de la Alameda, cuando de acuerdo con su relato, se le acercó Hernández y en forma amable le preguntó si deseaba un trabajo con $1.50 al día. El hombre le explicó que se trataba de un trabajo en una fábrica de alcohol cerca de la ciudad y que el puesto era algo así como tomador de tiempo u otro trabajo de oficina. El muchacho estuvo conforme y fue invitado a acompañar a su nuevo amigo a la calle de la Violeta, donde se arreglarían los detalles de su empleo.

En el camino se detuvieron en una tienda de ropa barata, donde Hernández compró un sombrero de palma de 20 centavos una blusa de 50 centavos un par de sandalias y un par de pantalones. Al llegar a la casa de la calle de la Violeta, el joven Juárez recibió órdenes de ponerse las prendas de peón y dejar su propio traje de buen género. En la casa en que se halló había otros 3 ó 4 hombres en la misma situación que él, quienes le hicieron saber que ahora era un trabajador por contrato destinado a una plantación en "tierra caliente".

Sus amigos lo buscan

Hasta hace poco tiempo Benito había estado empleado como mozo en la Secretaría de Relaciones Exteriores, sita en el Paseo de la Reforma, y el traje que cambió por las ropas de peón era bastante bueno y lo había usado mientras estuvo allí. Gracias a la actitud caritativa de su antiguo jefe en esa oficina del Gobierno, pudo hallar la libertad después de su involuntaria detención en la calle de la Violeta.

La madre del muchacho, Ángela Ramos, que vive en el Núm. 3 de la calle de Zanja, esperaba encontrarse con su hijo en la Alameda, donde él la aguardaba cuando llegó Hernández. Al no verlo, hizo algunas pesquisas y recabó informes de que lo habían visto irse con un hombre que se suponía era *enganchador*, por lo que inmediatamente buscó a Ignacio Arellano, empleado en el edificio de Relaciones Exteriores, y le contó sus tribulaciones.

Se acude a la policía

El señor Arellano, acompañado por Alfredo Márquez, empleado de la Secretaría de Fomento, consiguió las direcciones de tres establecimientos comúnmente llamados *casa de enganchadores*, ubicados respectivamente en las calles de Moctezuma, Magnolia y Violeta. Sus gestiones, tal como las relataron ayer a un representante de *The Herald*, fueron más o menos las mismas en cada una de las casas, con los siguientes resultados:

En cada una de las "oficinas" de los contratistas de trabajadores donde se presentaron se les negó la entrada, y les dijeron que no tenían en su poder al muchacho en cuestión. En las tres afirmaron que nunca contrataban a menores de edad. Puesto que sus esfuerzos eran inútiles, Arellano y Márquez llevaron el asunto a la 5ª Comisaría, donde explicaron el caso al subcomisario Bustamante, quien destacó a un oficial y a dos policías secretos para que fueran a esos lugares con órdenes de efectuar un registro cuidadoso.

Registro de la casa

No encontraron especial resistencia para entrar en las casas de Moctezuma y Magnolia. En la primera había como 12 hombres que habían firmado contratos para salir de la ciudad a trabajar en las haciendas y en la segunda había unos 24. Se dice que estos hombres reclamaron porque se les negaba el permiso de salir del lugar donde estaban alojados, mientras esperaban su traslado a su destino definitivo.

Sin embargo, en la calle de la Violeta el portero se negó al principio a admitir a los funcionarios, y sólo obedeció cuando se amenazó con arrestar a todas las personas que hubiera en la casa, en la cual encontraron al joven Juárez, al que llevaron a la 5ª Comisaría para tomarle declaración. Tan pronto como se levantó el acta, se ordenó la detención de Hernández, y una vez que fue identificado por el muchacho, se puso a éste en libertad.

El relato del muchacho

Anoche, al contar su aventura, el joven Juárez describió el encuentro en la alameda y el cambio de ropa y continuó:

Después de haber llegado a la casa, me enteré por uno de los hombres que estaban allí de que me habían engañado al prometerme $1.50 como tomador de tiempo en una fábrica del alcohol, y cuando le pregunté al sujeto que me había traído si sus promesas eran ciertas, me contestó que claro que no lo eran y que yo iba a trabajar como peón en la hacienda *La oaxaqueña* por 50 centavos al día. Entonces le pedí que me dejara salir, pues yo no quería hacer ese trabajo, pero no me lo permitió, diciéndome que le debía $5 por la ropa que me había dado.

"Antes de eso, le dije que tenía que pedir permiso a mi madre para irme; me contestó que tenía mucha prisa, de modo que escribí una nota para ella y se la di a él para que la entregara. Más tarde me dijo que mi madre había leído la nota y que había dado su permiso; pero he averiguado después que ella no recibió tal nota y que en ese tiempo me andaba buscando.

"Me dieron $1.05 como anticipo de mi paga y a la mañana siguiente 25 centavos, para comprar alimentos, que se vendían en la casa. Todo este dinero me lo cargaron a cuenta para pagarlo después que fuera a trabajar, cosa que supe antes de dejar aquella casa. El desayuno me costó 13 centavos y fue de chicharrones con chile, mientras que la comida –un plato de sopa– me costó 12 centavos. No había cena.

"Después que me encerraron en la casa, llegaron un hombre y una mujer; ésta llevaba un niño de un año; allí estaba todavía. La gente de esa casa se ha quedado con mi ropa; pero, de todos modos, estoy muy contento de haberme librado de ir a "tierra caliente". No firmé ninguna clase de contrato: ni siquiera vi uno y no sé si los otros que están allí habrán firmado contratos. Todos decían que les habían negado el permiso de dejar la casa mientras no pagaran el dinero que les dijeron que debían."

Buen trabajo de la policía

Desde que los funcionarios de policía de la 5ª Comisaría recibieron la primera noticia de la infracción a la ley del trabajo hasta que Hernández fue capturado y procesado, esta actividad ha demostrado fuera de toda duda cuán lejos están las autoridades y el Gobierno de entrar en convivencia para cometer abusos contra los trabajadores, como se ha acusado a este país.

La ley mexicana establece la pena de 5 años de prisión por delitos de este carácter contra menores, y expresamente prohibe la contratación de menores de edad y que éstos se comprometan a trabajar. Como no hay detención sin el debido proceso, parece segura la perspectiva de un fuerte castigo para Hernández, si las afirmaciones del muchacho son correctas, pues probablemente servirá de ejemplo para escarmiento de otros contratistas dispuestos a no tener cuidado en sus métodos.

Dudo no poder encontrar mejor modo de terminar este capítulo que el de citar informes oficiales del Gobierno de los Estados Unidos. Aunque los siguientes párrafos se hayan escrito a sangre fría, las afirmaciones que contienen son, no obstante, confirmatorias en exceso. Están tomados del Boletín Núm. 38 del Departamento del Trabajo de los Estados Unidos, publicado en enero de 1902. Me hubiera gustado hacer una cita más extensa, pero sólo tomo los siguientes párrafos de las páginas 42, 43 y 44:

> En muchos Estados [mexicanos] donde se cultivan productos tropicales, los indígenas residentes trabajan bajo un contrato que es obligatorio para ellos, debido a que se hallan en deuda con el hacendado...
> El sistema de trabajo forzado se lleva hasta sus lógicas consecuencias en las haciendas henequeneras de Yucatán. Allí, en todas las grandes haciendas, se encuentra un grupo de peones, llamados criados o sirvientes, que viven en ellas con sus familias; en muchos casos han nacido allí. Estos criados están ligados a la tierra por deudas, pues aunque un mero contrato para prestar ciertos servicios no impone una ocupación específica, en Yucatán se sostiene que si se ha hecho un pago anticipado, se puede exigir el reembolso del dinero, o en su defecto, la realización de un trabajo específico.
> El sistema de trabajo forzado por deudas parece funcionar en Yucatán a satisfacción del hacendado. El peón está obligado a trabajar a menos que pueda liquidar su deuda, la cual se halla en aumento constante; cualquier intento de huida o evasión es castigado penalmente. El peón rara vez o nunca consigue su independencia, el traspaso de un trabajador de un patrón a otro se efectúa sólo mediante el pago del importe de la deuda contraída que el nuevo patrón hace al anterior. Así, el sistema parece esclavitud, no sólo por la obligación bajo la cual trabaja el peón, sino por el gran gasto inicial del hacendado como primera inversión en mano de obra.

En el Estado de Tabasco, las condiciones del trabajo forzado son algo diferentes y se agrava demasiado la dificultad del problema de mano de obra, especialmente desde el punto de vista del hacendado. En Tabasco, la ley no permite aplicar el mismo remedio que en Yucatán; es decir, la exigencia del cumplimiento específico de un contrato por cuenta del cual se ha hecho un pago anticipado; pero este inconveniente es más aparente que real, pues la autoridad gubernativa está en manos de la clase propietaria de las tierras, y la obligación de los peones contratados de trabajar para los hacendados se hace cumplir en la realidad.

Es necesario preguntar de nuevo, ¿quién ha distorsionado la verdad? ¿Yo o los otros? ¿Hay esclavitud en México y está extendida? ¿Se compran y se venden los hombres como si fueran mulas? ¿Son encerrados por las noches y cazados cuando tratan de escapar? ¿Se les deja morir de hambre, se les azota y se les mata? Con toda seguridad que estas preguntas han sido contestadas a entera satisfacción de cualquier lector honrado. Pero todavía no he respondido a esta otra pregunta: ¿por qué hay tantos norteamericanos tan interesados en desfigurar la verdad acerca de México?

Capítulo XIII

EL CONTUBERNIO DE DÍAZ CON LA PRENSA NORTEAMERICANA

Si existe alguna combinación de intereses en los Estados Unidos que ejerza una influencia tan poderosa como la del Presidente Díaz sobre la prensa norteamericana, me gustaría saber su nombre.

En capítulo anterior ha afirmado que ninguna publicación mexicana se atreve –sin que importen las circunstancias–, a criticar de modo directo al Presidente Díaz. Aunque no se puede decir lo mismo, desde luego, de los Estados Unidos, es posible afirmar lo siguiente: existe una extraña, hasta misteriosa resistencia en los poderosos periodistas norteamericanos para publicar cualquier cosa que perjudique al gobernante mexicano y también se manifiesta en ellos un notable deseo de publicar lo que halague a ese dictador.

Hasta ahora no conozco un solo libro, publicado y distribuido con regularidad en los Estados Unidos, que censure seriamente al Presidente Díaz de modo personal o a su Gobierno; pero podría mencionar por los menos 10 que lo ensalzan de la manera más extravagante. En realidad, no sé de algún libro que haya circulado en los Estados Unidos, es decir, distribuido por alguna de las casas editoras conocidas, donde se hubiera intentado hacer críticas al Presidente Díaz.

La situación en el caso de las revistas es exactamente la misma. Aunque éstas han publicado centenares de artículos que ensalzan a Díaz

–sin contar los de los diarios–, durante los últimos años no conozco una sola revista importante que haya censurado al dictador mexicano. ¿No es ésta una situación asombrosa? ¿Cuál es la razón de ella? ¿Es que el sistema de Díaz no merece un sólo reproche? ¿O es que por algún poder misterioso, ese personaje es capaz de mantener a la prensa en su favor?

Mírese alrededor y compárese: ¿hay algún otro estadista o político de la época actual, norteamericano o extranjero, a quien los prominentes editores norteamericanos hayan otorgado mayor cantidad de alabanzas y achacado menores culpas que al Presidente Díaz?

Confieso que no sé si hay alguna revista importante que haya publicado alguna censura de Díaz. Entonces, ¿qué ha sucedido con *The American Magazine*? Cierto que esta revista comenzó a criticar y proyectó continuar sus críticas. En varias ocasiones prometió a sus lectores que trataría de la situación política mexicana, respecto de la esclavitud; dio a entender que presentaría a Díaz bajo una nueva luz; contaba con el material en sus manos –la mayor parte del que contiene esta obra–, y sus anuncios fueron claros e inequívocos. ¿Que sucedió, pues?

The American Magazine ha comprobado lo que ahora sostengo. Lo ha hecho de modo más convincente que cualquier otro ejemplo que yo pudiera citar. De pronto mis artículos dejaron de aparecer; la investigación se detuvo; en cambio, se publicaron otros artículos, más suaves, buenos para comprobar la existencia de la esclavitud en México; *pero cada uno de ellos sugería que el Presidente Díaz no era personalmente culpable de las bárbaras condiciones que se habían expuesto a la luz.*

Díaz controla todas las fuentes de noticias y los medios de trasmitirlas, los periódicos se suprimen o subsidian a capricho del Gobierno. Sabemos de algunos de los subsidios que se pagan en México, aun a los importantes periódicos que se imprimen en inglés. Las verdaderas noticias de México no pasan la frontera. Los libros que describen con verdad el actual estado de cosas son suprimidos o comprobados, aun cuando se publiquen en los Estados Unidos. Se ha creado el gran mito México-Díaz, mediante una influencia hábilmente aplicada sobre el periodismo. Es el más asombroso caso de supresión de la verdad y de divulgación de la mentira que aporta la historia reciente.

Con estas palabras, directores de *The American Magazine* anuncian al mundo el primero de mis artículos, bajo el título de *México bárbaro*.

"...Mediante una influencia hábilmente aplicada sobre el periodismo". Poca cuenta se dio el autor de esta frase de cuán preñada de significado estaba ella. Poco se imaginó que antes de 6 meses esta frase podría aplicarse a su publicación lo mismo que las demás.

¿Cuál fue la "influencia hábilmente aplicada" sobre *The American Magazine*? No lo trato de decir; pero cualquiera que lea de nuevo los valientes anuncios hechos en los números de septiembre, octubre y noviembre de 1909, así como los entusiastas comentarios de los directores de la revista acerca del interés que despertó la publicación de la serie de artículos; los alegres comentarios sobre el aumento de circulación; las cartas de los suscriptores que pedían a los directores que no temieran, sino que continuaran esa buena obra; después de todo ello, el lector observará cómo la revista se desvió de su programa desde el día 1º de enero de 1910, y entonces le parecía bien justificada la conclusión de que hubo alguna clase de "influencia hábilmente aplicada".[1]

---

[1] Después de publicada esta obra, *The American Magazine* ha comenzado una segunda serie de artículos sobre México, en la que promete seguir el hilo de la exposición que había abandonado meses antes. En el número de octubre de 1910, bajo la firma de Alexander Powell, publicó un anuncio cuyas 2 terceras partes habían sido escritas por mí y entregadas a *The American Magazine* 15 meses antes. El supuesto autor ni siquiera se ha tomado la molestia de reescribir el material y aparece, casi palabra por palabra, tal como yo lo escribí originalmente. A mi modo de ver, esto no es más que una confirmación de mis ampliamente divulgados cargos en contra de la revista: 1) que *The American Magazine* dejó de cumplir sus promesas al público a causa de alguna "influencia hábilmente aplicada"; 2) que ha vuelto a ocuparse del asunto de México sólo porque sus lectores –que lo han sido también de mis acusaciones– le han presionado para que continuase; y 3) que la publicación tan retrasada de mi material es prueba de que no ha estado "recogiendo nuevos hechos", como se declaró, y que los aportados con anterioridad por mí son tanto los más efectivos como los más dignos de confianza que han llegado a su poder.

Pero anotemos algunas de las cabriolas periodísticas que hacen otros importantes publicistas, por ejemplo, William Randolph Hearst, propietario de *The Cosmopolitan Magazine* y de muchos diarios en diversas partes de los Estados Unidos. No hay necesidad de ahondar aquí en las democráticas y humanitarias ocupaciones del senor Hearst; todo el mundo sabe que para los Estados Unidos y, sin duda, para la mayoría de los países, el señor Hearst aboga por la democracia, la libertad de palabra, la libertad de prensa, el sufragio universal, la reglamentación de empresas abusivas, la protección al trabajo... Pero los lectores de las publicaciones del señor Hearst acaban de saber que, en cuanto a México, está en favor del despotismo, de una prensa sometida a la policía, de que no haya sufragio, de que las empresas se manejen a su gusto..., de la esclavitud. Nunca he leído una apología más calurosa de estas instituciones que la publicada por *The Cosmopolitan Magazine* en sus ediciones de marzo, abril y mayo de 1910.

El hecho de que el señor Hearst fue el responsable personal de la publicación de tales artículos, se comprueba en una entrevista que concedió a *The Mexican Herald*, en México, en marzo último. Dijo ese periódico con fecha 23 de marzo:

> Respecto a los reportajes en que se ataca a México, los cuales se han hecho circular recientemente, el señor Hearst declaró que ha procurado defender el buen nombre de este país hasta el máximo de sus posibilidades. Ha encomendado a 2 de sus reporteros: Othman Stevens y Alfred Henry Lewis, que trabajen sobre asuntos concernientes a México, y mucho del material reunido por esos periodistas ya había aparecido en algunos de sus periódicos.

El señor Hearst acudió en defensa de Díaz con tal precipitación que no tuvo tiempo para comparar notas y evitar contradicciones, ni a sus editores para comprobar las más corrientes afirmaciones. El artículo del señor Lewis fue preparado tan a última hora, literalmente hablando, que al llegar a la redacción, la revista ya estaba paginada, y fue preciso insertarlo con paginación especial. Uno de los aspectos risibles de la campaña consistió en que, al presentar a los caballeros de la defensa, el director del *Cosmopolitan* moralizaba *in extenso* sobre el caso de permitir a escritores legos e impreparados –se refería a mí– que tratan de asuntos importantes, y mencionaba una lista de escritores probados y garantizados como merecedores de confianza, entre los cuales estaba el señor Alfred Henry Lewis. ¡Pero, cómo se puso a escribir el señor Lewis! Me atrevo a asegurar que en toda esta obra que el lector lee no hay un solo error que sea la mitad de ridículo que cualquiera de los 12 que aparecen en el corto artículo del señor Lewis.

El señor Lewis, con modestia, hace notar en su comienzo; "Personalmente, yo sé tanto de México y de los mexicanos como cualquiera." Pero el grueso de su historia era que mis escritos estaban inspirados por la Standard Oil, la cual quería vengarse de Díaz por haber sido "expulsada de México". Es un poco difícil de entender cómo pudo haber vivido el señor Lewis en los Estados Unidos durante los últimos meses y haber leído los periódicos sin enterarse de la guerra por el petróleo que se desarrollara en México, una guerra en que, en el mismo momento en que escribía el señor Lewis, la Standard Oil parecía estar a punto de forzar a su único competidor a venderle su empresa en condiciones desventajosas; tampoco se sabe cómo pudo haber ignorado el señor Lewis que la Standard Oil posee terrenos petrolíferos que valen millones de dólares, y que es la empresa que tiene en sus manos la mayor parte del mercado de distribución y venta del petróleo al menudeo en la tierra de Díaz; ni se sabe, además, cómo pudo ignorar el hecho de que H. Clay Pierce, director de la Standard Oil Mexicana, es consejero de los Ferrocarriles Nacionales de México –así llamada la fusión de las diversas líneas del Gobierno–, y es íntimo aliado del Presidente Díaz. Personalmente ¡el señor Lewis sabe tanto de México y de los mexicanos como cualquiera! ¿Cualquiera..., qué?

He aquí uno más de los garrafales disparates del señor Lewis:

> Búsquese donde se quiera, en cada rincón de México, del Pacífico al Golfo y de Yucatán a la frontera de Arizona, no se encontrará ningún monopolio azucarero que engañe al Gobierno con balanzas alteradas; ningún monopolio carbonero que robe el combustible de la chimenea del pobre; ningún monopolio de la lana o del algodón que le robe las ropas

que lleva puestas, ni monopolio de la carne que le regatee este alimento en su mesa, ni monopolio de las pieles que le obligue a andar descalzo... los monopolios no existen en México.

Esto prueba que el señor Lewis no conoce el principio básico de las finanzas y la vida comercial de México. No sólo el mismo grupo financiero que moropoliza las grandes industrias de los Estados Unidos monopoliza esas mismas industrias de México (en seguida mencionadas algunas de ellas), sino que cada Estado y cada localidad tiene monopolios menores que controlan, según su especialidad, los artículos de primera necesidad de manera mucho más completa que en los Estados Unidos. Parece que el señor Lewis no sabe que el Gobierno de México ha entrado francamente en el negocio monopolístico; que por venta o cesión de privilegios especiales llamados "concesiones" crea y mantiene monopolios de mayor o menor grado. ¡Y eso que, personalmente, el señor Lewis sabe de México y de los mexicanos tanto como cualquiera!

Ahora, uno o dos de los párrafos del señor Stevens, tomados casi al azar:

> No hay terribles problemas de trabajo que hagan vacilar al inversionista. *Se desconocen las huelgas y* no hay peligro de escasez de mano de obra, calificada o no.

Otro más:

> No hay banco en México que pueda quebrar, ni un billete de banco que quede sin valor, y ningún depositante está en posibilidad de perder su dinero, no importa qué desgracia pueda ocurrirle al banco en que tenga su cuenta.

Respecto a la primera afirmación, ya la he contestado en el capítulo "Cuatro huelgas mexicanas". De estas huelgas, tres son famosas y no hay excusa para que el señor Stevens no haya sabido de ninguna de ellas. Respecto a la segunda afirmación, hay varios centenares de norteamericanos que, en este momento, quisieran con fervor que fuera cierta..., desean ardientemente conseguir una liquidación sobre la base de Dls. 0.25 por un peso. En febrero de 1910, más o menos en la época en que el señor Stevens escribía en forma tan brillante, el *United States Bank of Mexico*, el más grande del país, servidor de muchos norteamericanos, se declaró en quiebra exactamente de la misma manera que se arruinan los bancos norteamericanos: por mala aplicación de los fondos en apoyo de negocios especulativos. El banco quedó deshecho; el gerente paró en la cárcel: los depositantes no obtuvieron la devolución de su dinero, y en la actualidad parece que hay pocas probabilidades de que lo puedan retirar. De seguro que no conseguirán el total de sus depósitos; ni siquiera la mitad. No ha sido éste el único de esa clase que ha ocurrido últimamente en México. Alrededor del 1º de mayo de 1910, otro banco norteamericano, *The Federal Banking Company*, también quebró, y su cajero, Robert E. Crump dio en la cárcel. En suma, es evidente la falta de base para la afirmación del señor Stevens.

Citar todos los errores del señor Stevens sería copiar la mayor parte de sus tres artículos. Se trasladó a México para preparar algo en defensa de Díaz y no se tomó la molestia de ofrecer un liberal muestrario de hechos. Los agentes de Díaz se encargaron de él y escribió lo que le dijeron que escribiera. Hasta fue burlado con el cuento del esclavo de Yucatán que logró meter a su amo en la cárcel, cuento que ya antes había logrado su objetivo. La historia consiste en que uno de los reyes del henequén azotó a uno de sus trabajadores; éste apeló al juez de paz quien detuvo y multó a aquél. El verdadero incidente fue —según un informador de la mayor confianza— que el esclavo se había escapado y fue capturado por un hacendado distinto de su amo; este hacendado intentó quedarse con él. Durante el trabajo, el esclavo fue gravemente apaleado y en esas condiciones lo encontró su verdadero dueño, quien, en nombre del esclavo, consiguió la detención del plagiario. Así se forjó el cuento de la "igualdad ante la ley" del amo y del esclavo que se dio a conocer al mundo.

Sin embargo, lo importante no está en las risibles equivocaciones de los reporteros del señor Hearst, sino en los motivos de éste para poner sus prensas, tan sin reserva, al servicio de un hombre y un sistema que no defendería ni un momento si lo encontrase en cualquier otro país.

Pero mencionemos algunas otras publicaciones que se han puesto en el mismo lugar que la revista del señor Hearst. Por ejemplo, el *Sunset Magazine*. En febrero de 1910 comenzó a publicar una serie de artículos de "Gaspar Estrada González", autor que se anunció como "un estadista muy allegado a Díaz". Fueron tres artículos de serviles lisonjas. Siguió otro de Herman Whitaker en que éste elogió a Díaz hasta ponerlo en el cielo y lo absolvió de toda culpa por las atrocidades de la esclavitud en México. Después vino un artículo de un señor Murray, quien escribió para justificar el exterminio de los yaquis ordenado por Díaz.

Moody's Magazine, publicó una serie de artículos bajo el título de "México tal como es", en la que el escritor intentaba neutralizar el efecto de *México bárbaro* en la conciencia del público. Ya he mencionado las defensas que se publicaron en el *Banker's Magazine* y en el *Mining World*. Además, *The Overland Monthly, The Exporter*, muchos periódicos —como *Los Ángeles Times*— y varias publicadones menores, así como muchos particulares y uno o dos editores de libros, se han tomado el trabajo de defender a su amigo Díaz.

Respecto a las defensas en forma de libro contra *México bárbaro* poco se ha publicado hasta hoy, sin duda por el corto tiempo transcurrido; pero hay noticias de que varios libros están a punto de salir. Uno de éstos, se dice, será de James Creelman, quien dejó de ser empleado de *Pearson's Magazine* para atender al llamado de Díaz. Creelman se apresuró a trasladarse de Turquía a México, donde ocupó varias semanas en recorrer la ruta que yo describí en mis artículos, sin duda para poder estar en condiciones de "refutarme" con verosimilitud.

El libro *Porfirio Díaz*, escrito por José F. Godoy, a quien hace poco Díaz nombró su ministro en Cuba, no se refiere para nada a mis afirmaciones; pero es indudable que por éstas se ha apresurado a su publicación. Este es un libro de carísima impresión, que no contiene nada que no se haya publicado antes muchas veces, excepto... *70 páginas de encomios a Díaz escritos por prominentes norteamericanos.* Aquí tenemos el caso de un hombre, el señor Godoy, que en realidad visitó –o hizo visitar– a senadores, diputados, diplomáticos y funcionarios del Gobierno de los Estados Unidos, *solicitando* de ellos algunas palabras amables para el Presidente Díaz. Y las consiguió. Al ver este libro, me parece que cualquier persona imparcial se sentiría inclinada a averiguar *qué indujo a G. P. Putnam's Sons a publicarlo.* Con seguridad que de ningún modo fue con la esperanza de hacer una venta provechosa entre el público en general.

Sólo conozco un libro de censura al sistema de Díaz, publicado por un editor norteamericano solvente; pero las críticas que contiene se hallan de tal manera veladas y tan envueltas en lisonjas que los críticos norteamericanos lo tomaron por uno igual a los del género adulatorio. Sólo uno de ellos, según declaró el propio autor, tuvo suficiente discernimiento para advertir que se trataba de un libro de censura. "Escribí el libro en esa forma –dijo el autor–, con la esperanza de que se permitiera su circulación en México."

Pero los funcionarios del Gobierno mexicano fueron más perspicaces que los censores norteamericanos de libros, y no permitieron que el de ese autor circulara. No sólo esto, sino que rápida y misteriosamente desapareció de las librerías de los Estados Unidos y al poco tiempo no se le podía encontrar. Si se hubiera agotado la edición por compras del público, era de esperarse que los editores imprimieran una segunda edición; pero renunciaron a ella y afirmaron con franqueza que la obra no aparecería de nuevo, aunque se negaron a dar más explicaciones al autor y a otros interesados. El libro a que me refiero se titulaba *Porfirio Díaz*, escrito por Rafael de Zayas Enríquez y publicado en 1908 por D. Appleton & Co.

Carlo de Fornaro, periodista mexicano, o más bien un nativo italiano que se había pasado dos años en la ciudad de México haciendo labor periodística, también escribió un libro –*Díaz, zar de México*–, y lo mandó imprimir a sus propias expensas porque no pudo encontrar editor. Le fue negada la circulación en México, y de inmediato se inició contra Fornaro un juicio por difamación ante los tribunales de Nueva York. El director del principal periódico de Díaz –*El Imparcial*–, junto con Joaquín Casasús, el abogado más prominente de México y antiguo embajador en los Estados Unidos, se apresuraron a trasladarse de México a Nueva York para iniciar ese proceso. Entre los abogados norteamericanos que sirvieron como procuradores especiales estaba Henry W. Taft, hermano del Presidente y consejero de los Ferrocarriles Nacionales de México. De Fornaro, sin medios para traer testigos desde México que apoyasen los cargos que aparecieron en su libro, resultó convicto, se le envió a prisión por un año y el libro no ha circulado con regularidad. En verdad, inmediatamente después de la detención de De Fornaro, por lo menos las librerías de Nueva York, por alguna razón, se negaron a continuar la venta de esa obra. El incidente de De Fornaro ocurrió en 1909.

Otro sucedido, acaso más notable, fue la supresión de *Yucatán, el Egipto americano*, escrito por Tabor y Frost, ingleses. Después de haber sido impreso en Inglaterra, este libro se puso a la venta en los Estados Unidos por Doubleday, Page & Co., una de las casas editoras más grandes y respetables, la edición se hizo a todo costo; de acuerdo con el curso normal del negocio editorial, habría sido posible adquirir ese libro años después de haber sido impreso; pero dentro de los 6 meses siguientes, al contestar a un probable comprador, los editores aseguraron que el libro *se ha agotado y no hay absolutamente ningún ejemplar disponible*. La carta obra en mi poder. El libro se refería casi por entero a las viejas ruinas de Yucatán; pero en unas 20 páginas se exponía la esclavitud en las haciendas henequeneras; por eso tenía que desaparecer. Es de imaginar la clase de argumento que se empleó con nuestros estimados y respetables editores para inducirlos a que lo retirasen de la circulación.

Estos casos se agregan a los otros, para mostrar lo que pasa cuando un escritor llega a imprimir una denuncia del sistema de Díaz.

En esta obra hago lo que puedo para exponer los hechos más importantes y, al mismo tiempo, trato de evitar motivos válidos que pudieran servir a un proceso por difamación en mi contra. Cuando aparezca, ninguna razón legal habrá para que no circule como circulan la mayoría de los libros. No obstante, si se ofrece con amplitud a la venta en la forma acostumbrada, ésta será la primera censura extensa contra Díaz y de su sistema que se ponga abiertamente a la consideración del pueblo norteamericano. La razón de que sea la primera no estriba en la falta de hechos que pudieran aparecer en letra de imprenta y de escritores que desearan publicarlos, sino esa "influencia hábilmente aplicada sobre el periodismo" que el general Díaz ejerce en los Estados Unidos, país de libertad de palabra y prensa libre.

Vuelvo a preguntar: ¿Cuál es el origen de esa "influencia sobre el periodismo"? ¿Por qué los ciudadanos de los Estados Unidos, respetuosos de los principios que defendieron sus ancestros del 76, que dicen reverenciar a Abraham Lincoln, más que nada por su Proclama de Emancipación, que se estremecen al pensar en la forma engañosa de contratación de braceros del Congo, en los horrores de la Siberia rusa, en el sistema político del zar Nicolás, por qué tales ciudadanos disculpan y defienden una esclavitud más cruel, una peor opresión política y un más completo y terrible despotismo... en México?

A esta pregunta sólo hay una respuesta concebible: por el deseo de obtener sórdidas utilidades, se han dejado a un lado los principios de decencia y humanidad, que en el consenso universal se admiten como los mejores para el progreso del mundo.

No quiero decir con esto que todos los norteamericanos que han expresado su admiración con el general Díaz hayan sido directamente sobornados con tantos dólares y centavos. De ninguna manera. Han sido comprados algunos editores y escritores en esa forma, sin duda; pero la gran mayoría de los activos aduladores de Díaz se ha movilizado sólo por "razones de negocios", lo cual muchas personas consideraban como algo diferente al cohecho. En cuanto a la gran masa de norteamericanos que piensan bien y a veces hablan bien de Díaz, a diferencia de los que he llamado "aduladores activos", simplemente han sido embaucados y engañados por la enorme campaña de prensa que los otros han mantenido durante muchos años.

Algunos hacendados norteamericanos tales como los que he citado como defensores del sistema esclavista de Díaz, quizás no fueron movidos por nada más reprensible, que el deseo de impedir que mis revelaciones "perjudicaran al país" o "perjudicaran los negocios"; es decir: sus negocios. En realidad, me sorprendió mucho que tantos norteamericanos residentes en México salieran en apoyo de mis afirmaciones, puesto que casi todos ellos tienen tierras que han obtenido a muy bajo precio –o por nada– y desean vender con utilidad, o tienen algún proyecto para vender acciones, por ejemplo, de alguna plantación de hule, con lo que tratan de obtener buen dinero saneado de viudas y huérfanos, de pobres maestras de escuelas, de pequeños comerciantes y de obreros. Lo mismo que los corredores norteamericanos de bienes raíces en general "alaban su ciudad", niegan las denuncias de corrupción política porque "dañan al negocio" y aun suprimen las noticias de plagas, temblores de tierra y otras cosas semejantes, así el norteamericano en México, sabiendo que las acusaciones de esclavitud y de inestabilidad política asustarían a los inversionistas, y ello acaso le hiciera perder algunos tratos beneficiosos, rara vez vacila en afirmar que las condiciones políticas e industriales del país son ideales. Cuanto mayores sean las propiedades que un hombre posea en México, tanto menos probable será que diga la verdad acerca del país.

Respecto de los editores norteamericanos, las "razones de negocios" suelen encontrarse ya sea en el interés del editor en alguna propiedad o "concesión" en México, o en sus relaciones mercantiles con algunas otras personas que tienen propiedades o esas concesiones. Por uno u otro de estos caminos se llega sin duda, a casi todos los más grandes editores de libros, revistas o periódicos de los Estados Unidos. La situación en la ciudad donde vivo quizá sea algo excepcional; pero de ella puede deducirse la amplitud de la "influencia hábilmente aplicada" de Díaz, la cual quizá se extienda por toda la nación. Yo resido en Los Ángeles, California, donde hay 5 periódicos diarios. Cuando ocurrieron las arbitrarias persecuciones de 1907 contra Magón, Villareal, Rivera, Sarabia, De Lara, Modesto Díaz, Arizmendi, Ulibarri y otros mexicanos enemigos políticos de Díaz, se advirtió con claridad que se había puesto el bozal a todos esos periódicos. Esto fue confirmado por el gerente de uno de ellos; quien, en confianza, dijo, a mí y a otras personas, lo siguiente:

Los periódicos de esta ciudad podrían sacar de la cárcel a esos hombres en 24 horas, si se lo propusieran; pero no se lo proponen porque los propietarios de los cinco están interesados en concesiones en México. Ya ven ustedes que ése es el obstáculo. No nos atrevemos a decir una palabra porque si la decimos, Díaz se vengaría de nosotros.

De estos dueños de publicaciones, dos eran el señor Hearst mismo y Harrison Gray Otis, este último propietario del bien conocido *Los Angeles Times*. Cualquiera de ellos posee más de 250 mil Has. de tierra mexicana, obtenidas del Gobierno mexicano por nada o casi nada. Además de poseer una magnífica hacienda ganadera, el señor Hearst es dueño de vastos terrenos petrolíferos y también se le atribuye cierta relación financiera con la *Southern Pacific Railroad Co.*, una de las más grandes beneficiarias del Gobierno de Díaz. Respecto al gran valor de la hacienda ganadera del señor Hearst, permítaseme reproducir un artículo que se publicó en *The Mexican Herald*, el 24 de agosto de 1908:

MARAVILLOSA PROPIEDAD. LAS POSESIONES DE HEARST EN CHIHUAHUA, UN PEQUEÑO IMPERIO. MAS DE UN MILLÓN DE HECTAREAS.

Dentro de sus límites pastan 60 mil Hereford y 125 mil cabezas de ovinos. Se crían allí millares de caballos y cerdos.

"Con más de un millón de Has. de las mejores tierras agrícolas y de pastos, con grandes rebaños de ganado vacuno, de caballos y de ovejas que se crían en este vasto dominio, la enorme hacienda ganadera y agrícola de Hearst en Chihuahua está a la altura de cualquier otra propiedad en el mundo, ya se encuentre en la gran franja maicera de Illinois o Kansas o se extienda por kilómetros en las praderas barridas por el viento de Texas u Oklahoma. Una porción de esta gran hacienda está cercada por 250 millas de alambre de púas y dentro de este terreno pastan 60 mil

Hereford de pura sangre, 125 mil ovejas finas y muchos millares de caballos y de cerdos.

"Esta hacienda tan moderna y al día, cuyas cosechas no han sido superadas en ninguna parte del mundo y cuyo ganado es famoso de un extremo a otro de la República, es prueba convincente del gran futuro que espera a la agricultura y a la ganadería de México."

Así habló E. Kirby Smith conocido hacendado de Campeche, quien se halla pasando algunos días en la ciudad. El señor Kirby Smith acaba de regresar de un largo viaje por Chihuahua, donde pasó varios días en la gran hacienda de Hearst.

Esta hacienda –dijo el señor Kirby Smith–, es típica de las gran-des propiedades ganaderas modernas y presentan un glorioso cuadro de lo que puede esperarse de empresas de esta clase, si se administran debidamente, en la República. El ganado es de lo mejor: los sementales importados, las yeguas y demás ganados de pura sangre se extienden por la hacienda de punta a punta. Se levantan grandes cosechas de maíz y de papas, y tan sólo con estas últimas harán fortuna los agricultores del norte de México."

Sunset Magazine es propiedad indiscutible de la *Southern Pacific Railroad Co.*; según se sabe, los periódicos *Moody's Magazine, Banker's Magazine, The Exporter* y el *Mining World* están dominados por los intereses de Wall Street. Pero, ¿qué tienen que ver el Ferrocarril Sudpacífico y Wall Street con Díaz y México?

La respuesta es: tienen que verlo todo. Mientras Wall Street tiene intereses más o menos en conflicto en el reparto de los Estados Unidos, Wall Street es única en la explotación de México. Esta es la razón principal de que los periodistas norteamericanos se unifiquen cuando se trata de alabar a Díaz. Wall Street y Díaz son socios mercantiles y la prensa norteamericana es un apéndice de la oficina de prensa de Díaz. Por medio de la propiedad, o casi propiedad, de revistas, periódicos, y casas editoras, y por el procedimiento de repartir –ofrecer o negar– los dineros destinados a anuncios y propaganda, Wall Street ha podido, hasta hoy, suprimir la verdad y mantener la mentira acerca de Díaz y el México de Díaz.

Capítulo XIV

LOS SOCIOS NORTEAMERICANOS DE DÍAZ

Los Estados Unidos son socios en la esclavitud que existe en México. Después de 50 años de haber liberado a sus esclavos negros, el *Tío Sam* se ha vuelto esclavista de nuevo y se ha dedicado a la trata de esclavos en un país extranjero.

No, no debo culpar de esto al *Tío Sam*, el amable conciudadano de nuestra adolescencia, amante de la libertad. Más bien debiera decir que el *Tío Sam* ha muerto y que un extraño disfrazado ocupa su lugar..., un *Tío Sam* falsificado, que hasta ahora ha engañado al pueblo y le ha hecho creer que él es el verdadero. A este personaje acuso yo de ser esclavista.

Esta es una grave afirmación; pero creo que los hechos la justifican. Los Estados Unidos son responsables, en parte, del predominio del sistema de esclavitud en México; son responsables como fuerza determinante de la continuación de esa esclavitud; y son responsables de ello a sabiendas.

Cuando digo los Estados Unidos, no me refiero a unos cuantos funcionarios norteamericanos irresponsables, ni a la nación norteamericana que, en mi humilde opinión, es injustamente acusada de los delitos que cometen algunas personas sobre las cuales, bajo las condiciones existentes, no tiene dominio. Uso el término en su sentido más liberal y exacto. Me refiero al poder organizado que de manera oficial representa al país en el interior y en el extranjero. Me refiero al Gobierno Federal de los Estados Unidos y a los intereses que lo controlan. Los partidarios de cierto culto político en los Estados Unidos siempre se hallan prestos a declarar que la esclavitud fue abolida en ese país porque dejó de ser provechosa. Sin hacer comentarios sobre la verdad o falacia de esta afirmación, confieso que hay muchos norteamericanos dispuestos a probar que la esclavitud es provechosa en México. Debido a que así se considera, estos norteamericanos, en diversas formas, han aportado su concurso para que ese régimen se extendiera. Desean perpetuar la esclavitud mexicana, y consideran que el general Díaz es un factor necesario para ello; por esta razón le han otorgado su apoyo unánime y total. Mediante el predominio sobre la prensa han glorificado su nombre, que de otro modo debería repugnar a todo el mundo. Han ido mucho más lejos aún: por medio del dominio que ejercen sobre la maquinaria política norteamericana, el Gobierno de los Estados Unidos ha mantenido a Díaz en el poder cuando debiera haber caído. *El poder policiaco de los Estados Unidos se ha usado en la forma más efectiva para destruir el movimiento de los mexicanos destinados o abolir la esclavitud, y para mantener en su trono al principal tratante de esclavos del* México bárbaro: *Porfirio Díaz.*

*Todavía podemos dar otro paso en estas generalizaci*ones. Al eregirse en factor indispensable para la continuación de Díaz en el Poder, por medio de la asociación en los negocios, de la conspiración periodística y de la alianza política y militar, los Estados Unidos han convertido virtualmente a Díaz en un vasallo político, y en consecuencia, han transformado *a México en una colonia esclava de los Estados Unidos.*

Como acabo de indicar, éstas son generalizaciones; pero si yo no creyera que los hechos expuestos en este capítulo y en el que le sigue las justifican, no las haría.

Permítaseme, una vez más, que me refiera de nuevo a la notable defensa de la esclavitud y del despotismo mexicanos que se produce en los Estados Unidos, puesto que es por sí misma, una fuerte presunción de que la sociedad es culpable de esa esclavitud y despotismo. ¿Qué publicación o qué persona existe en los Estados Unidos que defienda el sistema de opresión política de Rusia? ¿Qué publicación o qué persona existe en los Estados Unidos que disculpe las atrocidades esclavistas del Estado Libre del Congo? ¿Cuántos norteamericanos tienen la costumbre de cantar las loas y alabanzas al zar Nicolás o al fallecido rey Leopoldo?

Los norteamericanos de cualquier clase no sólo no se atreven a hacer tales cosas sino que no quieren hacerlas. Pero, ¡qué diferencia cuando se trata de México! En ese caso se edifica la autocracia; no es válido negar la justificación de comparar a México con Rusia o el Congo, pues todo adorador de Díaz sabe que éste es un autócrata y un esclavista, y muchos de tales adoradores lo admiten para no dar lugar a dudas de que lo saben.

¿Cuál es, pues, la razón de esa extraña diferencia de actitud? ¿Por qué hay tantos que se postran ante el zar de México y ninguno se postra ante el zar de Rusia? ¿Por qué está Norteamérica inundada de libros que ensalzan al autócrata mexicano como el hombre más grande de la época, mientras que es imposible encontrar un solo libro, publicado y hecho circular por las vías ordinarias, que lo censure seriamente?

Se impone afirmar que la razón consiste en que Díaz es el Becerro de Oro, aunque en otra forma; en que los norteamericanos obtienen utilidades de la esclavitud mexicana y se esfuerzan para mantenerla. Pero hay hechos fácilmente comprobables que conducen mucho más allá de una mera afirmación, por muy lógica que ésta sea ¿Cuál es la respuesta más generalizada a mis críticas de México y del Gobierno mexicano? ¡Qué hay 900 millones de dólares de capital norteamericano invertidos en México! Para los poderosos de los Estados Unidos, esos 900 millones son un argumento concluyente contra cualesquiera críticas al Presidente Díaz. Constituyen una defensa aplastante de la esclavitud mexicana. "silencio, silencio!" es la consigna que circula. "¡Tenemos 900 millones de dólares que producen utilidades allí!" Y los publicistas norteamericanos, obedientemente, se callan.

En esos 900 millones de capital norteamericano invertidos en México radica toda la explicación, no sólo de la defensa norteamericana del Gobierno mexicano, sino también de la dependencia política de Díaz respecto a los poderes de los Estados Unidos. Dondequiera que fluye el capital, éste domina al Gobierno; ésta es una doctrina demostrada en los países en que se han concentrado grandes acumulaciones de capital durante el último o los dos últimos decenios.

No es de extrañar que exista en México un creciente sentimiento antinorteamericano, dado que el pueblo mexicano es naturalmente patriota. Este ha pasado por tremendas pruebas para liberarse del yugo extranjero en pasadas generaciones y no quiere doblegarse a él en la actualidad. Quiere tener la oportunidad de labrar su propio destino nacional como pueblo independiente y considera a los Estados Unidos como un gran coloso que está a punto de apoderarse de él y doblegarlo a su voluntad.

El pueblo mexicano tiene razón. No puede negarse la existencia del capital norteamericano en México, y la asociación de Díaz con ese capital ha deshecho al país como entidad nacional. El Gobierno de los Estados Unidos mientras represente al capital norteamericano –el más descarado hipócrita no se atrevería a negar que hoy lo representa–, tendrá voz decisiva en los asuntos mexicanos. Desde el punto de vista de los mexicanos patriotas, la perspectiva es en verdad desconsoladora.

Ahora veamos lo que una parte de esos 900 millones de dólares de capital norteamericano está haciendo en México.

El consorcio del cobre Morgan-Guggenheim tiene el dominio absoluto de la producción de ese metal en el país. La firma M. Guggenheim Sons posee todas las grandes fundiciones, así como vastas propiedades mineras. Ocupa la misma poderosa situación en la industria minera en general de México que la que ocupa en los Estados Unidos.

La Standard Oil Co., con el nombre de Waters-Pierce, matriz de muchas sociedades subsidiarias, controla la mayor parte de la producción de petróleo crudo de México y también la mayor parte del comercio al mayoreo y menudeo de ese combustible; según sus directores, el 90%. Mientras escribo esto, se desarrolla en México una guerra por el petróleo, ocasionada por el intento de la única otra empresa distribuidora del país -controlada por los Pearson-, para forzar a la Standard Oil a comprarla a un precio favorable. La situación promete una pronta victoria para la Standard Oil después de la cual su monopolio será completo.

Los agentes del American Sugar Trust acaban de obtener del Gobierno federal mexicano y de algunos Estados concesiones para producir azúcar de remolacha en tan favorables condiciones que les aseguran un monopolio del negocio del azúcar dentro de los próximos 10 años.

La Inter-Continental Rubber Co. -el monopolio norteamericano del hule-, se halla en posesión de millones de hectáreas de tierras huleras, las mejores de México.

La compañía Wells-Fargo Express, propiedad de la Southern Pacific Railroad Co., gracias a su asociación con el Gobierno, mantiene en México un absoluto monopolio del negocio de transportes por express.

E. N. Brown, presidente de los Ferrocarriles Nacionales de México, y satélite de H. Clay Pierce y del desaparecido E. H. Harriman, es miembro del consejo directivo del Banco Nacional de México que es, con mucho, la más grande institución financiera del país; este banco tiene más de 50 sucursales, en las cuales todos los principales miembros de la camarilla financiera de Díaz están interesados; también por medio de ese banco se efectúan todas las negociaciones financieras del Gobierno mexicano.

Por último, la Southern Pacific Railroad Co. y sus aliados, los herederos de Harriman, a pesar de la tan sonada consolidación de los ferrocarriles por parte del Gobierno, poseen de modo completo o controlan casi en propiedad el 75% de las líneas ferrocarrileras más importantes, lo cual les permite imponer un monopolio sobre el comercio tan absoluto como en el caso de cualquier combinación ferrocarrilera de los Estados Unidos.

Estas son tan sólo algunas de las mayores concentraciones de capital norteamericano en México. Por ejemplo, los herederos de Harriman son dueños de un millón de Has. de terrenos petrolíferos en la región de Tampico y varios otros norteamericanos tienen propiedades agrarias por millones de hectáreas. Los norteamericanos participan en las combinaciones que controlan el comercio de la carne y de la harina, y sus intereses puramente comerciales son por sí solos de gran cuantía. El 80% de las exportaciones mexicanas se hacen a los Estados Unidos y el 66% de las importaciones provienen también de los Estados Unidos. El comercio de este país con México alcanza 75 millones de dólares al año.

Así se advierte lo que en realidad sucede en México. La norteamericanización de México, de la que tanto se jacta Wall Street, se está ejecutando como si fuera una venganza.

No vale la pena detenerse en este problema para discutir por qué los mexicanos no se metieron antes a controlar estas industrias. No es, como muchos escritores quisieran hacer creer, porque los norteamericanos sean el único pueblo inteligente del mundo, ni porque Dios hizo de los mexicanos un pueblo estúpido, con la intención de que fuera gobernado por sus superiores. Una muy buena razón que Díaz entregara a su país en manos de los norteamericanos estriba en que éstos tenían más dinero para pagar privilegios especiales. Mientras los mexicanos se empobrecían por la guerra para arrojar del país al extranjero Maximiliano, millares de norteamericanos hacían fortuna mediante contratos militares obtenidos con sobornos durante la Guerra de Secesión.

Presentamos ahora uno o dos ejemplos de la forma en que los norteamericanos contribuyen a la extensión de la esclavitud. Tenemos las atrocidades contra los yaquis. El vicepresidente Corral, que entonces era gobernador del Estado de Sonora, provocó la guerra contra los yaquis al advertir la oportunidad de apoderarse de las tierras de éstos y venderlas a un buen precio a capitalistas norteamericanos. La región yaqui es rica en recursos, tanto mineros como agrícolas, y tales capitalistas compraron las tierras cuando los indígenas estaban todavía en posesión de ellas; entonces alentaron la guerra de exterminio y al final instigaron el plan de deportarlos a la esclavitud de Yucatán.

Pero el capital norteamericano no se detuvo ahí. Siguió a las mujeres y a los niños yaquis lejos de sus hogares. Vio cómo se desintegraban las familias, cómo se forzaba a las mujeres a que vivieran con chinos, cómo se mataba a palos a los hombres. Vio estas cosas, las alentó y las ocultó a los ojos del mundo, debido a su interés en el precio de la fibra de henequén; porque temió que al desaparecer el trabajo esclavizado, el precio de la fibra subiría. El American Gordage Trust, una rama de la Standard Oil, absorbe más de la mitad de las exportaciones de henequén de Yucatán. La prensa de la Standard Oil declara que no hay esclavitud en México. El gobernador Fred N. Warner, de Michigan, negó públicamente mis denuncias sobre la esclavitud en Yucatán. El gobernador Warner tiene intereses en contratos de compra anual de esa fibra, por valor de 500 mil dólares a los esclavistas del henequén yucateco.

También los norteamericanos trabajan con esclavos..., los compran, los explotan, los encierran durante la noche, los azotan, los matan, exactamente igual que otros empresarios de México. Y admiten que hacen todo eso. Tengo en mi poder veintenas de confesiones de hacendados norteamericanos en las que afirman emplear mano de obra esencialmente esclavizada. En toda la región tropical del país, en las plantaciones de hule, de caña de azúcar, de frutas tropicales, por todas partes se encuentran norteamericanos que compran, azotan, encierran y matan esclavos.

Permítaseme citar una entrevista que tuve que con un bien conocido y popular norteamericano de la metrópoli de Díaz, un hombre que durante 5 años administró una gran hacienda cerca de Santa Lucrecia.

–Cuando necesitábamos un lote de enganchados –me dijo–, sólo teníamos que telegrafiar a uno de los muchos enganchadores de la ciudad de México y decirle: "Necesitamos tantos hombres y tantas mujeres para tal fecha". Algunas veces pedíamos 300 ó 400; pero los enganchadores nunca dejaban de entregarnos con puntualidad la cantidad pedida. Los pagábamos a $50 por cabeza, rechazando a los que no nos parezcan bien, y eso era todo. Siempre los conservábamos mientras duraban.

–Es más saludable aquello que la misma ciudad de México –agregó–; si se tienen medios para cuidarse, puede uno conservarse allí tan bien como en cualquier punto de la tierra.

Menos de 5 minutos después de haber hecho esta declaración, expresó lo siguiente:

–Sí, me acuerdo de un lote de 300 enganchados que recibimos una primavera. *En menos de 3 meses enterramos a más de la mitad de ellos.*

Se ha sabido que la mano de los tratantes norteamericanos de esclavos ha llegado hasta su propia patria, los Estados Unidos, para atrapar a sus víctimas. Durante mis viajes por México, con el objeto de conocer mejor al pueblo, pasé la mayor parte de los días viajando con coches de 2ª y 3ª clase. Una noche, en un vagón de 3ª clase, entre Tierra Blanca y Veracruz, descubrí a un negro norteamericano sentado en un rincón. Me extrañó que lo hubieran agarrado aquí –me dije–. Voy a averiguarlo.

Tom West, un negro nacido libre en Kentucky, de 25 años, vaciló en admitir que hubiera sido un esclavo; pero lo confesó poco a poco:

–Yo estaba trabajando en una fábrica de tabiques en Kentucky por 2 dólares diarios –habló Tom–, cuando otro negro vino y me dijo que él sabía dónde podría yo ganar 3.75 diarios. Le dije: "Me iré contigo". Me dio un prospecto y al día siguiente me llevó a la oficina de la campaña y me dijeron lo mismo: $3.75 ó $7.50. Así vine con otros 8 negros por la vía de Tampa, Florida, y Veracruz hasta aquí, a una hacienda de café y hule en *La Junta,* cerca de Santa Lucrecia, en Oaxaca.

Después de una pausa el negro continuó:

–$7.50 por día, ¿eh? ¡7.50...! Eso es exactamente lo que me pagaron cuando me dejaron ir..., después de 2 años. Salí corriendo, pero me agarraron y me devolvieron. ¿Qué si me golpeaban? No; ellos golpeaban a muchos otros, pero a mí nunca. Ah, sí; algunas veces me dieron algunos palos con un bastón; pero no me dejaba azotar; no señor, yo no.

La hacienda que atrapó a Tom West, de Kentucky, era propiedad de norteamericanos. Algunos meses después de haber hablado con él tuve ocasión de conversar con una persona que se identificó como el amo de Tom, después de haberle contado la historia de éste.

–Esos negros –me dijo el norteamericano–, fueron un experimento que no resultó muy bien. Deben haber sido nuestros, pues no sé de nadie más por aquel rumbo que tuviera negros en la época a que usted se refiere. ¿Los $7.50 por día? ¡Ah!, los agentes les prometían cualquier cosa con tal de atraparlos. Eso no era asunto nuestro. Nosotros tan sólo los comprábamos, los pagábamos, y después les hacíamos desquitar con trabajo el precio de compra antes de darles ningún dinero. Si, los encerrábamos bajo llave por la noche y teníamos que vigilarlos durante el día con armas de fuego. Si trataban de escapar, los amarrábamos y les dábamos una buena paliza con un garrote. ¿Las autoridades? Nos codeábamos con ellas. Eran amigos nuestros.

La asociación del capital norteamericano con el Presidente Díaz, no sólo pone a los trabajadores esclavos a disposición de los capitalistas, sino que también les permite utilizar el sistema de peonaje y mantener a los asalariados en el nivel más bajo de subsistencia. Donde no existe en México la esclavitud se encuentra el peonaje, una forma moderada de esclavitud, o abundante mano de obra barata. Los *rurales* de Díaz dispararon sobre los mineros de cobre del coronel Greene hasta someterlos y las amenazas de encarcelamiento pusieron fin a la gran huelga en un ferrocarril mexicano-norteamericano. Los capitalistas de los Estados Unidos alaban el hecho de que Díaz "no permite las tonterías de estos sindicatos de trabajadores". En hechos como éstos se funda la razón de la histórica defensa que tales capitalistas hacen del general Díaz.

Trazaré brevemente un esquema de la situación de los ferrocarriles en México y la historia de su consolidación.

En la actualidad, las principales líneas de los ferrocarriles mexicanos suman 20 mil kilómetros, de las cuales el Sudpacífico controla 14,305 kilómetros y quizá se adueñe pronto de ellos. Es decir, esa empresa domina el 75% del kilometraje total con las siguientes líneas:

El Ferrocarril Sudpacífico de México; 1,520 kilómetros, el Kansas City, México y Oriente: 446 kilómetros; el Panamericano: 474 kilómetros; el Mexicano: 523 kilómetros, y los Ferrocarriles Nacionales de México: 11,342 kilómetros. De estas líneas, sólo la del Sudpacífico funciona abiertamente como propiedad de los herederos de Harriman. La del Kansas City, México y Oriente funciona bajo la presidencia de A. E. Stilwell, socio de Harriman, y su vicepresidente es George H. Ross, uno de los consejeros de la línea Chicago & Alton, propiedad de Harriman, con la cual el Kansas tiene convenios de tráfico. Ambas líneas continúan en construcción y perciben del Gobierno de Díaz unos 20 mil dólares de subsidio por cada 1,600 kilómetros de tendido, que es casi lo suficiente para construir la vía.

El Ferrocarril Panamericano ha sido adquirido recientemente por David H. Thompson, su presidente nominal. Thompson era embajador de los Estados Unidos en México, donde parece haber representado ante todo los intereses de Harriman y después los demás intereses norteamericanos. Una vez que consiguió el ferrocarril, renunció a la embajada. Es un hecho, en general aceptado, que en la adquisición del ferrocarril Thompson representaba a Harrirnan. Los hombres de confianza de éste están asociados con Thompson como consejeros de la empresa. El propósito especial de Thompson, al adquirir el ferrocarril, fue el incorporarlo al plan de Harriman para tender una ruta directa desde la frontera de Arizona hasta la América Central.

Hasta donde se sabe, el único control que los intereses de Harriman ejercen sobre el Ferrocarril Mexicano se deriva de la formación de un *cartel* del transporte, tanto de carga como de pasajeros, entre el Ferrocarril Mexicano y los Ferrocarriles Nacionales de México. Tal es el trasfondo de la consolidación de los ferrocarriles mexicanos, según lo obtuve de fuentes irrecusables mientras trabajaba como reportero del *Mexican Daily Herald,* en la primavera de 1909.

En resumen, la historia es la siguiente: la consolidación bajo el control nominal del Gobierno de los dos sistemas ferrocarrileros principales de México, el Central Mexicano y el Nacional Mexicano, se realizó, no para impedir la absorción de las líneas mexicanas por capitalistas extranjeros como se ha dicho de manera oficial –sino para facilitar esa misma absorción. Fue un trato entre E. H. Harriman, por una parte, y la camarilla financiera del Gobierno de Díaz, por la otra parte; en este caso la víctima fue México. Se efectuó una especie de venta diferida de los ferrocarriles mexicanos a Harriman; los miembros de la camarilla de Díaz recibieron, como su parte del botín, muchos millones de dólares por medio de maniobras con las acciones y valores al efectuarse la fusión. En conjunto, constituyó probablemente el caso más colosal de despojo que hayan llevado al cabo los destructores organizados de la nación mexicana.

En este negocio con Harriman, el mismo ministro de Hacienda, Limantour, fue el maniobrero principal, y Pablo Macedo, hermano de Miguel Macedo, subsecretario de Gobernación, fue primer lugarteniente. Se dice que como premio por su intervención en el negocio, Limantour y Macedo se repartieron una utilidad de 9 millones de dólares en oro, además de que al primero se le hizo presidente y al segundo vicepresidente del consejo de administración de las líneas unidas, puestos que todavía ocupan. Los otros miembros de este consejo son los siguientes: Guillermo de Landa y Escandón, gobernador del Distrito Federal; Samuel Morse Felton, antiguo presidente del Central Mexicano, emisario especial de Harriman en México para gestionar ante Díaz su consentimiento para el negocio; E. N. Brown, antiguo vicepresidente y gerente general de las líneas del Nacional Mexicano; y Gabriel Mancera. Se dice que cada uno de ellos logró obtener una fortuna personal con esta transacción.

Los Ferrocarriles Nacionales de México, como se les conoce oficialmente, además del consejo general de administración, tienen otro consejo de administración en Nueva York:, integrado por los incondicionales de Harriman que son los siguientes: William H. Nichols, Ernest Thallman, James N. Wallace, James Speyer, Bradley W. Palmer, H. Clay Pierce, Clay Arthur Pierce, Henry S. Priest, Eban Richards y H. C. Channan.

No se sabe si el robo de los ferrocarriles mexicanos fue concebido por el cerebro de Limantour o el de Harriman; pero parece que aquél intentó realizar primero la consolidación sin la ayuda de Harriman. Hace unos 4 años, Limantour y Pablo Martínez del Río, propietario del *Mexican Herald* y gerente del Banco Nacional de México, se lanzaron al mercado y compraron grandes cantidades de acciones del Central Mexicano y del Nacional Mexicano, y después presentaron a Díaz el proyecto de fusión, que éste rechazó de plano. Limantour y Martínez del Río sufrieron fuertes pérdidas, las cuales causaron a Martínez del Río tal disgusto que éste murió poco después.

Se supone que sólo entonces Limantour se dirigió a Harriman, quien de inmediato aceptó el proyecto y lo llevó a término con gran provecho para él. Harriman poseía algunas acciones del Central Mexicano; pero el 51% de esta empresa era propiedad del H. Clay Pierce. Al producirse los primeros rumores del pánico de 1907, se persuadió a Pierce de que hipotecase con Harriman toda su participación.

Después de conseguir una mayoría de 80% a 85% del activo del Central Mexicano, Harriman envió a Samuel Morse Felton –uno de los más hábiles especuladores con ferrocarriles de los Estados Unidos–, a negociar con Díaz el proyecto de consolidación. Allí donde Limantour había fracasado, Felton obtuvo éxito y se informó al mundo que el gobierno mexicano había realizado una gran hazaña financiera al asegurar la propiedad y el dominio de sus líneas ferroviarias.

Se anunció que el Gobierno había logrado en realidad el 51% de las acciones de la empresa consolidada y también se le consideró como dueño nominal de la situación. Pero en ese trato, Harriman pudo cargar tan pesadas obligaciones sobre la nueva empresa, que es casi seguro que sus herederos le embargarán tarde o temprano por sus derechos.

Los sistemas del Central Mexicano y del Nacional Mexicano son vías construidas muy pobremente; su material rodante es de muy baja calidad. Al tiempo de efectuarse la fusión, la longitud de ambos era de 8,650 kilómetros, y se capitalizaron en $615 millones oro, o sea $71,099 por kilómetro con que hubo inmenso margen para valorizar las acciones. El Central Mexicano tenía ya 30 años de construido y, sin embargo, nunca había pagado dividendos. El Nacional Mexicano tenía más de 25 años y había pagado menos del 2%. No obstante, en la exagerada capitalización del nuevo organismo se observa que la empresa se compromete a pagar *4.5% de interés sobre bonos por valor de $225 millones, y 4% por obligaciones* con *valor de $160 millones; es decir, $16.525,000 por intereses al año ¡en pagos semestrales!*

Como resultado del negocio de la consolidación, se supone que Harriman recibió, además de las acciones y bonos consolidados, una cantidad en efectivo y concesiones y subsidios especiales secretos para su ferrocarril de la costa occidental. Harriman firmó el contrato sobre la base del pago de intereses por las obligaciones del nuevo organismo, y sus sucesores obligarán a que se les cubran tales intereses o embargarán las propiedades. Mientras Díaz permanezca en el poder, mientras el Gobierno mexicano sea "bueno", es decir, mientras continúe asociado al capital norteamericano, el asunto puede arreglarse, si no en otra forma, con cubrir los déficits con cargo al tesoro mexicano. Pero tan pronto como se presente alguna dificultad, se espera que el Gobierno se halle incapacitado para pagar, y las líneas llegarán a ser norteamericanas tanto de nombre como de hecho.

¡Dificultades! Esta palabra resulta en esto sumamente significativa. Una revolución traería consigo dificultades, pues toda revolución mexicana, en el pasado, ha impuesto la necesidad de que el Gobierno rechace sus obligaciones nacionales durante algún tiempo. Así, el paso final en la completa norteamericanización de los ferrocarriles de México, será una de las amenazas que se mantengan sobre el pueblo para impedirle que derroque a un gobierno que es especialmente favorable al capital norteamericano.

¡Dificultades! Las dificultades aparecerán también cuando México intente borrar las trazas de la indebida "influencia" norteamericana. Los Estados Unidos intervendrán con un ejército, si es necesario, para mantener a Díaz o a un sucesor a continuar la especial asociación con el capital norteamericano. En caso de una revolución grave, los Estados Unidos intervendrán con el pretexto de proteger al capital norteamericano y la intervención destruirá la última esperanza de México para obtener una existencia nacional independiente. Los patriotas mexicanos no pueden olvidar esto, porque la propia prensa de Díaz lo hace saber a diario. De este modo, la amenaza del Ejército norteamericano es otra de las influencias que impiden al país hacer una revolución contra la autocracia de Díaz.

El capital norteamericano no está, por ahora, en favor de la anexión política de México; la esclavitud que produce utilidad puede mantenerse con mayor seguridad bajo la bandera mexicana que bajo la bandera norteamericana. Mientras se pueda dominar a México –mientras se le pueda mantener como una colonia de esclavos–, no hay necesidad de anexarlo, pues una vez anexado, la protesta del pueblo norteamericano sería tan grande, que se haría necesario abolir la esclavitud o disfrazarla bajo formas menos brutales y descaradas. La anexión vendrá sólo cuando no se pueda dominar al país por otros medios. No obstante, esta amenaza se mantiene ahora como un garrote sobre el pueblo para impedirle que derroque a Díaz por la fuerza.

¿Hago suposiciones cuando profetizo que los Estados Unidos intervendrán en el caso de una revolución contra Díaz? No tanto, *porque los Estados Unidos ya han intervenido por ese preciso motivo.* Han esperado a que la revolución asumiera grave aspecto; pero han prestado su apoyo a Díaz de la manera más vigorosa al aplastar los primeros síntomas de esa revolución. El Presidente Taft y el procurador general Wickersham, a petición del capital norteamericano, ya han puesto el Gobierno de los Estados Unidos al servicio de Díaz, para ayudarle a aplastar una incipiente revolución que, por motivos justificados, no puede compararse ni por un momento con la norteamericana de 1776. Se dice que el procurador general Wickersham es un fuerte accionista de los Ferrocarriles Nacionales de México; Henry W. Taft, hermano del Presidente, es consejero general de la misma empresa. Puede entenderse, por ello, que estos funcionarios tienen tanto un interés personal como político en mantener el sistema de Díaz.

Durante los últimos 2 años, el Gobierno de los Estados Unidos 3 veces ha enviado rápidamente fuerzas militares a la frontera mexica-

na para aplastar un movimiento liberal que se había alzado contra el autócrata de México. De modo constante, durante los últimos 3 años, el Gobierno norteamericano ha utilizado su Servicio Secreto, su Departamento de Justicia, sus funcionarios de Migración y sus vigilantes fronterizos para mantener en los Estados próximos a la frontera, un reinado de terror para los mexicanos; se ha dedicado, sin reservas, a exterminar a los refugiados políticos de México, a los que han buscado la seguridad lejos del alcance de los largos tentáculos de Díaz, en la "tierra de los libres y el hogar de los bravos".

Capítulo XV

LA PERSECUCIÓN NORTEAMERICANA DE LOS ENEMIGOS DE DÍAZ

Los Estados Unidos, cuna de la libertad, se ha dado las manos con Portirio Díaz, el déspota más devastador que gobierna una nación, para aplastar una parte del movimiento mundial en favor de la democracia, que ahora está tratando de obtener para el pueblo mexicano los derechos comunes a todos los hombres.

En capítulos anteriores, he mostrado cómo los Estados Unidos son socios voluntarios en la opresión esclavista y política de la tierra de Díaz; he puesto en claro cómo han apoyado a la dictadura militar porfirista con su alianza comercial, su conspiración de prensa y su amenaza de intervención y anexión. Dedicaré este capítulo a relatar cómo los Estados Unidos han entregado sus recursos militares y civiles en manos del tirano y con tales recursos lo han mantenido en el poder, del que de otro modo ya hubiera caído; de esta manera, los Estados Unidos han constituido la fuerza final determinante de la continuación del sistema de esclavitud que he descrito en los primeros capítulos.

Por Estados Unidos quiero decir el Gobierno de los Estados Unidos principalmente, aunque también se hallan complicados algunos gobiernos de los Estados norteamericanos fronterizos. Existen muchos casos en los que, para exterminar a los enemigos de Díaz que se han refugiado en este país, los funcionarios públicos, desde el Presidente hasta el más inferior, han hecho a un lado los principios norteamericanos respetados por generaciones, han violado, penalmente algunas leyes, han estirado y retorcido otras, hasta quitarles toda semejanza con lo que antes eran, y han permitido, alentando y protegido, la colocación de las leyes por parte de funcionarios mexicanos y de sus mercenarios en Norteamerica.

Durante los últimos 5 años, la ley de los Estados fronterizos norteamericanos que se aplica a los ciudadanos mexicanos ha sido mucho la ley de Díaz. La frontera se ha mexicanizado. En gran cantidad de casos el Gobierno de los Estados Unidos ha delegado sus propias facultades especiales en agentes mexicanos, como cónsules, abogados, o policías privados. Se ha negado a los ciudadanos mexicanos el derecho de asilo y la ordinaria protección de las leyes norteamericanas. Por el reinado del terror así establecido, los Estados Unidos han mantenido ahogado un movimiento que, de otro modo, con toda seguridad, hubiera desarrollado fuerza suficiente para derrocar a Díaz, abolir la esclavitud mexicana y restaurar el Gobierno constitucional en México.

Por 3 veces durante los 2 últimos años –2 como secretario de Guerra y uno como Presidente–, William Howard Taft ha ordenado el traslado de tropas a la frontera de Texas para ayudar a Díaz a vengarse de sus enemigos. Con este mismo objeto, al mismo tiempo y también en otras ocasiones, ha enviado allí patrullas de alguaciles norteamericanos y escuadrones de agentes del servicio Secreto.

En junio de 1908, por vez primera, Taft envió tropas a la frontera; la segunda fue en septiembre de ese mismo año; después en julio de 1909. Las tropas recibieron órdenes de rechazar a los fugitivos para que cayeran en manos de los soldados mexicanos que los perseguían, o que los capturaran y encarcelaran en caso de que lograran cruzar el río Bravo para salvar sus vidas en territorio de Texas.

Esta acción del Presidente Taft constituyó una interpretación indebida de las leyes norteamericanas, según se deriva de los mensajes enviados desde Washington el 30 de junio de 1908, los cuales fueron publicados el 1° de julio de 1908. Uno de esos mensajes decía, en parte, lo siguiente:

Por supuesto, el empleo de tropas norteamericanas para este objeto casi no tiene precedente en años recientes, y los funcionarios legalistas del Departamento de Guerra, así como el procurador general mismo, se han visto obligados a estudiar detenidamente hasta qué punto pueden ejercer la facultad de impedir que entren en los Estados Unidos determinadas personas a través de la frontera mexicana.

Según la ley, no se requiere pasaporte, excepto en el caso de chinos y japoneses, y tal vez el único fundamento razonable para la detención de fugitivos que traten de cruzar la línea, sería la presunta violación de las leyes de inmigración o de inspección sanitaria.

De este modo, se da una tarea delicada para los oficiales del Ejército, encargados de vigilar esta línea internacional, el evitar conflictos con los tribunales civiles si tratan de arrestar en grupo a las personas que huyan de México a los Estados Unidos.

Las tropas obedecieron sus órdenes. Los liberales fueron devueltos a México para que los atravesaran las balas de los soldados de Díaz. ¿Puede justificarse que el Gobierno de los Estados Unidos sea el causante de la muerte de esos infortunados y en tal forma? Si no es justificable, ¿será impropio calificar esa acción como asesinato ordenado?

Durante los últimos 5 años han sido encarcelados en los Estados fronterizos centenares de refugiados mexicanos y han ocurrido muchos intentos de devolver a éstos al otro lado de la frontera para que el Gobierno de Díaz les aplicara sus propios métodos sumarios; muchos de estos intentos han tenido éxito. Algunos procedimientos empleados en esta campaña de deportación fueron: 1) iniciar procesos de extradición bajo situaciones de "homocidio y robo"; 2) deportarlos por medio del Departamento de Migración bajo el cargo de "inmigrantes indeseables"; 3) secuestros descarados y entregas criminales al otro lado de la frontera.

Algunos miembros del Partido Liberal, cuya extradición se pidió por supuestos delitos de "homicidio y robo" eran Librado Rivera, Pedro González, Crescencio Villarreal, Trinidad García, Demetrio Castro, Patricio Guerra, Antonio I. Villarreal, Lauro Aguirre, Ricardo Flores Magón y Manuel Sarabia. También hubo otros más, pero no se tienen detalles precisos de sus casos. Varios procesos se efectuaron en Saint Louis Mo.; otros en El Paso, Texas; otros en Del Río, Texas; y algunos más en Los Angeles, California.

La base de las acusaciones en tales procesos, excepto en uno o 2 de ellos, fue el alzamiento de un club liberal en Jiménez, Chihuahua, durante el cual alguna persona murió y la oficina de correos perdió algún dinero. En consecuencia, cualquier mexicano a quien se le pudiera comprobar que era miembro del Partido Liberal, aunque nunca hubiera estado por allí ni hubiera sabido nada del alzamiento, se hallaba en peligro de extradición por "homicidio y robo". El Gobierno de los Estados Unidos gastó muchos millares de dólares en los procesos derivados de estas acusaciones, manifiestamente injustificadas; pero hay que reconocer que gracias a la actitud de ciertos jueces federales estos procesos no hayan llegado, por lo general, al fin que se buscaba. El juez Gray, de Saint Luis, Mo., y el juez Maxey, de Texas calificaron los delitos como de naturaleza política. El texto del fallo del primero, en el caso de Librado Rivera, es el siguiente:

Los Estados Unidos contra Librado Rivera

Ciudad de Saint Louis, Estado de Missouri.

En el presente certifico que previa audiencia pública ante mí, en mi oficina en dicha ciudad, en este día 30 de noviembre de 1906, estando presente el acusado y al aparecer en las pruebas que el delito imputado fue de naturaleza enteramente política, el citado acusado, Librado Rivera, fue absuelto.

Lo cual testifico con mi sello y mi firma.

James R. Gray,
Comisario de los Estados Unidos
en Saint Louis, Missouri.

El plan de deportar a los refugiados políticos por medio del Departamento de Migración fue más efectivo. Las leyes de inmigración disponen de que si se descubre que un inmigrante es un delincuente o un anarquista, o que ha entrado en los Estados Unidos de modo ilegal, siempre que se descubra dentro de los 3 años siguientes a su llegada, los funcionarios de inmigración pueden deportarlo. La cuestión de la "indeseabilidad" del inmigrante no está sujeta a revisión por los tribunales; el inmigrante no puede apelar y, excepto 2 ó 3 restricciones, la palabra del agente de migración es ley. Por lo tanto, se puede colegir fácilmente que si dicho funcionario no es un hombre honrado, si quiere aceptar cohecho o ceder a influencias o halagos, impunemente puede enviar a la muerte segura a muchos hombres puros e íntegros.

Tal se ha hecho exactamente. Antonio I. Villarreal, secretario del Partido Liberal, fue uno de quienes estuvieron en peligro de ser deportado "según las leyes de inmigración". Después que se emplearon infructuosamente varios medios para obtener su extradición, Villarreal fue entregado a los funcionarios de migración de El Paso; cuando ya iba camino de la línea fronteriza hizo un esfuerzo para liberarse y logró escapar.

Entre los muchos mexicanos liberales detenidos en Arizona, en el otoño de 1906, Lázaro Puente, Abraham Salcido, Gabriel Rubio, Bruno Treviño, Carlos Humbert, Leonardo Villarreal, y varios otros fueron deportados en grupo por los funcionarios de migración de Douglas, aunque no existe pretexto legal para deportar a un inmigrante porque sea refugiado político. Por otra parte, de acuerdo con los llamados "principios norteamericanos", el refugiado tiene derecho a que se le presten de modo especial solícitos cuidados por esa misma razón; sin embargo, estos hombres fueron deportados porque eran refugiados políticos, a pesar de su calidad de personas pacíficas y respetables. La ley no permite, en ninguna circunstancia, la deportación después que el inmigrante ha residido en los Estados Unidos por más de 3 años; no obstante, varios de los deportados habían vivido en el país más allá de ese plazo: Lázaro Puente, director de un periódico en Douglas, afirmó residir en los Estados Unidos, de manera continua, desde hacía 13 años.

En este caso particular, se puede citar todavía otro delito de los funcionarios. Cuando existe el motivo para la deportación, en los casos ordinarios, el inmigrante es devuelto simplemente al país de donde vino; pero en este caso, los liberales mexicanos fueron entregados en grupos, maniatados por los autoridades norteamericanas, a la policía mexicana; las "esposas" no les fueron removidas de las muñecas hasta que los prisioneros llegaron a la penitenciaría de Hermosillo, Estado de Sonora.

Por supuesto, una vez que los tuvo en su poder, el Gobierno mexicano no encontró otro delito contra estos hombres sino el de ser miembros del Partido Liberal. No obstante, sentenció a todos a cumplir condenas de prisión.

Muchos norteamericanos recordarán el caso de L. Gutiérrez de Lara, a quien el Departamento de Migración arrestó para deportarlo en octubre de 1909, con el pretexto de que era un "anarquista extranjero". De Lara había residido más de 3 años en los Estados Unidos; pero, sin duda, hubiera sido enviado a la muerte si no se hubiese levantado una gran protesta en toda la nación que asustó a los conspiradores. Se supone que en ese momento especial se quería la vida de De Lara porque él me acompañó a México, y me ayudó a conseguir el material para estas revelaciones sobre la situación mexicana.

Cuando Díaz no puede lograr por otros medios que lleguen a su poder los enemigos que tiene en los Estados Unidos, no duda en emplear el secuestro; para aplicar este medio no tiene dificultad en conseguir la criminal ayuda de los funcionarios norteamericanos. El caso más notable de secuestro ha sido el de Manuel Sarabia. Señor notable no por único sino porque se descubrió con más claridad. Manuel Sarabia era el segundo orador de la junta liberal; fue perseguido de un sitio a otro por los policías secretos de Díaz, hasta que por último se estableció en Douglas, Arizona, donde se dedicó tranquilamente a trabajar en su oficio de impresor.

El 30 de junio de 1907, Antonio Maza, cónsul mexicano en Douglas, se encontró con Sarabia en la calle y lo reconoció. Esa tarde, el policía de los Estados Unidos, Sam Hayhurst, detuvo a Sarabia a boca de pistola, sin orden de detención, y lo llevó a la cárcel municipal. A las 11 p.m. se abrió la puerta de la celda de Sarabia quien fue sacado a la calle y obligado a subir en un automóvil; así lo transportaron al otro lado de la línea internacional, donde lo entregaron al coronel Kosterlitzsky, oficial de *rurales* mexicanos. Los *rurales* amarraron a Sarabía al lomo de una mula, le dijeron que iban a fusilarlo en el camino, y atado de ese modo lo llevaron en un rápido viaje a través de las montañas; después de 5 días de marcha lo confinaron en la penitenciaría de Hermosillo, Sonora

¿Cómo se salvó Sarabia? Tan sólo por lo siguiente: cuando era metido a la fuerza en el automóvil, a gritos dijo su nombre y denunció que lo secuestraban. Los rufianes que lo conducían lo sofocaron para que callara y luego lo amordazaron; pero alguien escuchó sus gritos y esparció la noticia del hecho.

Aún así, el cónsul Maza tuvo la audacia de tratar de ahogar en silencio el asunto y llevar su trama a feliz resultado. Por determinados medios pudo hacer callar a la cadena de periódicos de Arizona, propiedad de George H. Kelly, según éste confesó más tarde ante los tribunales. Pero en Douglas, en esa época, había un periodista a quien Maza no pudo cohechar, Franklin B. Dorr, quien dirigía el *Douglas Daily Examiner*.

En su periódico, Dorr levantó una protesta que encendió la sangre del pueblo de Douglas; se organizaron mitines callejeros para levantar más la indignación del pueblo; una multitud enardecida buscaba a Maza con una cuerda para colgarlo; llamamientos telegráficos al Gobierno del Estado y al de la nación, y por fin, Sarabia fue vergonzosamente devuelto.

¿Qué hubiera sucedido a Sarabia si no se hubiera oído su voz en esa noche de junio de 1907? Exactamente lo mismo que ha sucedido a muchos otros cuyas atemorizadas voces no llegaron a oírse. Habría desaparecido sin que nadie supiera decir con certeza hacia dónde había ido a parar.

Y ahora pregunto: ¿qué les sucedió a los secuestradores? Absolutamente nada. El cónsul Maza, el policía Hayhurst, lee Thompson, carcelero municipal, el alguacil Shorpshire, Henry Elvey, el chofer y algunos policías privados cuyos nombres nunca se dieron al público, parece que claramente han sido culpables del delito de secuestro, el cual se castiga con prisión en la penitenciaría. Los últimos fueron detenidos y los 4 primeros fueron citados en debida forma para comparecer ante el tribubal superior de Douglas. Elvey confesó con toda claridad el caso y la prueba parecía concluyente; pero tan pronto como la excitación se calmó, uno por uno se archivaron en silencio los procesos. No puede culparse a Sarabia de esto; pues se hizo el intento de cohecharlo para que saliera de la ciudad; pero él rechazó el soborno. Es evidente que el dinero con que se había comprado a Hayhurst, a Thompson y a Shorphire no fue el único que repartió Maza en aquella ocasión.

Casi cada una de las pequeñas ciudades norteamericanas situadas a lo largo de la frontera mexicana alberga a un individuo que ostenta el título de cónsul mexicano; también hay cónsules en pueblos situados a centenares de millas lejos de esa frontera. Se supone que tales cónsules cumplen el propósito de cuidar los intereses del comercio entre ambos países; pero hay pueblos en California, Arizona, Nuevo México y Texas cuyo comercio con México no es mayor de 100 dólares al año y, sin embargo, tienen cónsules mantenidos por Díaz, con un costo de decenas de millares de dólares al año.

Estos hombres no son tales cónsules. Son espías, perseguidores, sobornadores... Están provistos de mucho dinero que gastan libremente para alquilar malhechores y *detectives,* y para sobornar a funcionarios norteamericanos. Con el poder obtenido en esta forma, en diversas ocasiones han suprimido periódicos y han hecho encarcelar a sus directores, así como han disuelto clubes políticos de mexicanos.

Durante el proceso de José María Ramírez y otros cuatro liberales en El Paso, Texas, en octubre de 1908, un policía municipal ingenuo juró que su jefe le había dicho que obedeciera las órdenes del cónsul mexicano y del jefe de la policía de Ciudad Juárez, Chihuahua, en territorio mexicano.

Después de las amenazas del cónsul mexicano en Tucson, Arizona, unos asaltantes destruyeron la imprenta de Manuel Sarabia en esa ciudad, en diciembre de 1908, pero Sarabia no pudo persuadir al jefe de policía de Tucson para que ratificará una investigación del asunto, ni de que tratase de encontrar y castigar a los delincuentes.

Algunos policías privados de los Angeles, California, en muchas ocasiones recibieron órdenes del cónsul mexicano, e ilegalmente le entregaron bienes de personas a las que habían detenido.

Antonio Lozano, cónsul de México en Los Angeles, en cierta época tenía sus falsas oficinas de empleos que funcionaban al mismo tiempo, con el único propósito de contratar a miembros del Partido Liberal para conducirlos mediante engaños a ciertos lugares de México, donde pudieran ser capturados por la policía de Díaz. Este mismo cónsul, después que De Lara y yo iniciamos nuestro viaje por México, ofreció dinero a varios amigos de De Lara para que le dijeran hacia dónde había partido éste.

Detalles de mínima importancia como éstos llenarían muchas páginas. Jonh Murray fue detenido por el jefe del Servicio Secreto, Wilkie, por el supuesto delito de recaudar dinero para la defensa legal de los refugiados, Robert W. Dowe, recaudador de aduanas norteamericano en Eagle Pass, Texas, fue obligado a renunciar acusado de ser agente secreto del Gobierno mexicano y de que recibía dinero por ese servicio. Las pruebas del caso fueron eliminadas por el Departamento del Tesoro de los Estados Unidos, el cual reinstaló a Dowe después de varios meses, una vez que hubo pasado la indignación por este asunto en Eagle Pass. En el Juzgado del distrito de Los Angeles, California, se ha mantenido vigente durante muchos meses, lista para ser utilizada en cualquier ocasión, una orden de aprehensión en contra de De Lara y su esposa, de la señora Mamie Shea, norteamericana, de la señora María Talavera y de unas 20 personas más. Se acusa a todas ellas de haber violado las leyes de neutralidad, por haber *hecho circular un manifiesto impreso por el Partido Liberal*. Varios de los interesados ya han sido amenazados con aplicar ese auto de detención, con el evidente propósito de disuadirlos de ayudar en cualquier forma al movimiento de la regeneración de México.

Tan sólo hace unos meses que los periódicos anunciaron que el mayor Elihu Root, del Ejército de los Estados Unidos, había salido en misión especial a México, para conferenciar con el secretario de Guerra sobre los medios más prácticos de atrapar a los enemigos de Díaz que residen en Norteamérica.

Hace muy poco tiempo se publicó la noticia de que había sido suprimido *Punto Rojo*, periódico laboratorista de Texas, contrario a Díaz, y que se había ofrecido un premio de 10 mil dólares por la captura de su editor, Práxedes Guerrero; también se dijo que policías del servicio secreto, en su afán de ganarse la recompensa, se habían apoderado de las listas de suscriptores del periódico y habían tomado de ellas nombres de personas, contra las cuales se iba a proceder de inmediato.

Durante los últimos tres años, esta persecución de carácter general ha ocasionado la supresión directa de 10 periódicos, por lo menos, impresos en español para lectores mexicanos, a lo largo de la frontera.

Es interesante la historia de cada una de estas persecuciones y supresiones de periódicos; pera intentar detallarlas todas se llevaría gran parte de esta obra. Daré a conocer sólo un caso, el de Ricardo Flores Magón, presidente del Partido Liberal, y sus asociados inmediatos; este caso es típico, además de ser el más importante. Su indiferencia con los otros casos reside en que Flores Magón, quien ha podido rodearse de grandes recursos, ha sido capaz de sostener una lucha más larga y más desesperada por su vida y su libertad que otros compatriotas suyos, víctimas de persecuciones. Flores Magón ha radicado en los Estados Unidos durante seis años y medio y casi todo este tiempo lo ha dedicado a tratar de escapar a la muerte en el otro lado del Río Bravo, y más de la mitad lo ha pasado en prisiones norteamericanas, sin otro motivo que el de oponerse a Díaz y a su sistema de esclavitud y despotismo.

Lo peor que puede decirse de Flores Magón –lo mismo que de cualquiera de sus correligionarios a quienes conozco–, es que desea desatar una rebelión armada contra el Gobierno establecido en México. En los casos en que los reformadores tienen la oportunidad de implantar sus reformas mediante métodos democráticos, la rebelión armada es indefendible; pero si con la supresión de la libertad de palabra y de prensa, y de otras libertades semejantes, se hacen imposibles los medios pacíficos de propaganda, entonces la única alternativa es la fuerza. Tal vez fue el principio sobre el cual actuaron los viejos revolucionarios norteamericanos y que ahora norma la actividad de los liberales mexicanos.

Flores Magón y sus simpatizadores nunca se hubieran trasladado a los Estados Unidos para conspirar contra Díaz si su movimiento pacífico no hubiera sido deshecho por medio de pistolas y garrotes, y sus vidas no se vieran gravemente amenazados en su patria. Es correcto el proceder de los ciudadanos de países despóticos que buscan refugio en otro país, para planear desde allí mejores cosas para el suyo; así lo reconocieron por muchos decenios los poderes constituidos de los Estados Unidos, que protegieron a refugiados políticos.

Hace 12 años que Palma estableció la junta revolucionaria cubana en la ciudad de Nueva York, y en lugar de ser capturada fue exaltada y fortalecida. Durante más de un siglo los refugiados políticos de países europeos, de Sudamérica y hasta de China han buscado seguridad en los Estados Unidos. Los jóvenes turcos prepararon aquí su revolución. Las sociedades irlandesas recaudaron dinero en los Estados Unidos para un movimiento de liberación en Irlanda. Se ha ayudado con dinero a sociedades judías de defensa en todo el país, y ninguno de sus promotores fue entregado a la venganza del zar ruso; todo esto se ha hecho de modo abierto, no secretamente. En la actualidad se sabe que hay un cuartel general de revolucionarios portugueses en los Estados Unidos. El mismo Porfirio Díaz –¡qué ironía de la historia, cuando se declaró– revolucionario encontró seguridad en suelo norteamericano, y aunque su causa era muy discutible nadie lo aprehendió. Aún más, cometió delitos idénticos a los que, por medio de la maquinaria legal de los Estados Unidos, se trata de imputar a muchos de los Refugiados; es decir, los de organizar una expedición militar contra un poder extranjero. El 22 de marzo de 1876, Díaz cruzó el río Bravo por Brownsville, Texas, con 40 de sus secuaces armados, con el propósito de hacerle la guerra al Presidente Lerdo de Tejada; fue derrotado; pero no obstante que los Estados Unidos conocían su hazaña, no se hizo ningún intento para encarcelarlo.

Ahora ha cambiado la política para complacer al Presidente Díaz. Sólo se han tomado providencias contra refugiados políticos de otro país –Rusia– y es casi seguro que se procede en esta forma para que las autoridades puedan defenderse del cargo de utilizar con parcialidad la maquinaria del Gobierno sólo contra los mexicanos.

Flores Magón y su pequeño grupo de acompañantes, entre ellos su hermano Enrique y los Sarabia, cruzó el río Bravo en enero de 1904; después fundó en San Antonio, Texas, su periódico *Regeneración;* éste sólo tenía unas pocas semanas de publicarse cuando un mexicano, un supuesto mercenario del Gobierno de Díaz, llegó a la oficina y con un puñal trató de matar al dirigente liberal. Enrique Flores Magón se lanzó sobre el individuo, y aún forcejeaba con él cuando cuatro *detectives* municipales entraron y lo aprehendieron. Al día siguiente se impuso a Enrique Flores Magón una multa de $30 en la comisaría; pero el atacante ni siquiera fue detenido.

Los exiliados consideraron este incidente como parte de una conspiración para crearles dificultades. Se trasladaron a Saint Louis, Mo. donde reabrieron su periódico. Apenas se habían instalado en su nuevo domicilio cuando empezó a molestarlos la agencia de detectives privados Furlong. Los mexicanos declararon que esta agencia colocó a uno de sus "operarios" en la oficina de *Regeneración,* en el papel de agente de anuncios, y a otros más en la oficina de correos de Saint Louis para interceptar la correspondencia dirigida a los exiliados; también destacó agentes para buscar personas que quisieran entablar juicio por difamación contra el periódico y, en fin, para acosar a los directores en todas las formas posibles.

El Departamento de Correos de los Estados Unidos, al que se pidió ayuda para suprimir *Regeneración,* canceló el permiso –otorgado debidamente en San Antonio, Tex.–, para que este periódico circulase como artículo de segunda clase. Pero esto no satisfizo a los perseguidores, quienes trajeron de México a dos personas que debían pre-

LA PERSECUCIÓN NORTEAMERICANA DE LOS ENEMIGOS DE DÍAZ 251

sentar acusaciones de difamación en juicios penal y civil contra los editores de *Regeneración.* Estos fueron encarcelados y la publicación suspendida. Los *detectives* de Furlong robaron cartas y se las entregaron al cónsul mexicano, en Saint Louis; según dicen los refugiados, de tales cartas se obtuvo una lista de nombres que condujo a la captura de unos 300 liberales en México.

Los editores de *Regeneración* lograron salir de la cárcel mediante fianza; pero inmediatamente sus enemigos prepararon nuevas acusaciones para volverlos a encerrar; sin embargo, los liberales consideraban que tenían cosas importantes por hacer, y en consecuencia prefirieron perder la fianza y huir de tales acusaciones. Ricardo Flores Magón y Juan Sarabia, marcharon al Canadá y desde allí sostuvieron su correspondencia final para preparar el levantamiento armado contra Díaz. El primer tiro se dispararía el 20 de octubre de 1906. En la noche del 19 de octubre, los jefes liberales se reunieron en El Paso, Texas, para prepararse a cruzar la frontera en la mañana siguiente.

Como se dijo en un capítulo anterior, esta rebelión fue traicionada y resultó más o menos un fiasco. De los jefes revolucionarios, Juan Sarabia fue puesto en manos de Díaz por medio de la traición y unos 20 más fueron llevados después a la prisión militar de San Juan de Ulúa. Antonio I. Villarreal fue uno de los detenidos por la policía norteamericana; durante largo tiempo se defendio contra la extradición por el cargo de "homicidio y robo" y, al fin, fue entregado a las autoridades de migración. Cuando los funcionarios de migración lo conducían a la línea fronteriza logró escapar corriendo por las calles de El Paso.

Liberado Rivera, primer orador de la junta liberal, con Aarón Manzano, fue secuestrado en Saint Louis por policías secretos de la ciudad; lo llevaron hasta Ironton, Mo., donde se le rescató y fue devuelto a Saint Louis, gracias a las revelaciones de uno de los periódicos de esta ciudad.

En cuanto a la suerte de Ricardo Flores Magón, éste fue perseguido durante meses por *detectives* de ciudad en ciudad. Se marchó a California, siempre ocultándose, y en esa ocasión se disfrazó de mujer para escapar a los sabuesos de Díaz. Por último, su periódico reapareció en los Angeles, con el nombre de *Revolución* y allí se le unieron Villarreal y Rivera; los tres trabajaban clandestinamente y siempre se mantenían encerrados durante el día; sólo salían a respirar un poco de noche y disfrazados.

A principios de agosto de 1907 se encontró el lugar en Los Angeles donde se ocultaban los jefes liberales; las pruebas existentes indican que había un complot para secuestrarlos, lo mismo que a Sarabia: 1) los policías tuvieron mucho tiempo para procurarse una orden de detención pero ni siquiera intentaron solicitarla; 2) llevaron en secreto un automóvil a las cercanías y no lo utilizaron después de efectuado el arresto; 3) los tres hombres al temer un complot para secuestrarlos, gritaron a plenos pulmones; para acallarlos, los policías los golpearon de modo brutal con las pistolas; Flores Magón, bañado en su sangre, cayó inconsciente al suelo. La prueba circunstancial de que existía un complot para el secuestro, la constituye el testimonio directo de uno de los mercenarios del entonces cónsul de México en Los Angeles; ese individuo confesó la existencia de ese complot y señaló al cónsul mexicano como el hombre que lo había fraguado.

Tales hechos parecen haber sido arreglados de antemano; los sabuesos descargaron el golpe el 23 de agosto, y el embajador Creel hizo el viaje desde Washington a Los Angeles para estar cerca y vigilar que todo se efectuara sin tropiezos. Los concesionarios mexicanos domiciliados en Los Angeles ofrecieron un banquete a Creel en la noche del 22 de agosto; al día siguiente, el embajador permaneció en su hotel esperando la noticia de que sus malhechores se habían apoderado de las víctimas, tal como se había planeado.

Pero los gritos de Flores Magón y de sus amigos atrajeron tal multitud que no fue posible secuestrarlos. Tan mal preparados estaban los policías para hacer una simple detención, que cuando llevaron a sus prisioneros a la cárcel, no supieron qué acusación formular en contra de ellos; de este modo tuvieron que registrarlos en las actas de la policía como detenidos por *¡resistencia a la autoridad!*

El embajador Creel procedió entonces a contratar los servicios de los abogados más caros de California, para que ideasen el modo de llevar a los presos a México; tales abogados eran el ex gobernador Henry T. Gage, Gray, Baker y Brown, socios del senador Flint de los Estados Unidos, y Horace H. Appel. Una vez que los asuntos se presentaron ante el tribunal, el procurador, como consejero especial, anunció de viva voz sus nombres, y durante las audiencias siempre estuvieron presentes uno o dos de ellos.

Los "policías" que golpearon a los refugiados casi hasta matarlos, y después los acusaron de resistencia a la autoridad –aunque no llevaban orden judicial de detención–, fueron Thomas H. Furlong, jefe de la agencia de *detectives* Furlong, de Saint Louis, principal cazador de refugiados al servicio de Díaz, un ayudante de Furlong y dos agentes secretos de la ciudad de Los Angeles, los muy conocidos policías Talamantes y Rico.

Durante meses, antes de la detención de Flores Magón y sus compañeros circuló en los Estados Unidos un bando en el que se ofrecían $20 mil por su aprehensión; el testimonio que presentó Federico Arizmendi, impresor de Los Angeles, ante los tribunales de esa ciudad, comprueba que los *detectives* recibieron su parte de esa recompensa. Después del arresto de Flores Magón, los sabuesos fueron a la oficina del periódico *Revolución,* donde tuvieron bajo custodia al director nominal, Modesto Díaz; allí se encontraron a Arizmendi, con quien se produjo la siguiente conversación:

Talamantes: –Ya puedes felicitarme; acabo de ganar mil dólares.
Arizmendi: –¿Cómo?
Talamantes: –Acabo de pescar a Villarreal.

Al tiempo de escribir estas líneas, Rico y Talamantes todavía son miembros de la policía de los Angeles.

La identidad de la persona que empleó a Talamantes y socios se confirmó sin la menor duda, así como su asombrosa usurpación de las facultades propias del Gobierno norteamericano. Después de haber sido puesto en libertad, el día siguiente al de la conversación citada, Modesto Díaz fue informado que tendría que esperar por algunos días los papeles que se le quitaron en el momento de su detención, *porque* se *habían dejado en manos del cónsul mexicano.*

Si queda alguna duda respecto a quién alquiló a Furlong y a sus secuaces para dar caza a Flores Magón, tal duda desaparecerá con sólo leer un trozo del testimonio jurado del mismo Furlong ante los tribunales de Los Angeles. Hélo aquí:

Interrogatorio del señor Harriman:

P.: –¿Cuál es su ocupación?
R.: –Soy presidente y gerente de la *Furlong Secret Service Co.,* de Saint Louis, Missouri.
P.: –¿Ayudó usted a detener a estos hombres?
R.: –Sí.
El señor Lawler: –Te objeta esa pregunta como conclusión del testigo.
P.: –(del señor Harriman): –¿Tenía usted orden judicial de detención?
R.: –No, señor.
El comisario: –¿Se retira la otra pregunta y ahora interroga usted si tenía auto de detención?
El señor Harriman: –Sí, señor.
P.: –¿Los arrestó usted sin orden judicial?
R.: –Si señor.
P.: –¿Les quitó usted estos objetos sin orden judicial?
R.: –Sí, señor.
P.: –¿Recorrió usted la casa y la registró sin orden judicial?
R.: –¿Cómo es eso?
P.: –¿Reconoció usted la casa y la registró sin orden judicial?
R.: –Sí.
P.: –¿Y les quitó sus papeles?
R.: –Yo no les quité ningún papel. *Los detuve y los encerré y después regresé y tomé los papeles.*
P.: –Los aprehendió usted en casa y los detuvo usted, ¿no es así?
R.: –No, señor. Se los entregué a...

P.: −bueno, ¿usted los retuvo hasta el punto en que ellos fueron afectados?
R.: −Sí, señor.
P.: −¿Quién le pagó a usted por hacer este trabajo?
R.: −El Gobierno mexicano.

Tampoco se resistió Furlong a confesar el objeto de la cacería. Un periódico de Los Angeles reprodujo declaraciones de Furlong en las que éste se pavoneaba de la detención y afirmaba que había estado "tras" de Magón y sus amigos durante tres años. En este periodo −según dijo− había logrado "atrapar" a 180 revolucionarios mexicanos para entregarlos al Gobierno de Díaz, el cual "los liquidó pronto". De acuerdo con una declaración judicial, certificada y jurada debidamente por W. F. Zwickey en los tribunales de Los Angeles, Furlong expresó que él no estaba "tan interesado en este caso ni en las acusaciones por las que se procesa a los detenidos, como en conducirlos a Arizona; todo lo que nosotros queremos *(por "nosotros" se entiende él mismo y las autoridades mexicanas)* es llevar a los detenidos a Arizona, y entonces ya veremos la manera de hacerlos cruzar la frontera".

El procurador general Bonaparte parece haber tenido el mismo propósito que Furlong y las autoridades mexicanas, aun cuando el caso no implicaba la extradición a México, ni siquiera a Arizona. Durante una audiencia ante el juez Ross, en San Francisco, el señor Bonaparte tuvo el atrevimiento de telegrafiar a su procurador de distrito en aquella ciudad, lo siguiente.: "Resístase por todos los medios al recurso de *habeas corpus* en el caso de Magón y otros, *pues los quieren en México*". Este telegrama se leyó en el tribunal; el incidente fue aún más notable en vista de que pocos días antes, en respuesta a una averiguación del senador de los Estados Unidos, Perkins, el procurador Bonaparte le había escrito una carta en la que aseguró que el objeto del proceso no era el de enviar a los procesados a México.

Se formularon contra Flores Magón y sus compañeros cinco cargos distintos, uno después de otro, por separado. Primero, el de "resistencia a la autoridad"; después, la manida acusación de "homicidio y robo"; más tarde, la "difamación en grado penal"; en seguida el homicidio de un tal "Juan Pérez" en México; y, por último, la conspiración para violar las leyes de neutralidad.

Sin duda, los perseguidores habrían tenido rápido éxito en su propósito de llevar a esos hombres a México, si no hubiera sido porque algunas organizaciones de Los Angeles, formaron un comité de defensa, efectuaron reuniones de masas para excitar el sentimiento póúblico, recogieron fondos y contrataron a dos hábiles abogados –Job Harriman y A. R. Holston–, quienes, después de larga lucha, lograron conducir el proceso de modo que el ministerio público se viera obligado a proceder sólo por actos que implicaban encarcelamiento en los Estados Unidos.

Durante las primeras etapas de la lucha legal, los agentes de Díaz se dedicaban, con sus métodos característicos, a suprimir el periódico *Revolución*. Después que fueron detenidos los tres editores, trató de salvar la emergencia L. Gutiérrez de Lara, quien no había sido identificado como miembro del Partido Liberal; pero dos semanas más tarde, ya les hacía compañía a Flores Magón, Villarreal y Rivera. Se pidió su extradición en el supuesto de que había cometido un robo "en cierto día de cierto mes de 1906, en cierto Estado de México".

A pesar del arresto de De Lara, el periódico *Revolución* continuó apareciendo de manera regular. Tan pronto como los agentes de la procuraduría pudieron encontrar al nuevo director, que resultó ser Manuel Sarabia, inmediatamente lo aprehendieron y lo acusaron del mismo delito que en esos momentos se atribuía a Flores Magón, Villarreal y Rivera.

¿Quién quedaba para publicar el pequeño periódico *Revolución*? Los impresores Modesto Díaz, Federico Arizmendi y un muchacho de apellido Ulibarri salieron al paso de la nueva emergencia; pero, en menos de un mes, también ellos fueron conducidos a la carcel, acusados los tres de difamación. Así fue como el periódico de la oposición mexicana pasó a la historia; Modesto Díaz murió a consecuencia del encarcelamiento que siguió a su detención".

Revolución no era un periódico anarquista; ni un periódico socialista; ni propugnaba el asesinato de presidentes ni la abolición de gobiernos. Sólo defendía los principios que los norteamericanos, en general, desde que surgieron la Declaración de Independencia y la Constitución de los Estados Unidos, han considerado como necesarios para el bienestar de cualquier nación Si un periódico norteamericano de los mismos ideales hubiera sido suprimido por métodos aún mucho menos arbitrarios y descarados que los expuestos aquí se hubiera levantado una justa protesta que se escuchara en todo el país de costa a costa. Pero sólo se trataba de un periódico mexicano de oposición al presidente Díaz y"... se le suprimió.

La historia de Lázaro Gutiérrez de Lara constituye un buen ejemplo del sistema de privar a los enemigos de Díaz de su libertad personal en los Estados Unidos, tal como lo ha practicado el Departamento de Justicia, de acuerdo con los agentes mexicanos en varias partes del Oeste norteamericano durante los últimos 5 años. Gutiérrez de Lara fue aprehendido y encarcelado el 27 de septiembre de 1907, por instrucciones telegráficas del procurador general Bonaparte". Como ya se dijo, se le acusó de robo cometido en cierto día de cierto mes de 1906, en cierto Estado de la República Mexicana, y se procuraba su extradición a México sobre la base de tan terrible culpa.

El tratado de extradición entre los Estados Unidos y México establece que el país que pida la extradición debe proporcionar pruebas de culpabilidad en un plazo de 40 días a partir de la detención del acusado. En el caso de De Lara, se desdeñó este pequeño tecnicismo; después de los 40 días se presentó una nueva demanda que contuvo la esclarecedora información de que el supuesto delito había sido cometido en el Estado de Sonora, lo cual se consideró motivo suficiente para retener al prisionero otros 40 días.

Nada sucedió en el curso de ese nuevo plazo; por ello, el 22 de diciembre, el abogado Harriman interpuso el recurso de *habeas corpus*. Este fue negado y se dio más tiempo al ministerio público para que presentara una tercera demanda; esta vez De Lara fue acusado de haber *robado leña en el Estado de Sonora el 13 de agosto* de *1903*.

Durante la audiencia se revelaron algunos hechos extraños. Uno de ellos fue que De Lara había sido procesado y absuelto por idéntico delito en México hacia más de 4 años; otro, que a pesar de que en México el valor de la leña se había fijado en $8, en la audiencia de Los Angeles aumentó a 28 dólares. Este salto espectacular se debió a que no se puede conceder la extradición de un ladrón que haya robado menos de 25 dólares. Pero, por un descuido del ministerio público, ese salto de la cotización en el mercado de la leña no fue suficientemente alto; se descubrió que el precio de la plata en ese año era un poco menos que el acostumbrado, y el abogado Harriman demostró que el pretendido valor de $56 no alcanzaba el equivalente de 25 dólares. Tan sólo por este detalle se salvó la vida del acusador.

La realidad era que De Lara nunca robó tal leña, sino que, como apoderado de una viuda a quien un rico norteamericano, dueño de minas, trataba de privar de un pedazo de terreno, él había permitido que la viuda cortase un poco de leña en ese terreno para su propio uso. La audacia de los perseguidores de De Lara sería increíble si no constase en los archivos. De Lara fue puesto en libertad después de haber perdido 104 preciosos días de su vida en una prisión norteamericana. Tuvo más suerte que muchos de sus compatriotas al ganar su lucha contra la extradición; pero perdió sin remedio esos tres y medios meses transcurridos. Además, *Revolución* había sido suprimido y se quiso enseñar a un caballero mexicano que quien se opone al tirano puede ser debidamente castigado, lo mismo en los Estados Unidos que en México.

Flores Magón, Villarreal y Rivera continuaron encarcelados durante cerca de 3 años, a partir del 23 de agosto de 1907. Desde principios de julio de 1908 hasta enero de 1909 estuvieron incomunicados en la cárcel municipal de Los Angeles, lo cual significa que a nadie se permitió, ni siquiera a los periodistas que los vieran, ni que Rivera fuera visitado por su esposa e hijos. Sólo un abogado pudo ver a los acusados. Había dos abogados más que los defendían en otro Estado, pero fueron objetados por el endeble motivo de que no se hallaban registrados en California.

En julio de 1908 visité en su oficina a Oscar Lawler, procurador de distrito de los Estados Unidos, ante quien protesté por el severo aislamiento en que se tenía a los prisioneros; pero su única excusa fue la siguiente; *Hacemos esto a petición del gobierno mexicano. Este nos ha complacido y no es más que justo que nosotros le correspondamos.*

El gobierno mexicano también pidió que no se admitiera fianza de los reos, lo cual fue concedido. El privilegio de la libertad bajo caución, a reserva de la resolución del juicio, está garantizado por la ley a todas las personas acusadas, excepto a los homicidas a sangre fría; sin embargo, el juez Welborn, con atribuciones tanto de juez de distrito como de circuito, negó a estos hombres ese privilegio. La fianza se había fijado previamente en 5 mil dólares, lo que era diez veces más de lo requerido en casos similares anteriores. A fines de julio de 1908, se logró reunir esa cantidad y se ofreció en la forma más segura; pero no fue aceptada por el juez Welborn con el pretexto de que un fallo de la Suprema Corte había establecido que durante los trámites de *Habeas corpus* no debe cambiarse la custodia de un prisionero; esta jurisprudencia fue interpretada de modo singular, en el sentido de que, precisamente a estos detenidos, no se les debía admitir la fianza.

Durante los 6 meses en que los prisioneros estuvieron incomunicados, y por ello, imposibilitados de defenderse con declaraciones públicas, el procurador Lawler se aprovechó de ese forzado silencio para declararlos culpables, no sólo de los delitos señalados como materia del proceso, sino también de otros, entre ellos un complot para asesinar al Presidente Díaz, aunque era evidente que Lawler no tenía prueba alguna de semejante complot.

Después de pasar cerca de 2 años en las cárceles municipales, Flores Magón, Villarreal y Rivera fueron declarados culpables de conspiración para violar las leyes de neutralidad al tratar de organizar una expedición armada contra México, y fueron sentenciados a 18 meses de prisión en la penitenciaría de Florence, Arizona. Sarabia no fue juzgado; logró evitar la extradición y fue conducido a Arizona antes que los otros; allí fue puesto en libertad bajo fianza y poco después se casó con Elizabeth D. Trowbridge, señorita de Boston, perteneciente a una antigua y rica familia. Como la salud de Sarabia estaba quebrantada por el largo cautiverio, se convenció de que debía pagar la caución y huir con su esposa hacia Europa, en el supuesto de que, si era sometido a juicio, sería encarcelado a pesar de la falta de pruebas en su contra. Desde entonces se ha dedicado en Europa a escribir artículos para varios periódicos ingleses, franceses, españoles y belgas, sobre los movimientos democráticos de México.

En general, fracasó la campaña para extraditar a los refugiados acusados de "homicidio y robo"; pero sirvió para mantener en la cárcel a muchos liberales durante largos meses, hasta agotar sus recursos, debilitar su organismo e intimidar a sus amigos. Sin embargo, ello no fue suficiente para conseguir su extradición. La mayoría de los liberales deportados lo fueron por funcionarios de migración o por secuestro.

La persecución basada en los supuestos delitos de "homicidio y robo" fracasó, por su patente contradicción con las leyes y los principios norteamericanos. Esto debió ser sabido por los procuradores de los Estados Unidos desde el principio; pero, tan sólo por complacer a Díaz, continuaron los procesos sobre tales bases. En realidad, no se trató de un mero error de los agentes del ministerio público que intervinieron, sino de una línea política impuesta por los más altos funcionarios del Gobierno de los Estados Unidos. Tal quedó demostrado en 1908, con la publicación de muchas informaciones procedentes de varios departamentos de Washington y de Oyster Bay, en las que se expresó el deseo del Gobierno de deportar como *delincuentes ordinarios* a los políticos mexicanos refugiados.

Al fracasar en sus esfuerzos para deportarlos al mayoreo como tales delincuentes, el Departamento de Justicia norteamericano concentró sus energías en asegurar el encarcelamiento de los refugiados por violación de las leyes de neutralidad por conspirar para violarlas. Se consideró como gran felonía organizar una expedición armada contra "potencia amiga", o conspirar para organizarla. Así, además de Flores Magón, Villarreal, Rivera y Sarabia, algunos de los refugiados liberales procesados de acuerdo con esa ley fueron Tomás de Espinosa, José M. Rangel, Casimiro H. Regalado, Lauro Aguirre, Raymundo Cano, Antonio Araujo, Amado Hernández, Tomás Morales, Encarnación Díaz Guerra, Juan Castro, Prisciliano Silva, José María Martínez, Benjamín Silva, Leocadio Trevio, José Ruiz, Benito Solís, Tomás Sarabia, Práxedes Guerrero, Servando T. Agis, John Murray, Calixto Guerra, Guillermo Adán, E. Dávila, Ramón Torres Delgado, Amado Morantes, Francisco Sáiz, Marcelino Ibarra e Inés Ruiz. La mayoría de las detenciones se efectuaron en las ciudades de San Antonio, Del Río, El Paso, Douglas y Los Angeles, y esta lista no es sino una parte de los casos más notables.

En casi todos ellos, los detenidos fueron encarcelados durante meses sin ofrecérseles la oportunidad de probar su inocencia; en la vista de sus causas generalmente eran absueltos; pero fueron condenados a penas de 18 a 30 meses de prisión los acusados Araujo, Espinosa, Guerra, Prisciliano Silva, Treviño, Rangel y Flores Magón, Villarreal y Rivera. Unos confinados en Leavenworth, Kansas, y otros en Florence, Arizona.

¿Eran culpables estos hombres? Si no lo eran, ¿por qué se les condenó?

En mi opinión, ninguno de ellos era culpable dentro de la debida interpretación de las leyes; éstas fueron violadas –por lo menos en algunos casos– y mal interpretadas siempre para condenarlos.

Esta es una afirmación audaz; pero creo que los hechos la apoyan. La existencia, dentro del Gobierno de los Estados Unidos, de un deseo incontenido de servir a Díaz, es demostrada por los casos que, a pesar de que la prueba de violación de las leyes de neutralidad es 10 veces más clara –como en las expediciones de norteamericanos o sudamericanos– han sido y son habitualmente pasados por alto por las autoridades norteamericanas. Pero no es necesario aducir este hecho en favor de los liberales mexicanos; la verdad es que nunca hubo pruebas adecuadas para demostrar que ellos violaban las leyes de neutralidad.

¿Acaso organizaron alguna expedición armada contra una potencia amiga? ¿Tenían planes para hacerlo? No. ¿Qué hicieron, pues? Llegaron a los Estados Unidos donde proyectaron ayudar a un movimiento revolucionario dentro de México. Huyeron para salvar sus vidas y han estado pensando en la forma de volver a su país para tomar parte en una rebelión en suelo mexicano; nada más.

¿Constituyó esto una violación de las leyes de neutralidad? No era tal violación, según el juez Maxey de Texas, quien revisó algunos de los casos. El 7 de enero de 1908, la *Daily Light and Gazette*, de San Antonio, Texas, reprodujo las siguientes palabras del juez Maxey:

Si José M. Rangel, el acusado, tan sólo cruzó el río y se unió a la lucha, tenía todo el derecho para hacerlo; así lo diré al jurado de mi encargo. Este proceso no es por luchar en un país extranjero, sino por iniciar y organizar una expedición en el condado de Valverde.

El texto de la ley es el que sigue:

Toda persona que, dentro del territorio o jurisdicción de los Estados Unidos, inicie u organice o proporcione o prepare los medios para cualquier expedición o empresa armada, para ser conducida desde los Estados Unidos contra el territorio o dominios de cualquier príncipe o Estado extranjero, o de cualquier colonia, distrito o pueblo con el que los Estados Unidos estén en paz, será considerada culpable de grave delito y se le impondrá multa no mayor de 3 mil dólares y prisión por no más de 3 años.

Flores Magón, Villarreal y Rivera, los dirigentes, no sólo no organizaron una expedición contra México, sino que ni siquiera cruzaron el río para pelear en persona. Su condena se consiguió por medio del evidentemente falso testimonio de un *detective* mexicano apellidado Vázquez, quien presentó la única prueba directa contra ellos. Vázquez declaró ser un espía que había estado en la reunión de un club liberal. Dijo que allí se leyeron cartas de Flores Magón en las que ordenaba al club constituirse en un cuerpo armado para invadir México. En esta reunión –agregó Vázquez–, se hicieron nombramientos militares, propuestos por Flores Magón, que fueron escritos por un miembro llamado Salcido. Se exhibió el papel: pero los peritos calígrafos aportados por la defensa probaron que el documento era falso. Vázquez modificó entonces su testimonio y juró que él mismo había escrito los nombres. Este era un punto vital en el testimonio y, *si los acusadores públicos hubieran estado interesados en mantener la ley más que en perseguir a los enemigos políticos de Díaz, hubieran puesto en libertad a los acusados y procesado a Vázquez por declarar en falso.*

La persecución general de refugiados políticos mexicanos continuó sin cesar hasta junio de 1910, cuando el escándalo se hizo tan grande que se llevó el asunto ante el Congreso norteamericano. Los hechos anotados, aunque en forma más completa, se denunciaron ante el comité de Reglamentos de la Cámara de Diputados, y en la actualidad están pendientes de aprobación en ambas cámaras las resoluciones para efectuar una investigación general sobre estas persecuciones.

Hasta la iniciación de las gestiones ante el Congreso, el Gobierno de los Estados Unidos planeaba continuar las persecuciones. En varias ocasiones se anunció que en cuanto se cumplieran las condenas de Flores Magón, Villarreal y Rivera en la penitenciaría de Florence, éstos serían procesados de nuevo por otros cargos; pero el 3 de agosto fueron puestos en libertad sin volvérseles a arrestar. Desde entonces no se han producido más procesos, que yo sepa. Es de esperarse que las leyes de los Estados Unidos y el gran principio norteamericano de protección a los refugiados políticos no sean conculcados otra vez; sin embargo, se teme que los perseguidores esperen que sus delitos sean olvidados por el público, para comenzar de nueva cuenta.

Quizá haya más persecuciones. También puede no haberlas. De cualquier modo, la justicia no quedará satisfecha. Los amigos de la decencia y de la libertad no pueden darse por satisfechos, puesto que algunas de las víctimas todavía sufren castigos injustos; está en manos del pueblo norteamericano imponer la libertad de tales víctimas y la terminación de tales castigos. Lázaro Puente, por ejemplo, periodista pacífico, durante 13 años residente en los Estados Unidos, fue injusta e ilegalmente deportado como "inmigrante indeseable" por los funcionarios de migración. Lázaro Puente sigue prisionero en San Juan de Ulúa, la fortaleza militar del puerto de Veracruz donde lleva encarcelado más de 4 años. Fue entregado contra toda ley a la policía de Díaz y procede que el pueblo norteamericano pida que sea devuelto libre a los Estados Unidos para reparar esa injusticia.

Capítulo XVI

LA PERSONALIDAD DE PORFIRIO DÍAZ

Pero el propio Díaz..., ¿no es una muy buena persona? Esta pregunta aparece, casi de modo invariable, en labios del norteamericano ordinario, en cuanto éste se entera por primera vez de la esclavitud, el peonaje y la opresión política de México. Aunque esta pregunta es otra prueba de que los agentes de prensa de Díaz han hecho bien su labor, vale la pena que la examinemos por separado.

La estimación común de los norteamericanos sobre la personalidad de Porfirio Díaz, por lo menos en los últimos 2 años, en realidad ha establecido que ese presidente es "una muy buena persona". Después que James Creelman publicó en *Pearsons' Magazine* su famoso artículo laudatorio, Teodoro Roosevelt le declaró en una carta que entre los estadistas contemporáneos no había ninguno más grande que Porfirio Díaz.

En el mismo año, durante un viaje a México, William Jennings Bryan habló en los términos más elogiosos de la "gran obra" de Díaz. David Starr Jordan, de la Universidad de Stanford, en recientes discursos se ha hecho eco de la afirmación de Creelman de que Díaz es el hombre más grande del hemisferio occidental; centenares de los más distinguidos ciudadanos norteamericanos se han expresado en términos similares. En cuanto a los norteamericanos prominentes que viajan por México, se ha hecho costumbre –especie de protocolo de viaje–

un banquete en el Castillo de Chapultepec –los de menor categoría, en el café Chapultepec– y levantar la voz de sobremesa para expresar extravagantes elogios de Porfirio Díaz y atribuirle las virtudes de un superhombre, y aun de semidiós.

Si los hechos no fueran abrumadoramente contrarios, si los actos fácilmente comprobables de Porfirio Díaz no fueran una historia diferente, yo no me atrevería a discutir las apreciaciones de esas personas, sobre todo cuando esas opiniones coinciden y se aceptan en general como exactas. Pero los hechos hablan por sí mismos, sin que importe cuán obscuro sea el hombre que los saca a la luz; tampoco importa cuán distinguidos sean los hombres que desprecian tales hechos, pues éstos son más grandes que los hombres *Current Literature*, al llamar la atención sobre el nuevo concepto de Porfirio Díaz que últimamente ha ido ganando terrenos en Norteamérica, se refiere al Presidente de México como un hombre misterioso: "¿Es un estadista sublime o un colosal criminal?", pregunta. A lo cual yo respondería que nosotros tenemos nuestro ideal del estadista y nuestros conceptos de la criminalidad; todo lo que necesitamos para basar una estimación son los hechos del hombre de que se trate. Si tales hechos se conocen, el misterio se disipa por sí mismo.

Al juzgar la vida de un hombre, en especial si es un hombre que ha decidido la suerte de millares, que ha "salvado a una nación" o la ha desecho, las pequeñas virtudes y los pequeños vicios cuentan poco; los actos insignificantes para bien o para mal sólo son importantes en conjunto. Un hombre puede haber cometido graves crímenes; pero si ha otorgado al mundo más alegría que tristeza, se le debe juzgar con benevolencia. Por otra parte, pueden atribuírsele actos laudables; pero si ha detenido las ruedas del progreso por algún tiempo para alimentar su propia ambición, la historia no lo absolverá de este delito. Lo que cuenta es el saldo; lo que decide es la balanza. Si se pesaran las buenas y las malas acciones de Porfirio Díaz, ¿acaso no aparecería menguado... terriblemente menguado? Sus amigos pueden cantarle loas; pero cuando ellos, sus mejores amigos empiezan a especificar, a puntualizar sus tazones para colocarlo en un alto nicho del altar de la fama, ¿no se advierte que ellos mismos se transforman en sus acusadores, en vez de abogados? ¿Acaso no resulta Díaz convicto por la boca de quienes dicen alabarlo? Según nuestro ideal de lo que es un estadista y nuestro concepto de la criminalidad, ¿no hemos de juzgarlo, no como estadista, sino como criminal? Y puesto que no hay persona en el mundo que ejerza tanto poder sobre tantos seres humanos, ¿no lo juzgaremos como el criminal más colosal de nuestra época?

Es curiosa la opinión, casi unánime en los Estados Unidos, de que Porfirio Díaz es muy buena persona; pero es explicable. En cierto aspecto, las personas que no han tenido la oportunidad de juzgar por sí mismas a algún hombre o una cosa, ya sean ellas directores de colegio o diputados, se inclinan a aceptar lo que dicen otros respecto a ese hombre o esa cosa. Porfirio Díaz, conocedor de esto y tasador de las buenas opiniones de quienes no están enterados ha gastado millones para tinta de imprenta en los Estados Unidos. En otro aspecto, la mayoría de los hombres son vulnerables al halago y Porfirio Díaz sabe halagar. Del mismo modo que los católicos importantes que van a Roma procuran una audiencia con el Papa, así los norteamericanos que viajan por México buscan una audiencia con el general Díaz; éste casi siempre los recibe y los halaga. Todavía más, parafraseando un viejo proverbio, los hombres no sólo miran el colmillo del caballo regalado, sino miran el colmillo del caballerango. A pesar del viejo consejo, los hombres no suelen "desconfiar de los griegos" al recibir de ellos regalos, y Díaz es generoso en regalar a los hombres cuya buena opinión influye sobre otros. Por último, no hay nada que tenga tanto éxito como el éxito mismo: Díaz lo ha tenido. El poder deslumbra a los fuertes y a los débiles, y el poder de Díaz ha deslumbrado a los hombres y los ha acobardado hasta el punto de que no tienen valor para mirar con fijeza y tiempo suficiente lo que brilla para advertir los huesos y la carroña que hay detrás. No imagino, ni por un instante, que algún norteamericano decente apruebe los actos de Porfirio Díaz. Tan sólo me supongo que ellos, los norteamericanos decentes, ignoran tales actos y se inclinan a alabar con largueza por haber aceptado lo dicho por otros..., y por el deslumbramiento del éxito.

En cuanto a mí toca, no tengo un nuevo ideal del estadista para hacer cambiar las opiniones del lector, sino que presento los hechos. Si se considera a Washington un gran estadista, o a Jefferson, o a Lincoln, o cualquier otra luminaria de la historia política de Norteamérica, estoy seguro de que ante los hechos no se puede considerar al mismo tiempo que lo es Porfirio Díaz. Lo que éste ha hecho, Washington, Jefferson, Lincoln, hubieran aborrecido hacerlo, al mismo lector le repugnaría hacer o ver hacer tales cosas, si en realidad es un admirador de cualquiera de esos hombres.

Porfirio Díaz es en verdad una figura sorprendente. Debe ser un genio de cierta clase y tiene que haber en él, sin duda, algunos rasgos de carácter dignos de admiración. Examinemos algunos de sus actos, con el propósito de descubrir si se le puede o no llamar con justicia el mejor estadista del presente, o "el hombre más grande de las Américas".

Primero examinemos las razones tan generalizadas sobre las cuales se basa su buena fama en el extranjero. Son tres principales: 1) que Díaz ha "hecho el México moderno"; 2) que ha traído la tranquilidad a México y, por lo tanto, debe considerársele como una especie de príncipe de la paz; y 3) que es un modelo de virtudes en su vida privada.

¿Ha "hecho" Porfirio Díaz el México moderno? ¿Acaso México es moderno? A duras penas. México no es moderno ni industrialmente, ni en materia de educación pública, ni en su forma de gobierno. Industrialmente se halla atrasado por lo menos en 25 años respecto a los últimos adelantos; en materia de educación pública, su atraso es por lo menos de 50 años, y su sistema de gobierno es digno del Egipto de hace 3 mil años.

Es verdad que México ha logrado ciertos avances en algunos aspectos, sobre todo en el industrial, durante los últimos 34 años; pero en este sólo hecho Porfirio Díaz no significa ninguna fuerza impulsora. Para demostrar lo contrario, ¿no sería necesario probar que México ha avanzado más de prisa que otros países en este periodo? Y si llega a demostrarse que su progreso ha sido más lento que el de casi cualquier otra de las grandes naciones del mundo en los últimos 34 años, ¿no sería lógico atribuir a Díaz por lo menos algo de esa fuerza retardataria? Considérese lo que eran los Estados Unidos hace 34 años y lo que son hoy, y hágase la misma consideración respecto a México. Considérese que el mundo ha sido reconstruido, industrialmente, en los últimos 34 años. Para hacer la comparación irrefutable, dejemos a un lado a los Estados Unidos y a los países europeos y comparemos el progreso de México con el de otros países latinoamericanos. Entre las personas que han viajado con frecuencia por Argentina, Chile, Brasil y aún Cuba, existe la opinión coincidente de que México es el más atrasado de los cinco..., en materia de gobierno, en materia de educación pública y aún de industrialización. ¿Quién hizo a la Argentina? ¿Quién hizo a Chile? ¿Quién hizo a Brasil? ¿Por qué no encontramos un "hacedor" de estos países? Lo cierto es que la modernización que México ha logrado durante los últimos 34 años tiene que atribuirse a la evolución, es decir, al progreso general del mundo, y de ningún modo a Porfirio Díaz. En general éste ha sido una fuerza reaccionaria, y sus pretensiones de progresista se fundan sobre un hecho: haber "alentado" al capital extranjero.

–¡Díaz, el pacificador, el más grande pacificador, más grande que Roosevelt! –exclamaba hace poco un político norteamericano en un banquete que se efectuó en la capital Mexicana–. Estas expresiones eran sólo el eco de voces más altas. Recuerdo haber leído, no hace mucho tiempo, la noticia de que la *American Peace Society* había designado a Porfirio Díaz como su vicepresidente honorario en consideración a que éste había establecido la paz en México. Tal teoría parece consistir en la que la historia de México, anterior a Díaz estuvo llena de guerras y de cambios violentos de gobierno y bajo Díaz no han ocurrido levantamientos violentos de largo alcance, por lo que necesariamente Díaz es una criatura humanitaria, semejante a Cristo, que se estremece ante la sola mención de derramamiento de sangre, y cuya bondad es tan ejemplar que ninguno de sus súbditos puede hacer otra cosa que imitarlo.

En respuesta a todo ello sólo será necesario recordar al lector mis relatos de cómo Díaz empezó su carrera de estadista, de cómo perturbó la paz de México, y de cómo ha estado alterando la paz desde entonces, mediante una guerra sangrienta contra los movimientos democráticos respetables de su pueblo. Ha mantenido la paz –si a ello se puede llamar mantener la paz–, con el recurso de asesinar a sus oponentes en cuanto éstos han asomado sus cabezas sobre el horizonte. Tal es lo que el escritor mexicano De Zayas llama "paz mecánica", la cual carece de la virtud de que sus frutos lleguen a madurar bajo su sombra, ni determina la felicidad de la nación, ni la prepara para alcanzarla. La prepara sólo para una violenta revolución.

Durante más de 20 años, antes que llegara al poder supremo de México, Díaz había sido soldado profesional y casi de modo continuo estuvo en campaña. Las guerras de aquellos tiempos no fueron de ninguna manera innecesarias; México no luchó tan sólo porque estuviera en el carácter mexicano el buscar siempre dificultades, lo cual es inexacto; Díaz luchó en la Guerra de Tres Años, que liberó al país de la garra asfixiante de la Iglesia católica y logró establecer una verdadera constitución republicana. Más tarde lucho en la guerra contra Maximiliano, que terminó con la ejecución del príncipe austríaco a quien los ejércitos de Napoleón III habían impuesto como emperador.

Durante esos 20 o más años, Díaz luchó del lado de México y del patriotismo. Es probable que no peleara más sabiamente ni con mayor energía de millares de otros mexicanos; pero tuvo la buena suerte de ser presentado, en su juventud, a Benito Juárez, quien, años más tarde, como padre de la Constitución y como Presidente constitucional, guió con seguridad los destinos del país a través de muchos años de dificultades. Juárez se acordó de Díaz, observó su trabajo y lo ascendió poco a poco hasta que, a la caída de Maximiliano, don Porfirio alcanzó un grado militar equivalente al norteamericano de mayor-general. Veamos cómo correspondió Díaz a los favores de Juárez.

Después del derrocamiento de Maximiliano, reinó la paz en México. Juárez era presidente; se puso en vigor la Constitución; el pueblo estaba cansado de tantas guerras; no había amenaza de enemigos extranjeros ni de revueltas internas. Sin embargo, el ambicioso Díaz, sin consideración y sin pretexto válido, encendió una rebelión tras de otra con el propósito de conquistar el poder supremo de la nación. Existen pruebas de que Díaz empezó a conspirar para adueñarse de la Presidencia aun antes de la caída del Imperio. Durante aquellos últimos días en que Maximiliano estaba prisionero en Querétaro, algunos amigos de don Porfirio se acercaron a varios jefes militares y les propusieron formar un partido militar para conseguir la Presidencia por la fuerza de las armas; el premio así ganado se sortearía entre los generales Díaz, Corona y Escobedo: Este se negó a entrar en la conspiración, y el plan, en consecuencia, se desbarató. Porfirio Díaz, que en ese tiempo sitiaba a la ciudad de México, estuvo en combinación secreta con la Iglesia para derrocar al Gobierno liberal. Según un escritor, retardó intencionalmente la toma de la capital y pidió al general Escobedo dos de sus divisiones más fuertes, que él pensaba utilizar contra Juárez; el Presidente se enteró del complot y dio instrucciones al general Escobedo de que enviase a dos de sus divisiones más fuertes, bajo el mando del general Corona y general Régules, con órdenes de destruir la traición de Díaz si ésta se producía. Cuando llegaron los refuerzos, Díaz trató de dominarlos por completo y al efecto intentó hacer cambios en la oficialidad con gente suya; pero Corona y Régules se opusieron a ello con gran firmeza. Díaz se percató de que se le habían anticipado y abandonó sus planes.

Una vez pacificado el país, Juárez nombró a Díaz comandante de la zona militar en Oaxaca; don Porfirio usó el poder así adquirido para controlar las elecciones internas del Estado e imponerse como gobernador. Después de su derrota en las elecciones presidenciales, inició una revolución conocida como de "La ciudadela"; pero fue aplastada en un encuentro decisivo con las tropas del Gobierno. Unas 6 semanas más tarde, preparó una segunda revolución, llamando a sus amigos a las armas mediante un documento que se conoce como "Plan de la Noria", una plataforma, en realidad cuya demanda principal era enmendar la Constitución para prohibir de modo absoluto la reelección del Presidente y de los gobernadores. Esta rebelión también sufrió una ignominiosa derrota en el campo de batalla a manos de las fuerzas del Gobierno; cuando Juárez murió, en julio de 1872, Díaz era un fugitivo de la justicia. Se dice que durante una de estas pequeñas rebeliones del actual superhombre, Díaz fue capturado y Juárez lo hizo conducir a su presencia para decirle que merecía ser fusilado como rebelde, pero que el país tendría en consideración sus servicios prestados durante la Guerra de Intervención.

Después de la muerte de Juárez, Porfirio Díaz logró llevar a término una revolución, pero sólo después de cuatro años más de conspiraciones y rebeliones. El pueblo mexicano estaba contra él en forma aplastante, pero encontró el modo de jugar una carta decisiva. Esta carta –de ningún modo pacífica y legítima– era el interés militar, el de los jefes del Ejército y de quienes habían hecho del asesinato y el saqueo un modo de vida. Tanto el gobierno de Juárez como el de Lerdo sostuvieron en la paz una política completamente antimilitarista. Anunciaron su intención de reducir los efectivos del ejército y procedieron a hacerlo. En consecuencia, los jefes militares, al ver que la gloria se alejaba de ellos, se convirtieron en terreno fértil para las semillas de rebelión de Díaz sembrada por todas partes; dio a entender a tales jefes que bajo su mando no se verían privados del esplendor militar, sino que, por el contrario serían ascendidos a puestos de mayor poderío.

Lerdo decretó la amnistía general, y Díaz se encontró a salvo de persecuciones como rebelde; pero en lugar de emplear la libertad así otorgada en empresas útiles y honorables, la aprovechó para facilitar su conspiración; en enero de 1876 se lanzó a la tercera rebelión con un "Plan de Tuxtepec", en el que una vez más pedía una enmienda que prohibiera la reelección del Presidente de la República.

Esta tercera rebelión se mantuvo durante casi un año, y Díaz publicó un manifiesto, el "Plan de Palo Blanco", que dio a sus operaciones el aspecto de una nueva y cuarta revolución. Poco después, Porfirio Díaz ganó una victoria decisiva sobre las tropas del Gobierno, y condujo a su ejército hasta la ciudad de México, donde se declaró a sí mismo Presidente provisional. Unos días más tarde organizó la farsa de unas elecciones en las que colocó soldados en las casillas electorales y no permitió que aparecieran candidatos rivales ni que se depositaran votos de oposición.

Así, desde 1876 –hace más de una generación–, Porfirio Díaz llegó a ser el jefe del Estado mexicano como rebelde en armas. Empezó por perturbar la paz de México y ha continuado alentándola en carnicerías periódicas, en gran escala, entre su propio pueblo. ¡El gral. Porfirio Díaz es "el más grande mantenedor de la paz" y el "príncipe de la paz"! ¡Qué sacrilegio!

Sin duda es verdad que el dictador mexicano no ha sido víctima de los desenfrenos físicos "que algunas veces tientan a los hombres que han subido con rapidez al poder; pero, ¿qué significa eso? Con certeza nadie argumentará que si un hombre se mantiene corporalmente limpio, tiene el derecho de desgobernar a un país y asesinar a un pueblo. La limpieza personal, la temperancia y la virtud conyugal no determinan en lo más mínimo la reputación de un hombre como estadista.

Así, pues, los argumentos sobre los que se basa la buena fama del general Díaz, no tienen fundamento en la realidad. Además, ninguno de sus aduladores ha descubierto hasta ahora otros derechos más legítimos a la grandeza que los que se acaban de exponer.

Díaz tiene algunas facultades personales, como genio para la organización, agudo juicio de la naturaleza humana y laboriosidad; pero estas características no determinan que sus actos públicos sean benéficos. Igual que las virtudes que la devota metodista atribuía al diablo –laboriosidad y persistencia–, éstas sólo hacen más eficaz lo que el diablo ejecuta: si prefiere hacer el bien, se convierten en virtudes; si prefiere hacer el mal, pueden muy bien agregarse a sus vicios.

Los panegiristas de Porfirio Díaz tienen la costumbre de hablar con generalidades, pues de otro modo se verían en aprietos. Por otra parte, se podría escribir un voluminoso libro sobre los actos perversos y los rasgos despreciables del dictador. La ingratitud es uno de los cargos menos dignos de mención que se lanzan contra él. Benito Juárez hizo la carrera de Porfirio Díaz; éste recibió de sus manos todos los ascensos; no obstante, se reveló contra su país y contra su amigo, de revuelta en revuelta, e hizo que los últimos días del gran patriota fueran turbulentos e infelices.

Sin embargo, para presentar el otro aspecto, Díaz ha demostrado gratitud para alguno de sus amigos; pero al hacerlo ha exhibido, al mismo tiempo, absoluto desprecio por el bienestar público. Un indio llamado Cahuantzi, analfabeto pero rico, era amigo de Díaz cuando éste estaba alzado en rebelión contra Juárez y Lerdo. Cahuantzi abasteció al rebelde con caballos y dinero, y cuando Díaz se adueñó del poder supremo, no lo olvidó: lo hizo gobernador de Tlaxcala y le envió un maestro para que le enseñara a firmar con su nombre los documentos oficiales. Lo mantuvo como gobernador de ese Estado, dándole rienda suelta para que robara y saqueara a su gusto, y Cahuantzi ha permanecido allí durante 34 años. Todavía hoy es el gobernador de Tlaxcala.

Un caso similar fue el de Manuel González, un compadre de Díaz que lo ayudó en sus rebeliones y a quien éste colocó como su sucesor en la Presidencia, de 1880 hasta 1884. Después que González hubo servido a los propósitos de Díaz en el Gobierno federal, don Porfirio le regaló el gobierno del Estado de Guanajuato, donde reinó hasta su muerte. González gustaba de jactarse de que el Gobierno había matado a todos los bandidos de Guanajuato menos a él, que era el único bandido tolerado en ese Estado.

Los panegiristas de Díaz hablan de su capacidad intelectual, pero no se atreven a decir nada de su cultura. La cuestión de si el dictador es un hombre cultivado o no lo es parecería importante, puesto que determinaría, hasta cierto punto, la impartición de cultura entre el pueblo, al que domina tan absolutamente. Días es inteligente; pero su inteligencia puede muy bien calificarse como criminal, tal como la que se necesita en alguna empresa explotadora o en un organismo como el *Tammany Hall*. En idear métodos y procedimientos para reforzar su poder personal, la inteligencia de Díaz ha llegado a la altura del genio; pero poco o nada tiene de refinamiento y cultura. A pesar de su necesidad de tratar con extranjeros casi a diario, nunca aprendió el inglés ni ninguna otra lengua extranjera. Nunca lee, excepto recortes de prensa y libros acerca de sí mismo; nunca estudia, excepto del arte de mantenerse en el poder. No le interesa la música, ni el arte, ni la literatura, ni el teatro, y la ayuda que presta a estas cosas es insignificante. El teatro en México es importado de España, Italia y Francia; su literatura viene de España y Francia; su arte y su música son también importados. Hace un siglo florecía el arte en México; pero ahora está decadente, ahogado, lo mismo que su naciente literatura, por las espinas de la tiranía política.

La educación general se halla asombrosamente ausente. Los aduladores de Díaz hablan de las escuelas que ha establecido; pero el investigador no puede encontrar esas escuelas, puesto que la mayoría sólo existe en el papel. En la práctica no hay sino escuelas rurales; pero hay a menudo pueblos con centenares de habitantes que no tienen escuela. Nominalmente sí hay escuelas en pueblos; pero en realidad no las hay, porque los gobernadores de los diversos Estados prefieren guardar para sí mismos el dinero destinado a sostenerlas. Mientras yo viajaba por los distritos rurales del Estado de México, por ejemplo, supe que había muchas escuelas que tenían 3 años de estar cerradas; el gobernador, general Fernando González, había dispuesto del dinero destinado a mantenerlas y explicó a las autoridades locales que lo necesitaba para otros fines. El hecho de que no existe un sistema adecuado de las escuelas públicas quedó demostrado por el más reciente censo oficial –el de 1900–, que indica que sólo el 16% de la población sabe leer y escribir. Compárese esto con el Japón, un país con exceso de habitantes, donde el pueblo es muy pobre y donde las oportunidades para educarse parecerían no ser muy amplias: Allí el 98% de los hombres y el 93% de las mujeres saben leer y escribir. La clase de ideales educativos que sostiene el Presidente Díaz se puede ver en las escuelas que funcionan, donde una de las más importantes materias del plan de estudios es la enseñanza y la práctica militares.

¿Es Díaz humanitario? Esta pregunta resulta casi superflua, puesto que pocos de sus admiradores le acreditan este rasgo. Admiten que ha sido severo y áspero, hasta brutal, en el trato a sus enemigos, mientras que algunos de ellos relatan hechos de la más sanguinaria crueldad, y los relatan con gusto, sin condenarlos, sino tratando esos incidentes como si fueran tan sólo excusables excentricidades del genio. Las muertes en gran escala que se han llevado a cabo por órdenes de Díaz; las torturas a las que se ha sometido a los prisioneros; la esclavitud de centenares de miles de gentes del pueblo; la escalofriante pobreza que Díaz puede ver cada vez que sale de su palacio, y que podría aliviar en mucho si quisiera, son por sí mismas pruebas suficientes de su inhumanidad.

La crueldad constituye, sin duda, una parte de su herencia; su padre, domador de caballos, era notable por ese rasgo. A los caballos que no se amansaban, Chepe Díaz los mataba, y a los otros los castigaba con un látigo en cuya punta había una estrella de puntas aceradas que golpeaba en la barriga, la parte más delicada de las pobres bestias. Por esta razón, la gente de Oaxaca, el Estado natal de Díaz, no acudía mucho a la casa del padre, que era pobre. La herencia de ese rasgo apareció en Porfirio a edad muy temprana, pues cuando era niño, enojado con su hermano Félix por algún hecho trivial, le puso pólvora en la nariz mientras dormía y le prendió fuego. Desde entonces se llama a Félix el *Chato* Díaz. "Para Porfirio Díaz –son palabras de Gutiérrez de Lara–, el pueblo de México ha sido un caballo".

Como jefe militar, el dictador fue notable por su crueldad con sus propios soldados y con los del enemigo que cayeron en sus manos. Varios escritores mexicanos mencionan sus actos de severidad injustificados y ejecuciones de subordinados ordenados en el calor de la pasión. La venganza es hermana gemela de la crueldad; Díaz era vengativo. Terrible fue la venganza que ejerció cuando niño sobre su hermano dormido, y terrible fue la que hizo caer sobre la ciudad donde su hermano, muchos años más tarde, encontró una trágica muerte.

Los relatos del suceso difieren; pero todos los informadores convienen en que la matanza de Juchitán, Oaxaca, se hizo a sangre fría sin distinciones y por venganza. Al llegar a la presidencia Díaz instaló a su hermano, el *Chato* Díaz, como gobernador de Oaxaca; sin embargo, como éste fuera borracho y libertino, lo mataron en una ocasión en que violaba las garantías y libertades personales de los habitantes de Juchitán. Muchas semanas después, bastante después de que los desórdenes de ese día habían pasado, el Presidente Díaz envió tropas a Juchitán, las cuales, según un escritor, aparecieron súbitamente en la plaza pública una tarde en que el pueblo se había reunido a oír la música que tocaba la banda, e hicieron una descarga tras otra sobre la multitud; los disparos continuaron hasta que la gente quedó en el suelo de la plaza, muerta o agonizando. Estas matanzas han sido norma reconocida del régimen de Díaz. La matanza de Río Blanco, cuyos detalles ya se han expuesto, ocurrió después que la ciudad estaba en completa calma. Las ejecuciones de Cananea se efectuaron sin muchos distingos una vez que los supuestos desórdenes de los huelguistas habían terminado. Las ejecuciones sumarias de Velardeña, en la primavera de 1909, se llevaron a efecto después que el tumulto había pasado. Se podrían citar otros ejemplos.

Quizás se alegue que en algunos de estos casos no fue Díaz el responsable, sino alguna autoridad inferior; pero es bien sabido que él solía dar las órdenes para que se repartiera la muerte sin discriminaciones. La mejor prueba de que era suya esa política como norma se evidenció en su notable brindis al general Bernardo Reyes, después de la matanza de Monterrey de 1903; "Señor general, ésa es la forma de gobernar".

Ya han sido expuestos en otro capítulo los métodos inhumanos puestos en práctica para exterminar a los indios yaquis. Sin embargo, una de sus famosas órdenes en contra de ellos, que no he mencionado, no sólo exhibe sus rudas e incultas ideas de justicia, sino que pinta su crueldad en extremo diabólica. Hace algunos años, varios patrones del Estado de Sonora protestaron contra la deportación en masa de los yaquis, puesto que los necesitan como trabajadores en las haciendas y en las minas; el general Díaz, para complacerlos, modificó su decreto de deportación dejándolo sustancialmente en esta forma: "No se deportarán más yaquis excepto en caso de que éstos cometan delitos. Por cada delito que en adelante cometa un yaqui, serán capturados y deportados a Yucatán 500 yaquis".

Éste decreto está atestiguado nada menos que por una personalidad como la de Francisco I. Madero, el distinguido ciudadano coahuilense que se atrevió a oponerse a Díaz en la campaña presidencial de 1910.

El decreto se aplicó o, por lo menos, la corriente de yaquis deportados continuó. El Presidente mexicano es cruel y vengativo y su nación ha sufrido amargamente por esa causa.

¿Es Díaz un valiente? En algunos grupos se ha aceptado como cierto que es un hombre valeroso, puesto que triunfó como soldado; pero muchos mexicanos distinguidos, después de observar su carrera, afirman que no sólo no es valiente, sino que es un cobarde, pusilánime y rastrero. Además, citan muchos hechos para apoyar su afirmación. Al conocer las noticias del levantamiento de Las Vacas, en los últimos días de junio de 1908, don Porfirio enfermó de modo repentino y tuvo que guardar cama 5 días. En los altos círculos gubernamentales se rumoreaba –la información, según se dice, provenía de uno de los médicos–, que el Presidente padecía de una enfermedad común que atacaba a los sobrecogidos por un terror pánico agudo.

Se atribuye al miedo el hecho de que, cuando Díaz se apoderó de la Presidencia, excluyó cuidadosamente de cualquier puesto en el Gobierno a los más populares y capaces mexicanos de la época. El mantener un gran ejército, distribuido en todos los rumbos de la nación, y un enorme cuerpo de policía secreta dotado de facultades extraordinarias para matar por simples sospechas; la forma terrible en que se deshace de sus enemigos; sus matanzas sangrientas, y aun su mordaza en la prensa, todo ello se atribuye a pura cobardía. En su libro *Díaz, zar de México*, Carlo de Fornaro expone su creencia en la cobardía de Díaz y razona de modo convincente:

> Como toda la gente que se enoja con rapidez (Díaz) no carece en realidad de temor, pues como dice la canción de la selva: "El enojo es el huevo del miedo". Temeroso y por eso siempre vigilante, se salvó de la destrucción por estar siempre alerta, como la liebre que por sus largas orejas se libra de que la capturen. Consideró equivocadamente la crueldad como fuerza de carácter y, en consecuencia, siempre estaba dispuesto a aterrorizar por temor de que lo juzgaran débil. Como resultado de la ultrajante ley del níquel y el pago de la famosa deuda inglesa en el periodo de Manuel González, surgió un motín. "Acuchíllalos a todos, sugirió Porfirio Díaz a González; pero no tenía miedo.

El año pasado, el 16 de septiembre, los estudiantes mexicanos proyectaron desfilar por las calles de la ciudad de México y enviaron a su representante, un señor Olea, para solicitar el permiso del Presidente. Porfirio Díaz respondió: "Sí, pero tengan cuidado, porque los mexicanos tienen tendencias revolucionarias en la sangre". ¡Imaginad a un centenar de jóvenes desfilando desarmados, considerados como una amenaza para la República, con 5 mil soldados, rurales y policías en la capital!

Sólo si admite la existencia de este vergonzoso y bien oculto estigma, tras de la aparente fachada de valor de este hombre, podemos explicar lógicamente actos tan despreciables e infames como las matanzas de Veracruz y de Orizaba. Fue entonces presa del pánico, como un hombre extraviado que dispara sobre errabundos fantasmas nocturnos: estaba tan aterrorizado que la única manera de librarse del miedo era aterrorizar a su vez.

Mano a mano con la crueldad y la cobardía viaja con frecuencia la hipocresía; de las tres, no es ésta de la que Díaz se halla peor dotado. De modo constante engaña al público con nuevos fingimientos, farsas y decepciones. Ya se han mencionado las farsas electorales, su periódica promesa de retirarse de la Presidencia, seguida de la concesión, como a desgana, de permanecer en ella un periodo más, rendido ante la petición general de su pueblo. El régimen de Díaz empezó con hipocresía: ocupó su puesto mediante una plataforma política que no tenía intención de cumplir. Fingió que consideraba la doctrina de la no reelección del presidente y de los gobernadores como de tal importancia que por ella valía la pena trastornar al país con una revolución; pero tan pronto se atrincheró en el poder, procedió a reelegirse, así como a sus gobernadores, hasta el Día del Juicio.

Elihu Root se trasladó a México para entrevistar al Presidente y arreglar algunos asuntos concernientes a la bahía Magdalena; Díaz tuvo deseos de demostrar a Root que el pueblo mexicano no estaba tan reducido a la pobreza como lo habían pintado. En consecuencia el día anterior a la llegada de Root y por medio de la Secretaría de Gobernación, mandó a distribuir 5 mil pantalones nuevos entre los trabajadores que se veían con más frecuencia en las calles de la ciudad de México; pero a pesar de las órdenes de que los pantalones se usaran, la mayoría fueron cambiados rápidamente por alimentos; de este modo, quizá el señor Root no resultó completamente engañado. Este incidente tan sólo muestra hasta qué extremos llega la mezquina hipocresía del actual gobernante mexicano.

Díaz es el jefe de los masones en México; sin embargo, designa a los obispos y arzobispos del país. Los matrimonios eclesiásticos no son reconocidos por la ley; sin embargo, Díaz ha favorecido a la Iglesia hasta el extremo de negarse a promulgar una ley de divorcio, de manera que en México éste no existe, ni segundos casamientos durante la vida de ambos interesados. Constantemente trata de engañar al pueblo respecto a sus propios designios. Consolidó bajo el dominio nacional los dos principales sistemas de ferrocarriles, con el propósito declarado de colocar a éstos en condiciones de ser utilizados por el Gobierno, del mejor modo posible; en tiempo de guerra; pero, en realidad, esa maniobra financiera sirvió para dar a sus amigos la oportunidad de hacer millones con la especulación de las acciones. Los engaños de esta clase podrían enumerarse hasta el infinito.

Una de las más notables posturas hipócritas de Díaz es su pretendida participación en la abrumadora idolatría popular por el patriota Juárez. Se recordará que cuando éste murió, Porfirio Díaz dirigía una rebelión militar en contra del Gobierno juarista; por lo tanto, si se concede que Juárez fue un gran estadista, debe admitirse que Díaz se equivocó al rebelarse. Sin duda, él mismo lo reconocía así, y se dice que hace unos 10 años ayudó secretamente a la publicación y circulación de un libro que intentaba, mediante nuevas e ingeniosas interpretaciones de los actos de Juárez, presentar al padre de la Constitución como un gran cometedor de errores, y no como un gran estadista. Sin embargo, esto no consiguió desviar la corriente de admiración hacia Juárez, y Díaz la siguió hasta el extremo de que ahora, año tras año, en ocasión del aniversario del natalicio de Juárez, se le ve pronunciar un elogioso discurso sobre la tumba del hombre contra quien se reveló. Todavía más, en todos sus discursos, Díaz derrama lágrimas –ríos de lágrimas–, y suele referirse a Juárez como "mi gran maestro".

En efecto, los enemigos de Díaz afirman que es hábil para verter lágrimas con facilidad y a la más ligera provocación, y que esta habilidad es su mayor ventaja como estadista. Cuando algún visitante distinguido lo alaba en su persona o en su obra, Díaz llora..., y el visitante se siente conmovido y conquistado. Cuando el círculo de amigos del general Díaz hace la visita formal para decir a su creador que el país pide una vez más su reelección, el Presidente llora... y la prensa extranjera comenta cómo *ama* ese hombre a su patria. Una vez al año, en el día de su cumpleaños, el Presidente de México sale a la calle y estrecha las manos del pueblo. La recepción tiene lugar enfrente del Palacio Nacional y mientras dura, corren lágrimas por las mejillas de Díaz... y el pueblo, de buen corazón, piensa: "Pobre viejo; ha tenido sus dificultades. Dejemos que termine su vida en paz".

Díaz siempre ha sido capaz de llorar. Cuando luchaba contra el Gobierno lerdista, en 1876, poco antes que llegase su día afortunado, fue derrotado en la batalla de Icamole. Creyó que esa derrota significaba el fin de sus esperanzas y lloró como un niño, mientras sus oficiales lo miraban avergonzados. Esto le hizo ganarse el apodo de *El llorón de Icamole,* que todavía le aplican sus enemigos. En sus memorias, Lerdo lo llama "el hombre que llora".

Lo que sigue es un incidente, relatado con frecuencia, que demuestra el sentimiento tan superficial que acompaña las lágrimas de Díaz, según lo cuenta De Fornaro:

Cuando el tribunal militar sentenció al Cap. Clodomiro Cota a ser fusilado, su padre buscó al Presidente y arrodillado y llorando le suplicó que perdonase a su hijo. Porfirio Díaz también lloraba: pero, levantando al pobre hombre desesperado, pronunció esta ambigua frase: "tenga valor y fe en la justicia". El padre se marchó consolado, en la creencia de que su petición sería atendida; pero al día siguiente su hijo era fusilado. Las lágrimas de Porfirio Díaz son lágrimas de cocodrilo.

Se dice que no es disipado. Por lo menos sí bebe mucho y se emborracha con el vino de la adulación. Tanto su vanidad como su falta de refinamiento y gusto se evidencían en la ordinariez y ridiculez de las alabanzas que premia y con las cuales se complace.

No se ha distinguido como ávaro, lo cual no es sorprendente, puesto que el poder que detenta, apoyado en el Ejército y en el resto de su organización, es mucho mayor que el poder que pudiera comprarse con dinero. Para Porfirio Díaz el dinero y otros bienes de valor intrínseco no son más que peones de ajedrez y los usa para comprar el apoyo de los codiciosos. Sin embargo, sus enemigos declaran que es el hombre más rico de México; pero mantiene sus negocios financieros tan bien ocultos que hay poca gente que pueda calcular la cuantía de su fortuna. Se sabe que tiene grandes bienes con nombres supuestos, y a nombre de incondicionales; todos los miembros de su familia son ricos. Pero, ¿por qué se había de preocupar por el dinero cuando todo México es suyo..., suyo sin condiciones, excepto los compromisos que representa el capital extranjero?

El cuadro que se pinta algunas veces del matrimonio por amor de don Porfirio y Carmelita Romero Rubio de Díaz, aunque bonito, no es verdadero; la verdad no resulta muy halagadora para las virtudes personales de Díaz. El hecho es que la pequeña Carmen fue obligada a casarse con él por razones de Estado; el padre de ella, Romero Rubio, había tenido una alta posición en el Gobierno lerdista y contaba con un fuerte grupo de simpatizantes; el padrino de bautizo de Carmelita era el propio Lerdo de Tejada, mientras que tanto ella como los otros miembros femeninos de la familia, eran católicos devotos. Al casarse con Carmelita, Díaz mató tres pájaros de un tiro; ganó el apoyo de su suegro, atenuó la enemistad de los amigos de Lerdo y se aseguró el apoyo de la Iglesia con más actividad que nunca. Él sabía que Carmen no sólo no lo amaba, sino que quería casarse con otro; sin embargo, fue factor del casamiento forzado. El matrimonio le atrajo un apoyo más activo de la Iglesia y le ganó a Romero Rubio; pero en cuanto a Lerdo, éste fue más obstinado. En sus memorias, Lerdo reproduce algunas cartas de su infeliz ahijada, Carmen, para demostrar cómo la juventud e inocencia de ella fueron empleadas como mercancías en el sucio negocio para conseguir la seguridad política. Una de estas cartas, que pinta también un interesante aspecto de aquellos tiempos, es la que sigue:

Ciudad de México, 1º de enero de 1885

Sr. Lic. don Sebastián Lerdo de Tejada.

Mi muy querido padrino: Si continúas disgustado con papá, eso no es razón para que persistas en estarlo conmigo; tú sabes mejor que nadie que mi matrimonio con el general Díaz fue obra exclusiva de mis padres, por quienes, sólo por complacerlos, he sacrificado mi corazón, si puede llamarse sacrificio el haber dado mi mano a un hombre que me adora y a quien correspondo sólo con afecto filial. Unirme a un enemigo tuyo no ha sido para ofenderte; al contrario, he deseado ser la paloma que con la rama de olivo calme las tormentas políticas de mi país. No temo que Dios me castigue por haber dado este paso, pues el mayor castigo será tener hijos de un hombre a quien no amo; no obstante, lo respetaré y le seré fiel toda mi vida. No tienes nada, padrino, qué reprocharme. Me he conducido con perfecta corrección dentro de las leyes sociales, morales y religiosas. ¿Puedes culpar a la archiduquesa María de Austria por haberse unido a Napoleón? Desde mi matrimonio estoy constantemente rodeada de una multitud de aduladores tanto más despreciables cuanto que no los aliento. Sólo les falta caer de rodillas y besarme los pies, como les sucedía a las doradas princesas de Perrault. Desde la comisión de limosneros que me presentaron ayer hasta el sacerdote que pedía una peseta para cenar ascendiendo o descendiendo la escalera, todos se mezclan y se atropellan implorando un saludo, una sonrisa, una mirada. Los mismos que en un tiempo no muy remoto se hubieran negado a darme la mano si me vieran caer en la acera, ahora se arrastran como reptiles a mi paso, y se considerarían muy felices si las ruedas de mi carruaje pasaran sobre sus sucios cuerpos. La otra noche, cuando tosía en el pasillo del teatro, un general que estaba a mi lado interpuso su pañuelo para que la saliva, en preciosas perlas, no cayeran en el piso de mosaico. Si hubiéramos estado solos, es seguro que esta miserable criatura hubiera convertido su boca en una escupidera. Esta no es la exquisita lisonja de la gente educada; es el brutal servilismo de la chusma en su forma animal y repulsiva, como el de un esclavo. Los poetas, los poetas menores y los poetastros, todos me martirizan a su manera: es un surtidor de tinta capaz de ennegrecer al mismo océano. Esta calamidad me irrita los nervios hasta el punto de que a veces tengo ataques de histeria. Es horrible, ¿verdad, padrino? Y no te digo nada de los párrafos y artículos publicados por la prensa que papá ha alquilado. Los que no me llaman ángel, dicen que soy un querubín; otros me ponen a la altura de una diosa; otros me ponen en la tierra como un lirio, una margarita o un jazmín. A veces yo misma no sé si soy un ángel, un querubín, una diosa, una estrella, un lirio, una margarita, un jazmín o una mujer. ¡Dios! ¿Quién soy yo para que me deifiquen y envuelvan en esta nube de fétido incienso? Ay, padrino, soy muy infortunada y espero que no me negarás tu perdón y tu consejo.

Carmen.

¿Es Díaz un patriota? ¿Desea de corazón el bienestar de México? Sus aduladores juran por su patriotismo, pero los hechos exigen una respuesta negativa. Ayudó a derrocar a un príncipe extranjero; pero en seguida lanzó a la guerra a un país pacífico. Acaso se diga que Díaz pensaba que él podía ordenar los destinos de México en beneficio del país mejor que cualquiera otro. Sin duda, pero, ¿porqué no ha procurado el progreso de su país? ¿Es posible que crea que la autocracia es mejor para el pueblo que la democracia? ¿Es posible que considere el analfabetismo como una condición para la mayor felicidad posible del pueblo? ¿Puede creer que el hambre crónica contribuye al bienestar de una nación? Díaz ya es un anciano de 80 años; ¿por qué no toma alguna providencia contra el caos político después de su muerte? ¿Es posible que crea que lo mejor para su pueblo es nunca intentar gobernarse a sí mismo, y por esto destruyó a su país, preparándolo para que sea fácil presa del extranjero?

Es imposible creer estas cosas de Díaz. Es mucho más razonable pensar que cualquier deseo que abrigue para el bienestar de su país es obscurecido y borrado por la ambición personal de mantenerse en el poder toda la vida.

A mi juicio, es la clave del carácter y de los actos públicos de Porfirio Díaz: ¡mantenerse..., *permanecer en el poder!*

"¿Cómo afectará esta acción la seguridad de mi posición?, siempre se pregunta Díaz. Creo que esta pregunta ha sido la única piedra de toque en la conducta de Porfirio Díaz durante los últimos 34 años. Siempre la ha tenido presente. Con ella ha comido, bebido y dormido; teniéndola enfrente, se ha casado. Así ha construido toda su maquinaria, enriqueciendo a sus amigos y dispuesto de sus enemigos; ha comprado a unos y matado a otros; con ella ha halagado y obsequiado al extranjero, favorecido a la Iglesia, mantenido su temperancia física y ha aprendido un porte marcial; con ella ha enfrentado a un amigo contra otro, ha alimentado, los prejuicios de su pueblo contra otros pueblos, ha pagado al impresor, ha llorado en presencia de la multitud cuando no había tristeza en su alma y... ha destruido a su país.

¿De qué hilo cuelga la buena fama de Porfirio Díaz entre los norteamericanos? Del único hecho de que ha destruido a su país..., y lo ha preparado para que caiga fácilmente en poder del extranjero. Porfirio Díaz cede a los norteamericanos las tierras de México y les permite que esclavicen a su pueblo; por esto es, para aquéllos, el más grande estadista de la época, héroe de las Américas y constructor de México. Un hombre maravilloso, que es bastante inteligente y previsor para apreciar el hecho de que, de todas la naciones, la norteamericana, es la única con virtud y capacidad suficientes para sacar a México de la ciénega de desaliento en que se halla. En lo que toca al mexicano, dejadlo morir. Después de todo, sólo sirve para alimentar el molino del capital norteamericano.

Capítulo XVII

EL PUEBLO MEXICANO

En último análisis, todas las apologías del sistema porfiriano de esclavitud económica y de autocracia política tiene su raíz en las afirmaciones de la inferior etnológica del pueblo mexicano. Es, pues, conveniente finalizar este trabajo con un examen del carácter de los mexicanos y una discusión de los argumentos que los norteamericanos suelen usar para defender, en México, un sistema que ni por un momento disculparían en ningún otro país.

Cada defensa de Díaz es un ataque al pueblo mexicano. Así tiene que ser, puesto que no se puede concebir otra defensa del despotismo que la de decir que el pueblo es tan débil o tan perverso que no es posible confiar en que se cuide a sí mismo.

El punto sustancial de esa defensa consiste en que al mexicano hay que gobernarlo desde arriba, porque "no es apto para la democracia" que hay que esclavizarlo en aras del "progreso", puesto que no haría nada por sí mismo o por la humanidad si no se le obligase a hacerlo por medio del temor al látigo o al hambre; que debe ser esclavizado, porque no conoce nada mejor que la esclavitud; que, de todos modos, en la esclavitud es feliz. Todo lo cual, en fin de cuentas, se resuelve en esta simple proposición: puesto que el mexicano está sojuzgado, se le debe mantener sojuzgado. Algunos vicios atribuidos al pueblo mexicano por esas mismas personas que declaran al gobernante de México el más sabio y el más santo en la faz de la tierra, son la pereza incurable, superstición infantil, impresión desenfrenada, estupidez ingénita, conservatismo inmutable, ignorancia impenetrable, indomable propensión al robo, embriaguez y cobardía.

En la estimación de los norteamericanos, amigos de Díaz, la pereza es el vicio cardinal del mexicano; la pereza ha sido siempre un vicio terrible a los ojos de los explotadores del pobre, los hacendados norteamericanos en realidad esperan que el mexicano se mate trabajando por amor al arte. ¿O acaso esperan que trabaje por amor a su amo? ¿O por la dignidad del trabajo?

Pero el mexicano no aprecia tales cosas; como no recibe nada más tangible a cambio de su trabajo, flojea en su tarea, o sea que no sólo es perezoso sino estúpido y por lo tanto, se le debe llevar al campo a garrotazos; debe dársele caza, mantenerlo en cuadrillas de enganchados, encerrarlo de noche y dejarlo morir de hambre.

Puede ser información útil para algunas personas decirles que se ha sabido de mexicanos que trabajan voluntaria y efectivamente cuando tienen por qué hacerlo. Decenas de millares de ellos han desplazado a norteamericanos y a japoneses en los ferrocarriles y en los campos del sudoeste de los Estados Unidos. Autoridad tan respetable como E. H. Harriman dijo en una entrevista publicada en *Los Angeles Times* en marzo de 1909: "Hemos tenido mucha experiencia con los mexicanos, y hemos encontrado que una vez que se les alimenta y recuperan su fuerza, constituyen muy buenos trabajadores". Tómese nota de esto: *"una vez que se les alimenta y recuperan su fuerza"*. En efecto, es igual decir que los empleadores de mano de obra mexicana, entre los cuales muchos son estimables amigos norteamericanos de Díaz, *tienen a los obreros mexicanos a ración de hambre crónica de tal manera que* en *realidad carecen de fuerza para trabajar con eficacia.*

Esta es una segunda razón que explica por qué los mexicanos, algunas veces, flojean en el trabajo. ¡Ah, mexicanos inútiles! ¡Ah, virtuosos norteamericanos!

El empresario norteamericano siente como injuria personal el fanatismo religioso del pobre mexicano. Es que piensa en las fiestas eclesiásticas que permiten al trabajador algunos días de descanso extraordinario al mes, cuando está en libertad de tomárselos. En esos días de fiesta se pierden utilidades; de ahí la angustia del empresario norteamericano; de ahí que éste adopte con gozo un sistema de trabajo como el que encontramos en Valle Nacional, donde la vara de bejuco es más poderosa que el sacerdote, donde no hay días de fiesta, ni domingos, ni días en que el garrote no haga asistir al esclavo a las agotantes faenas del campo.

–Nos dijeron que aquí la mano de obra era barata –decía una vez un norteamericano en tono ofendido–. ¿Barata? Naturalmente, tan barata como basura; pero tiene sus inconvenientes.

Este señor esperaba que cada bracero hiciera el mismo trabajo que un norteamericano sano y que, además, viviera del aire.

Estoy muy lejos de aprobar la influencia de la Iglesia católica en el mexicano. Sin embargo, debe admitirse que ella alivia su miseria en parte, al permitirle algunos días de fiesta extraordinarios; alimenta su hambre con bellos espectáculos y con dulce música, que para el mexicano pobre son imposibles de obtener fuera del templo. Si los gobernantes del país hubieran sido más inteligentes y hubieran dado al pueblo la más ligera idea de esplendor fuera de la Iglesia, la influencia del sacerdote había sido menos intensa de lo que es ahora. Esas fiestas que el empresario norteamericano considera como un pinchazo en sus costillas le son, sin embargo, útiles; por lo menos, le sirven de pretexto para pagar tan poco al jornalero, que en realidad es una extravagancia que éste se tome un día de descanso; "son tan imprevisores que necesito tenerlos 'muertos de hambre' porque de otro modo no trabajarían nada". Esto se oye decir continuamente a los norteamericanos. Y como ilustración de ello se relatan muchos virtuosos cuentos.

¡Imprevisor! Sí, el famélico mexicano es imprevisor. ¡Gasta su dinero para no morirse de hambre! Sí, hay casos en que recibe salarios tan magníficos que es capaz de ahorrar un centavo de vez en cuando, si se lo propone. Y al proponérselo, descubre que la previsión no le produce nada, pues encuentra que en el momento en que ha logrado reunir unos cuantos pesos, se convierte en seguida en la víctima de los voraces funcionarios inferiores en cuya jurisdicción cae. Si los amos de México quisieran que sus esclavos fueran previsores, deberían darles la oportunidad de ahorrar y después garantizarles que no les serían robados sus ahorros.

Se acusa al mexicano pobre de ser un ladrón inveterado. La forma en que el obrero mexicano acepta dinero y trata después de escaparse, en vez de trabajar por el resto de su vida para liquidar su deuda, en verdad es suficiente para que se les llenen los ojos de lágrimas a los norteamericanos explotadores de enganchados. Los empresarios norteamericanos roban hasta la sangre viva del obrero, y después esperan de éste la virtud de contenerse para no recuperar, mediante el robo, algo de lo que le han quitado. Si un peón mexicano ve alguna chuchería que le llama la atención, es muy probable que la robe, porque es la única forma que tiene de conseguirla.

Se arriesga a que lo encarcelen por un artículo que vale unos centavos. ¿Cuántas veces los pagaría si deshacerse de esos pocos centavos no significara para él un día de hambre? Los hacendados norteamericanos secuestran trabajadores; los llevan por la fuerza a sus haciendas; lo separan de sus familias; los encierran de noche; los azotan; los hacen pasar hambre mientras trabajan; los abandonan cuando están enfermos; no les pagan; los matan por fin y después, levantan las manos horrorizados porque un pobre diablo roba una tortilla o una mazorca de maíz

Las labores de cultivo suelen hacerse en México con un palo curvado (coa) o con azada. Las espaldas humanas hacen las veces de carreteras y de vehículos de carga. En pocas palabras, el país se halla terriblemente atrasado en el uso de maquinaria moderna, y por eso se acusa al mexicano de no ser progresista.

Pero no es el peón ordinario, sino el amo, quien decide la cantidad de maquinaria que debe usarse en el país. Los empresarios norteamericanos son un poco más progresistas en el uso de maquinaria que los empresarios mexicanos; pero suelen perder ganancias por esta causa. ¿Por qué? Porque en México la carne y la sangre humanas son más baratas que la maquinaria; es más barato poseer un peón que un caballo, y un peón es más barato que un arado. Con el precio de un molino de nixtamal se pueden comprar 100 mujeres; si esto es así, culpa es del amo. Si, por algún medio, el precio de la fuerza física humana subiera de repente por encima del precio del acero, la maquinaria se impondría tan aprisa como en cualquier nuevo centro industrial de los Estados Unidos o de otro país.

No se crea que el mexicano es demasiado estúpido para manejar máquinas. Se fabrican algunos artículos en los que el trabajo mecánico resulta más barato que el manual, y basta observar tales ejemplos para saber que el mexicano puede manejar maquinaria tan fácilmente como cualquier otro. Por ejemplo, obreros indígenas, casi exclusivamente, operan las grandes fábricas textiles de algodón. A este respecto, se aprecia el ingenio mecánico de alta calidad en las muchas labores de artesanía y de oficios que practican los indígenas, como el tejido de sarapes, la fabricación de alfarería y loza, y la manufactura de curiosidades y de encajes.

Se acusa al pueblo mexicano de ser ignorante, como si esto fuera un crimen; se nos dice, en términos laudatarios, que Díaz ha establecido un sistema de escuelas públicas. Charles F. Lummins, en su libro sobre México, hace notar que es dudoso que haya en el país un sólo pueblo de un centenar de habitantes que no cuente con escuelas públicas gratuitas. Es verdad, el pueblo mexicano es ignorante y hay pocas escuelas. Se puede apreciar si el señor Lummins es digno de crédito con las propias estadísticas del Gobierno; en el año en que él publicó su libro, indicaban que sólo el 16% de la población mexicana sabía leer y escribir. Es verdad que existen algunas escuelas públicas en las ciudades; pero casi ninguna hay en los distritos rurales. Aun en el supuesto de que existieran, ¿puede un niño hambriento aprender a leer y escribir? ¿Qué aliciente ofrece el estudio a un joven nacido para encargarse de pagar con trabajo la deuda de su padre y soportarla hasta el fin de sus días?

¡Se dice que el mexicano es feliz! "Tan feliz como un peón", es la expresión que se ha hecho corriente. ¿Puede ser feliz un hombre famélico? ¿Existe algún pueblo en la tierra, o siquiera alguna bestia en el campo, de tan rara naturaleza que prefiera el frío al calor y un estómago vacío mejor que lleno? ¿Dónde está el sabio que ha descubierto al pueblo que prefiera un horizonte cada vez más estrecho mejor que uno cada vez más amplio? Verdaderamente depravados serían los mexicanos si fueran felices. No creo que sean felices. Si algunos han afirmado lo contrario han mentido a sabiendas; otros han confundido la evasiva mirada de la arraigada esperanza con la señal del contentamiento.

La más persistente de las diatribas contra los mexicanos es la de afirmar que el carácter hispanoamericano, en cierta forma, es incapaz de ejercer la democracia, y por lo mismo necesita la mano fuerte de un dictador. Puesto que los hispanoamericanos de México nunca han tenido buena experiencia democrática, quienes aquello afirman son precisamente los más activos en impedir que los mexicanos adquieran esa experiencia. Surge naturalmente la sospecha de que tales personas tienen un motivo inconfesable para hacer circular dolosamente esa apreciación. El motivo ha quedado establecido con claridad en los capítulos anteriores que tratan de los socios norteamericanos de Díaz.

La verdad de toda la maledicencia contra los mexicanos, como pueblo, aparece muy clara: es la defensa de una situación indefendible y de la que los defensores se aprovechan; es una excusa..., la excusa de la más horrible crueldad; una venda para la inconciencia; una apología ante el mundo; una defensa contra el castigo eterno.

La verdad es que el mexicano es un ser humano sujeto a las mismas leyes evolutivas del crecimiento que existen en el desarrollo de cualquier otro pueblo. La verdad es que si el mexicano no se halla a la altura de la norma que se fija para el más desarrollado tipo de europeo, es porque en su historia la influencia más decisiva ha sido la inhumana explotación, a la cual aún está sujeto bajo el presente régimen. Investiguemos en sus orígenes, veamos brevemente al mexicano como ser etnológico, y comparemos sus capacidades y sus posibilidades con las del norteamericano "libre".

Aunque casi todas las personas de educación un poco superior a la primaria aceptamos la teoría de la evolución, como interpretación correcta de la vida en este planeta, no son tantos quienes tienen en cuenta esa verdad para apreciar a la gente que nos rodea. Nos aferramos, por lo contrario, al viejo error de la existencia por creación especial que nos sirve de apoyo cuando queremos creer que algunos hombres han sido hechos de una arcilla superior, que algunos son por naturaleza mejores que otros, y que siempre tienen que ser mejores; que algunos han sido designados y destinados a ocupar una posición de rango y privilegio especial entre sus semejantes. Se ha olvidado la verdad científica de que todos los hombres son tallos del mismo tronco; que intrínsecamente de una raza o pueblo no son mayores que las de cualquier otro. Las diferencias entre los hombres y las razas humanas no son innatas, sino que se deben a la acción de influencias externas, al suelo y al clima, a la temperatura y al régimen de lluvias, y a lo que se pueden denominar los accidentes de la historia, los cuales, sin embargo, siguen de modo fatal la huella de esas influencias.

Pero hay diferencias. En general, existen diferencias entre norteamericanos y mexicanos a la esclavitud y al gobierno de un déspota.

¿Qué es un mexicano? suele aplicarse el término a los componentes de una raza mestiza, en parte indígena y en parte española, que predomina en la que los norteamericanos llaman república hermana del sur. Los indígenas puros que hace tiempo dejaron su estado primitivo se incluyen también en la misma categoría y parece que tienen derecho a ello. En el censo oficial de 1900 se dice que hay como un 43% de mestizos, un 38% de indígenas puros y un 19% de europeos o de indiscutible procedencia extranjera. En el anuario mexicano se cree que la proporción de mestizos ha aumentado mucho en los últimos 10 años, hasta llegar a ser hoy mayor de 50%. De este modo, el mexicano actual es o por completo español, o por completo aborigen, y con más frecuencia una mezcla de los dos. Se puede decir, entonces, que el carácter peculiar del mexicano es una combinación de los dos elementos.

Tomemos primero el elemento español. ¿Cuáles son los atributos peculiares de la naturaleza del español? En España se encuentra mucho arte y mucha literatura; pero también mucha intolerancia religiosa y poca democracia. Es un pueblo versátil; pero de pasiones violentas y energía inconstante. En sus realizaciones modernas, está a la cola de los países de Europa occidental.

¿Pero, por qué? La respuesta es favorable a España. España se sacrificó para salvar a Europa. Situado el país en los límites meridionales, soportó el empuje de la invasión musulmana; contuvo las hordas bárbaras y salvó así la naciente civilización de Europa y su religión: el cristianismo. Mucho después de que el conflicto se había resuelto, en interés de las otras naciones, España todavía estaba luchando; en esta lucha a muerte para conservar su existencia, era inevitable que el poder del Estado se hiciera cada vez más centralizado y despótico, que la Iglesia entrase en más íntima unión con aquél y fuera menos escrupulosa en sus métodos para hacerse de poder, más sórdida en la obtención de beneficios, más dogmática en sus enseñanzas y más despiadadas para tratar a sus enemigos.

Así se revela la primera causa de la situación de España como retrasada en el camino de la democracia y del sentimiento religioso. En cuanto al resto, puede decirse que, mientras el magnífico escenario de su país ha contribuido a hacer al español supersticioso, también ha contribuido para hacer de él un artista; que mientras la exuberancia de su suelo, al permitirle asegurar su manutención con relativamente poco trabajo, no le ha forzado a adquirir hábitos de laboriosidad como los que se observan más al norte, ha contribuido a que cultive las artes de la música, de la pintura y del trato social. El valor del verano, al dificultar el trabajo pesado, ha contribuido también a esos mismos resultados.

Desde luego, no es mi intención entrar en detalles sobre este problema. Sólo puntualizó algunos principios que se hallan en el fondo de las diversidades raciales, pues, en general, el examen detenido del pueblo español demostraría que nada hay en absoluto que indique sea especialmente incapaz e indigno de disfrutar las bendiciones de la democracia.

Respecto al elemento aborigen, que es el más importante, puesto que sin duda predomina en la constitución del mexicano medio, especialmente el mexicano de las clases más pobres, el examen de su carácter particular resulta igualmente desfavorable. Biológicamente, razas inferiores, como los negros, los isleños de los mares del sur, los filipinos puros y los indios norteamericanos. Los aztecas salieron hace mucho de los bosques; su ángulo facial es tan bueno como el de los europeos; en muchos sentidos aventajan a éstos, mientras que sus caracteres inferiores pueden atribuirse a influencias peculiares externas, a su sino histórico o a ambas cosas.

Debe admitirse que México no está bien favorecido para la generación de energía física y mental como una gran porción de los Estados Unidos. La masa de la población de la tierra de Díaz vive en una meseta de dos a cinco mil metros de altura, donde el aire es más fino; por cada unidad de energía que se gasta, se impone mayor trabajo al corazón, lo mismo que al organismo humano en general. Los norteamericanos que residen en esa meseta se ven obligados a vivir un poco más despacio que en los Estados Unidos; se enteran de que es mejor echar una siesta al mediodía, como lo hacen los mexicanos. Si persisten en mantener el mismo ritmo que acostumbran en su país, descubren que envejecen muy rápidamente, lo cual no es costeable. Si, por otra parte, deciden vivir en la zona tropical, encuentran que también allí, debido al mayor calor y al alto grado de humedad, no es conveniente trabajar tan aprisa como en los Estados Unidos.

Si el trabajador mexicano medio tiene menor capacidad de trabajo que el norteamericano se debe, más que nada, a tales razones, y también por estar invariablemente medio muerto de hambre. Cuando el trabajador norteamericano se enfrenta con el mexicano en el terreno de éste, con frecuencia resulta vencido. Pocos norteamericanos se dedican al trabajo físico, ya sea en la meseta o en los trópicos. No hay en ninguna parte quien pueda aventajar al mexicano en soportar cargas pesadas o en otras hazañas de resistencia; en los trópicos, si está bien alimentado, es superior a cualquiera. El negro norteamericano, el *culí* chino, el atlético yanqui del Norte, todos han sido probados contra el nativo en los Estados tropicales y a todos se les ha encontrado deficientes; es indiscutible la inferioridad de la capacidad de trabajo de los hombres de ascendencia europea en las condiciones del trópico.

Lo anterior basta para apreciar la capacidad de trabajo de los mexicanos, que en esta época tan extremadamente utilitaria, se coloca muy alta entre las virtudes de un pueblo. Respecto a inteligencia, a pesar de que siempre fue costumbre de los conquistadores mantener a los indígenas aztecas en situaciones subordinadas, muchos de éstos han logrado elevarse hasta la cima y probar que son tan capaces para las más altas funciones de la civilización como los mismos españoles. Los más brillantes poetas, artistas, escritores, músicos, hombres de ciencia, héroes militares y estadistas de la historia de México fueron o nativos puros o cruzados ligeramente con sangre española.

En general, los mexicanos parecen tener más fuertes tendencias artísticas y literarias que los norteamericanos y menor inclinación hacia el comercio y la mecánica. La masa del pueblo es iletrada; pero eso no quiere decir que sea estúpida. Hay, sin duda, varios millones de norteamericanos que saben leer, pero que no leen con regularidad ni siquiera el periódico; quizá no están mejor informados, y con seguridad no piensan con mayor claridad que los peones que se trasmiten las noticias del día de boca en boca, durante los domingos y días de fiesta. Es absurdo sostener que esta gente sea analfabeta porque así lo prefiere, que sea pobre porque quiere serlo, que le guste más la suciedad que la limpieza.

"Ellos han elegido esa clase de vida, ¿por qué vamos a preocuparnos por sus dificultades?" "De todos modos, son perfectamente felices." Tales expresiones escuchará con seguridad el viajero que hable de la miseria del mexicano ordinario. En verdad, el mexicano común elige su vida más o menos como un caballo elige nacer caballo. Como ya se dijo, el mexicano no puede ser feliz porque ningún ser hambriento puede serlo. En cuanto a mejorar sus condiciones por sí solo y sin ayuda, tiene tanta oportunidad de hacerlo como un caballo de inventar un aeroplano.

Tomad como ejemplo a un joven pobre en la ciudad de México, donde existen las mejores oportunidades del país. Tomad a un trabajador mexicano típico. No sabe leer ni escribir porque probablemente nació en un distrito rural, a 15 ó 20 kilómetros de la escuela más próxima;

si acaso nació a la sombra de una escuela pública, tuvo que arañar la tierra desde que aprendió a andar a gatas para conseguir algo que comer. No tiene educación ni preparación especial de ninguna clase, porque no tuvo la oportunidad de adquirirla. Si no cuenta con alguna enseñanza especial, sólo puede dedicarse a cargador.

Es probable que a los 25 años, este mexicano sea una ruina física por mala alimentación, por vivir a la intemperie y por exceso de trabajo; pero en el supuesto de que sea uno de los pocos que conservan su vigor, ¿qué puede hacer? seguir cargando bultos pesados, eso es todo. Puede ganar acaso 50 centavos diarios en este trabajo y toda la fuerza de un Hércules no puede mejorar esa ganancia; lo único que tiene es músculo y éste en México es tan barato como el polvo. He visto a hombres "haciendo un esfuerzo"; los he visto trabajar hasta que sus ojos se vuelven vidriosos; los he visto desarrollar tales energías que sus pechos se hinchaban y hundían con aspiraciones y expiraciones explosivas; los vi llevar cargas tan pesadas que daban traspiés y caían en la calle; en muchos casos han muerto aplastados por el peso que llevaban encima. Dedican sus mejores esfuerzos a la única cosa que saben hacer; nunca tuvieron oportunidad de aprender nada más; mueren tan aprisa como los que hacen lo menos posible para vivir. El caso es que desde un principio nunca gozaron de las oportunidades que en Estados Unidos se tienen como un derecho natural. Imaginad, si es posible, que la mayoría de las escuelas en los Estados Unidos desaparecieran repentinamente; imaginad el cambio de la situación actual de trabajar y descansar, por otra parte en la que todo fuera trabajo y no descanso; que la capacidad de consumo se reduzca a lo que baste para mantener una sola boca; imaginad que cada boca de la familia necesite un par de brazos por separado para alimentarla y cada nueva boca necesite de sus propios brazos cuando todavía son los tiernos brazos de un niño...; imaginad todas estas cosas y aun así apenas podréis apreciar las dificultades que aquejan al mexicano común cuando trata de mejorar su condición. Desde el punto de vista práctico tales dificultades son insuperables.

¿Y qué decir de la capacidad de los mexicanos para la democracia? La afirmación de que la democracia no es compatible con "el carácter hispanoamericano", parece basarse enteramente en el hecho de que una proporción muy grande de los países hispanoamericanos, aunque no todos ellos, todavía son gobernados por dictadores, y que los cambios de gobierno ocurren sólo por medio de revoluciones, en las cuales un dictador sustituye a otro. Este estado de cosas se produjo por la peculiar historia de estos países más que por "el carácter hispanoamericano". Gobernados por extranjeros, como las colonias, estos países acumularon suficiente valor y patriotismo para liberarse del dominio exterior; su lucha por la libertad fue larga y amarga; además, como eran países pequeños, su existencia nacional se halló en peligro durante largos periodos después de su independencia. Por eso la carrera militar llegó a ser, por necesidad, la profesión dominante, y el militarismo y las dictaduras fueron la escuela natural. En la actualidad, los países hispanoamericanos todavía están gobernados por dictadores, debido al apoyo otorgado a éstos por los gobiernos extranjeros que se oponen a los movimientos democráticos incluso por la fuerza de las armas. Díaz no es sólo el único dictador hispanoamericano apoyado por los Estados Unidos a requerimiento de Wall Street. Durante los últimos cinco años, varios de los más destacados dictadores centroamericanos han sido sostenidos por la sola imposición militar de los Estados Unidos.

¿Acaso México está preparado para la democracia? ¿No necesita ser regido por un déspota algún tiempo más, hasta que se le haya desarrollado cierta capacidad para la democracia? Repito esta absurda pregunta sólo por ser tan común. La única respuesta razonable es la de Macaulay; que la capacidad para la democracia sólo puede desarrollarse con la experiencia en los problemas de la democracia. México está tan preparado para ejercerla como cualquier otro país que no la haya practicado nunca. No hay oportunidad para que México disfrute de completa democracia en estos momentos. Estas cosas sólo viven de modo gradual y no hay el menor peligro de que repentinamente viva con más democracia que la que le conviene. ¿Quién puede decir que México no debe obtener de modo inmediato siquiera un poco de democracia, la suficiente, digamos, para librar a su pueblo del pantano que representan la esclavitud y el peonaje? Con seguridad México se encuentra muy atrás de los Estados Unidos en la marcha del progreso; muy atrás en las conquistas de la democracia; pero, al juzgarlo, seamos justos y consideremos lo que la suerte histórica nos ha dado en comparación con lo que ha dado a los mexicanos. Nosotros, los norteamericanos hemos sido afortunados al no haber estado dominados por España durante 300 años; hemos sido afortunados al escapar de las garras de la Iglesia católica y al no haberla tenido aferrada a nuestras gargantas desde nuestra infancia; finalmente, hemos sido afortunados al no haber sido dominados, en los momentos de debilidad que siguen a una guerra extranjera, por uno de nuestros propios generales, quien bajo el disfraz de presidente de nuestra República, quieta y astutamente, con la astucia de un genio y la falta de escrúpulos de un asesino, construye una máquina represiva, como ninguna otra nación moderna se ha visto obligada a destruir. Hemos sido bastante afortunados al escapar al reinado de algún Porfirio Díaz.

Así, para dondequiera que miremos, volvemos finalmente al hecho de que la causa inmediata de todos los males, los defectos, los vicios de México, están en el sistema de Díaz, México es un país maravilloso. La capacidad de su pueblo no admite duda. Una vez que se restaure su Constitución republicana, será capaz de resolver todos sus problemas. Acaso se diga que al oponerme al sistema de Díaz me opongo a los intereses de los Estados Unidos; pero si los intereses de Wall Street son los de los Estados Unidos, me declaro culpable, y si favorece a estos intereses el que una nación como México sea crucificada, me opongo a los intereses de los Estados Unidos.

Pero no creo que esto sea así. Por consideración a los intereses más altos de los Estados Unidos, por consideración a la humanidad, por consideración a los millones de mexicanos que realmente mueren de hambre en la actualidad, yo creo que el sistema de Díaz debe ser destruido, y abolido con rapidez.

Cientos de cartas me han llegado de todo el mundo, en las que me preguntan qué se puede hacer para poner fin a la esclavitud de México. Una y otra vez se ha sugerido la intervención armada de potencias extranjeras, lo cual es tan innecesario como poco práctico. Pero hay algo que sí es práctico y necesario, especialmente para los norteamericanos: insistir en que *no habrá intervención extranjera con el propósito de mantener la esclavitud en México.*

En México existe hoy un movimiento nacional para abolir la esclavitud y la autocracia de Díaz. Este movimiento es perfectamente capaz de resolver los problemas del país sin interferencia extranjera. Hasta ahora no ha tenido éxito, en parte por la ayuda que el Gobierno de los Estados Unidos ha prestado a la persecución de algunos de sus dirigentes y, en parte, debido a la amenaza de Díaz –constantemente suspendida sobre el pueblo mexicano–, de llamar al Ejército norteamericano en su ayuda en caso de que haya una revolución grave contra él.

Bajo el bárbaro Gobierno mexicano actual, no hay esperanza de reformas, excepto por medio de la revolución armada. Esta revolución, en manos de los elementos más preparados y más progresistas, constituye una robusta probabilidad del futuro inmediato. Cuando la revolución estalle, se llevarán con rapidez las tropas norteamericanas a la frontera, dispuestas a cruzarla en caso de que Díaz sea incapaz de contener la revolución por sí solo. Si el Ejército norteamericano la cruza, no será de manera obstensible para proteger a Díaz, sino para proteger las propiedades y las vidas de los norteamericanos. Con este fin se harán circular deliberadamente falsas noticias de que ellos sufren ultrajes o de peligros para sus mujeres y sus niños, para excitar a la nación a que justifique el crimen de la invasión. Ese será el momento en que los norteamericanos honrados deberán hacer oír sus voces. Deberán exponer, en términos inequívocos, la conspiración contra la democracia y pedir que, de una vez para siempre, el Gobierno de los Estados Unidos deje de poner la máquina del Estado a la disposición del déspota para ayudarle a aplastar el movimiento en favor de la esclavitud en México.

ÍNDICE

Capítulo I	Los esclavos de Yucatán	7
Capítulo II	El exterminio de los yaquis	31
Capítulo III	En la ruta del exilio	41
Capítulo IV	Los esclavos contratados de Valle Nacional	57
Capítulo V	En el Valle de la muerte	71
Capítulo VI	Los peones del campo y los pobres de la ciudad	93
Capítulo VII	El sistema de Díaz	103
Capítulo VIII	Elementos represivos del régimen de Díaz...	119
Capítulo IX	La destrucción de los partidos de oposición	139
Capítulo X	La octava elección de Díaz por "unanimidad"	151
Capítulo XI	Cuatro huelgas mexicanas	171
Capítulo XII	Críticas y comprobaciones	191
Capítulo XIII	El contubernio de Díaz con la prensa norteamericana	209
Capítulo XIV	Los socios norteamericanos de Díaz	223
Capítulo XV	La persecución norteamericana de los enemigos de Díaz	239
Capítulo XVI	La personalidad de Porfirio Díaz	265
Capítulo XVII	El pueblo mexicano	287

COLOFÓN / ARTE

- *PUNTO Y LINEA SOBRE EL PLANO*
Wassily Kandinsky
- *SOBRE LO ESPIRITUAL EN EL ARTE*
Wassily Kandinsky

COLOFÓN / CIENCIAS

- *EL CONCEPTO DE MATERIA*
M. Beuchot, A. Tomasini y otros
- *EL METODO EXPERIMENTAL*
Claude Bernard
- *EL ORIGEN DE LA VIDA*
Alexander Oparin

COLOFÓN / DICCIONARIOS

- *DICCIONARIO DE AZTEQUISMOS*
Carlos Rojas
- *DICCIONARIO DE SINONIMOS*
Roque Barcia

COLOFÓN / FILOSOFÍA

- *CRITICA DE LA RAZON PURA I*
Immanuel Kant
- *CRITICA DE LA RAZON PURA II*
Immanuel Kant
- *FILOSOFIA DE LA RELIGION*
Alejandro Tomasini Bassols
- *LA POSMODERNIDAD*
H. Foster, J. Habermas, J. Baudrillard...
- *LOGICA*
Wesley C. Salmon
- *POPPER*
Bryan Magee

COLOFÓN / HISTORIA

- *LA SUCESIÓN PRESIDENCIAL EN 1910*
Francisco I. Madero

COLOFÓN / LITERATURA

- *AVES SIN NIDO*
Clorinda Matto de Turner
- *CANEK*
Ermilo Abreu Gómez
- *CARTA AL PADRE*
Franz Kafka
- *CARTAS A UN JOVEN POETA*
Rainer Maria Rilke
- *CUENTOS DE LA SELVA*
Horacio Quiroga
- *DEMIAN*
Hermann Hesse
- *EL LOBO ESTEPARIO*
Hermann Hesse
- *LA MUERTE DE IVAN ILICH*
León Tolstoi
- *METAMORFOSIS*
Franz Kafka
- *MI MADRE YO MISMA*
Nancy Friday
- *MORFOLOGIA DEL CUENTO*
Vladimir Propp
- *POPOL VUH*
Ermilo Abreu Gómez
- *RAICES HISTORICAS DEL CUENTO*
Vladimir Propp
- *RETRATO DEL ARTISTA ADOLESCENTE*
James Joyce
- *SIDDHARTHA*
Hermann Hesse
- *ULISES*
James Joyce
- *UN CUARTO PROPIO*
Virginia Woolf

COLOFÓN / ORIENTALISMO / NUEVAS ALTERNATIVAS

- *ISIS SIN VELO (4 volúmenes)*
Helena Petrovna Blavatsky
- *OBRAS COMPLETAS*
Paracelso
- *PACHITA*
Jacobo Grinberg-Zylberbaum
- *PARA LEER A CARLOS CASTANEDA*
Guillermo Marín

- *TAO TE KING*
Lao Tsé

COLOFÓN / PEDAGOGÍA
- *AULAS DE EMERGENCIA*
Samuel Salinas Alvarez
- *LA PRENSA INFANTIL*
Teófilo Huerta
- *LA TELEVISIÓN Y EL NIÑO*
C. Fernández, P. Baptista, D. Elkes
- *SI YO VOLVIERA A SER NIÑO*
Janusz Korczak

- *LA NOVELA INSTITUCIONAL DEL SOCIOANALISIS*
Roberto Manero Brito
- *LAS FORMAS ELEMENTALES DE LA VIDA RELIGIOSA*
Emile Durkheim
- *LAS REGLAS DEL METODO SOCIOLOGICO*
Emile Durkheim
- *SOCIOLOGIA DE LA RELIGION*
Max Weber

COLOFÓN / POLÍTICA
- *DIALOGO EN EL INFIERNO ENTRE MAQUIAVELO Y MONTESQUIEU*
Maurice Joly
- *EL ARTE DE LA GUERRA*
Sun Tzu
- *EL PAPEL DEL TRABAJO EN LA TRANSFORMACION DEL MONO EN HOMBRE. MANIFIESTO DEL PARTIDO COMUNISTA. IDEOLOGIA ALEMANA*
Karl Marx
- *EL POLITICO Y EL CIENTIFICO*
Max Weber
- *EL PRINCIPE*
Nicolás Maquiavelo

COLOFÓN / SOCIOLOGÍA
- *EDUCACIÓN Y SOCIOLOGÍA*
Emile Durkheim
- *LA ETICA PROTESTANTE Y EL ESPIRITU DEL CAPITALISMO*
Max Weber
- *INTRODUCCION A LA SOCIOLOGIA DE MAX WEBER*
Jorge Sánchez Azcona
- *LA DIVISION DEL TRABAJO SOCIAL*
Emile Durkheim
- *LA EDUCACION MORAL*
Emile Durkheim

Mexico Bárbaro
Se imprimió en los talleres de
Impresora Gráfica Hernández
con domicilio en calle Cordobanes 369
col. Evolución. c.p. 57700 Nezahualcoyotl
Edo. de México en el mes de Junio 2012